雲五文庫
漢譯叢書

聖多瑪斯·阿奎納

宇宙間的靈智實體問題

王雲五◎主編
王學哲◎重編
呂穆迪◎譯述

臺灣商務印書館

重印好書，知識共享

「雲五文庫」出版源起

商務印書館創立一百多年，臺灣商務印書館在台成立也有六十多年，出版無數的好書，相信許多讀者朋友都是與臺灣商務印書館一起長大的。

由於我們不斷地推出知識性、學術性、文學性、生活性的新書，以致許多絕版好書沒有機會再與讀者見面，我們對需要這些好書的讀者深感愧歉。

近年來出版市場雖然競爭日益劇烈，閱讀的人口日漸減少，但是，臺灣商務基於「出版好書、匡輔教育」的傳統理念，我們從二〇〇八年起推動臺灣商務的文化復興運動，重新整理絕版的好書，要作好服務讀者的工作。

二〇〇八年首先重印「文淵閣本四庫全書」，獲得社會熱烈的響應。我們決定有計畫的將絕版好書重新整理，以目前流行的二十五開本，採取事前預約，用隨需印刷方式推出「雲五文庫」，讓一小部分有需求的讀者，也能得到他們詢問已久的絕版好書。

臺灣商務印書館過去在創館元老王雲五先生的主持下，主編了許多大部頭的叢書，包括「萬有文庫」、「四部叢刊」、「基本國學叢書」、「漢譯世界名著」、「罕傳善本叢書」、「人人文庫」等，還有許多沒有列入叢書的好書。今後這些好書，將逐一編選納入「雲五文庫」，再冠上原有叢書的名稱，例如「雲五文庫萬有叢書」、「雲五文庫國學叢書」等。

過去流行三十二開本、或是四十開本的口袋書，今後只要稍加放大，就可成為二十五開本的叢書，字體放大也比較符合視力保健的要求。原來出版的十六開本，仍將予以保留，以維持版面的美觀。

二〇〇九年八月十四日是王雲五先生以九十二歲高齡逝世三十週年紀念日。為了紀念王雲五先生主持商務印書館、推動文化與教育的貢獻，這套重編的叢書，訂名為

「雲五文庫」，即日起陸續推出。如果您曾經等待商務曾經出版過的某一本書，現在卻買不到了，請您告訴我們，臺灣商務不惜工本要為您量身訂作。這樣的作法，為的是要感謝您的支援，讓您可以買到絕版多年的好書。讓我們為重讀好書一起來努力吧。

臺灣商務印書館董事長王學哲

總編輯方鵬程謹序

二〇〇八年十二月十二日

問題的問題

聖多瑪斯著有《問題辯論》，甚多；分兩組：一組是課室辯論。由教授組織學生，隨堂辯論，次數無限定，史家推測，最多時，能多至每週三次。一組是課外的，特別大會辯論，每年開兩次，一次在冬季聖誕節期間，一次在春季復活節前。問題無限定；在場的人隨便發問，由主席教授指導辯論。後代的人，將前一組收集成冊，叫作《聖多瑪斯問題辯論集》。後一組，叫作《特別問題集》，也叫作《雜組問題集》。前者簡稱「問題」，後者簡稱「雜題」，雜題集的篇幅甚小，共有十二個問題，集成八開，一七二頁的小冊。約十萬六千言。《問題集》篇幅甚長，比較《神學大全》，不相上下，約計三百五十萬言。如分訂成八開，四冊，每冊平均約六五〇頁。著作年代，有些和《神學大全》的某些部分同時，很多是比《神學大全》較早一些。《神學大全》，便是由《問題辯論》整理改編、修繕寫成。可以說《問題集》是《神學大全》的前身和副本。有些問題的內容，比《神學大全》更詳盡透闢。本問題：「靈智實體，是不是物質與性理之結合？」便是由《問題辯論集》，選譯而來。關於這個「問題的問題」，有三個，一是所謂的「問題」是什麼？二是結構如何？三是著作的時代、地點、內容，和價值。

一、問題是什麼？在亞里和聖多瑪斯的《辯證法》內，「問題」是一個術語，專指「由究察是非的疑問詞，和某有中辭的論句。合構而成的一個問句」。例如本問題內：「靈智實體是或不是由物質與性理組合成的」，是一個「有中辭的論句」。「是不是？」是一個究察是非的疑問詞，有邏輯辯證的意味。所謂「有中辭的論句」，也叫作「間接論句」，它的主辭和賓辭，在本體定義上，有間接相合或相分的關係，和「無中辭的論句」正相反。「無中辭的論句」，它的主辭和賓辭有直接的關係，沒有距離。關係的成立，全基於本體定義自身，用不著第三辭，介於兩者之間，作中辭、作介紹，或說明理由。凡是「最高原理」和「種名定義」：一最高，一最低，都是無中辭的「直接論句」。它們是不證自明，不需證明，也不能證明的論句。它們說出原理或定義，作前提，去證明其他結論；自己不是結論。「直接論句」，無中辭，無前提，不可證明，不能作結論。「間接論句」，即「有中辭論句」，有前提來證明，故可作結論。例如：「動物是物質與性理之合」是大前提；「人是動物」是小前提，兩前提相合，必產生的結論是：「人是物質與性理之合」。「人」是主辭。「物質與性理之合」是賓辭，「動物」是中辭。只是這樣，有中辭的論句，可以作「結論」，才能作「問題」。這些問題是「成問題的問題」，有邏輯辯證的價值；故可以結合辨證性的問詞，而成為值得辯論的問題。這些論句以外，有許多問題，能有其他價值，如學生問「人是什麼」？或「一如一是什麼意思」？等類問題，都不是「有中辭的論句」，不是由「辯證性問詞」所合成。它本身的意義，也不能有辯證性；在《辯證法》裡，是「不成問題的問題」，沒有辯論價值：可知，可學，不可證，不能作結論，不成問題。

辯證性的疑問辭「是否」，或「是不是」，加到有由辭的論句上去，能在答案上產生兩種不同的效果：兩方的答案一是一非。「是非」之間的關係，有兩種：一是「矛盾」，即是「全是」和「不全是」之間的對立。一是「衝突」，又分「大衝突」和「小衝突」。「大衝突」是「全是」和「全不是」之間的對立。「小衝突」是「有些是」，和「有些不是」之間的對立，即是「不全是」和「不全不是」之間的對立。所謂，推證真理，辯別是非，便是在這些對立的論句中，擇取其一，加以中辭的理證。理由適當者，真；不適當者，錯。辯論時，依照「論句對立，真錯推演法」而進行。詳見亞里《邏輯學》。（亞里斯多德，簡稱亞里，後文仿此）

二、「問題結構」：每個總問題，包括許多小問題，在聖多瑪斯《問題辯論集》和《神學大全》內，問題專指總問題。小問題，叫作「節」。每個問題包括一節，或數節，或有時多至數十節。每節是一個小問題。每個小問題，根據上述的邏輯本質，分成甲乙丙丁四欄，列舉「真錯」兩方的意見，甲代表「錯」的方面，乙代表「真」的方面。意見之多，一個小問題，可多至卅來條，每條都有哲理，都包含一個或許多

「中辭」和前提：大多數有名哲或名著的權威作根據。丙欄包含答案，即是「定論」和「理證」，丁欄包括「解難」；將甲欄所列意見，能有的疑難，一一予以解答。

在結構方面，《問題辯論集》和《神學大全》，基本上並沒有分別。乙欄的意見，既然和正題的答案相同，為此，《神學大全》將乙欄縮短，約歸兩三語，多是引據權威名著。其餘部分，統歸於答案，即是納入丙欄。每小題成一節，《大全》標明「節」字和號數，《問題集》往往不標明「節」字。除此以外，兩者在結構的形式上沒有分別。內容方面，《神學大全》，每個小問題，短小精煉，整齊緊湊，全書系統森嚴，勝於《問題辯論集》。

總說起來，聖多瑪斯，問題辯論、邏輯辯證的思路和步驟，共分「題」、「攻」、「反」、「合」四步：「題」是標明問題。「攻」是甲欄的錯誤意見，向著真理進攻。「反」，是乙欄的意見，為保衛真理，向錯誤意見，反攻。「合」是丙丁兩欄，提出答案，標明定論，舉出理證，解破疑難，兩方合於真理，辯論結束。聖多瑪斯的《辯證法》，淵源於亞里；和後代的「物」（事）、「正」、「反」、「合」

的辯證程式，互相參驗，如出一轍。和舊式文章的「起」、「承」、「轉」、「合」，也甚有相似之處，形式嚴整，格律一致，技術效率高強，有專科技術的特色；和文學美術的作風不同，並且正是相反。文學美術，講求自由的創造，不守嚴整的形式，崇尚屈折變化，不求術語一致；而且避免千篇一律的術語或套話；好華美乖巧，不求專科技術的樸實精明。「題、攻、反、合」的文字外形，已非後代之甘於因襲；但其辯證次第，是理智辯論之必所遵循。否則思路舛錯，語失倫次，不能合於邏輯。

聖多瑪斯，《問題集》，原文裡，沒有標明甲乙丙丁等欄。欄的符號，及每條意見的號碼，皆譯者自加，和原文的術語格套完全符合。甲欄原文術語，常用「看來似是……」四字開始。乙欄開始，常用：「但是相反」（即是說：「但是不然」……，或「然而不是」……）。丙欄開始，常說：「答案：定論」……。丁欄每項解難常始以「答覆第幾項疑難」……。甲欄意見每條原文無號數，第一條常始以：「因為（某人）曾說……」，第二至末諸條，各冠以「此外」一字。乙欄亦然，除第一條，冠以

「然而反是」……。以上的格式，在《神學大全》和《問題辯論集》內，全書一律，沒有例外，是學術史上極突出的一個現象，盛行於歐洲中古四五世紀之久。簡表說明如下：

問題辯證格律表

1.	2.	3.原文必用的套語	4.	5.
事	題	「問題是」……	題	起
正	甲欄	「看來似是」……	攻	承
	甲一	「因為（某人）說」……		
	甲二	「此外」……		
	甲三	「此外」……		
反	乙欄	「然而反是」……（「但是相反」……）	反	轉
	乙一	「（某人）說」……		
	乙二	「此外」……		
	乙三	「此外」……		

合	
丙欄	「答案：定論」
丁欄	「答覆疑難」
丁一	「第一」……
丁二	「第二」……
合	
合	

三、內容與價值——本問題是《神學大全》內，哲學體系的縮影。約而言之，總歸四句：「宇宙內外、人合形神、物體無外」。

宇宙內外——宇，是四方上下，有處所，可以「在於」的全體：「四方上下為宇」。宙，是古往今來，時序所由成的全體：「古往今來為宙」。宇宙以內，有神形兩界。（天神的）神體有始無終。形體，有始有終。人是神形之合，半有始有終，半有始無終。本性生活：人的神智（靈魂），有始無終。人的形軀，有始有終。超性生活：人的神形，散而復聚，有始無終。

上述「神、形、人」，三界的總體，同於有始，種類萬殊，然而有限，故有內外。「宇宙以內」的萬物，莫不有始，有始者，不自始。「始」是潛能的虧虛，領受生存的現實和盈極；領取自「宇宙以外」的「生存之源」。生存之源，純是生存，盈滿至極，純粹盈極，盈極無限，毫無虧虛，叫作第一盈極、第一實體。它是「造物者」。宇宙以內的神人萬物，是「受造物」的總體，每個是「盈極」與「虧虛」之綜合。靈智實體，連人的靈智包括在內，是性理與生存之合，也是主體與附性之合。形體，分歸十範疇，每範疇有類級的系統；各品級、各種類的形體，每個是盈極與虧虛之合：性理與物質合成性體、性體與生存合成實體、實體與附性合成主體。上述各種組合，都是虧虛與盈極之合。分成甲乙兩方，甲方是：生存，性理、附性；乙方是：性體（即性理）、物質、實體（即主體）。甲乙，對偶相合，每對是「盈極與虧虛」之合，甲對乙是盈極，乙對甲是虧虛，是相對的關係辭。

宇宙以內，神形兩界，匯合於人身的實體。宇宙內外，距離無限，內外溝通，由於生存上的因果關係。超性和本性的生活上，萬靈聚合，合於神人契結。

「物體無外」——宇宙內外，合成「物」之總體，統稱物體。宇宙有內外之分，物體無內外之別。「物外無物」。「物只是物」。「物是有生存的事事物物」。凡有生存的事物，或本體，或附性，或現實，或潛能，或盈，或虛；既非純無，便是「實有」，都叫作「物」。物體兼含事體和物體，統稱「事事物物」。物體之含義，超越萬類之外，實寓萬類之中，至大無外，至小無內。宇宙內外之實體，性體互異，生存相離，但行動配合，生機相通，因果關係相結，猶如一體。「物體」，大公名，無在無不在，無物無之，無物盡之，物皆有之，莫能私之。「物」乃同名通指之辭，通達宇宙內外，兼指盈極與虧虛；涵蓋神形萬物；類之大公，體之獨私，無不兼稱並指；比類合誼，各依次第，指其共同之點，同於實有而非純無，全繫於「生存來自生存之源」。既有生存，便成實體，遂有體用之分。宇宙以外，第一實體，純粹精一；體用無別：實體、生存、能力、行動，四者同是一事。「常動常靜」，只有於萬物真原。宇宙以內，盈虛消長，動靜有分，則體用不能無別。實體虧虛，領受生存之盈極；盈虛矛盾，不能無異；動靜的能力常在，而動靜不並存、不常有。能力繁多互異，屬於生存惟一之主體。「常在」與「不常有」，「繁多」與「惟一」，都是矛盾互異。盈極與虧虛互異，精純與繁複有別，「無限」與「有限」，相差如此，豈能混一？但同於「物體」大公名之「至大無外」，全繫於生存之流，故仍是「一以貫之」。

上述簡陋，不精究《神學大全》，無以得其詳，但《神學大全》，一部三編，不下兩百五十萬言，窮年卒歲，不能終讀。問題精細，系統廣大，不是因小失大，便是因大失小。讀之，不得其法，難以揆其簡要，而把握其綱領；甚至始讀，不得其門而入；既入，如墮迷霧，不知頭緒，猶如遊覽古鎮，關門緊閉，無鎖鑰不能開，既入以後，無「路線圖」，不知適從；無法一舉目，便可統觀全鎮形勢。讀《神學大全》，為掌握其思想體系，也必須有鎖鑰和「路線圖」。所謂「路線圖」，即是全面形勢的縮型；鎖鑰在那裡？是什麼？鎖鑰有三把，即是「物體與性體論」、「性體《因素論》」，和「《週期論》解」。這三把鎖鑰中的前一把，由本體論和名理學的觀點上，指出基本術語，及其意義和用法。第二把，由《原因論》的觀點，指出事物變化與生存的因素；就因果關係，和物類同異，啟示宇宙萬物的系統，第三把指點出本體論的核心。這三把鎖鑰見於《哲學基礎》，《史料選讀（一）》。

「路線圖」和「縮型」是什麼？即是本文：「宇宙間，靈智實體問題」這個問題的辯論，可以看作是聖多瑪斯《神學大全》和思想體系的「縮型」。約言析理，包括全個體系的每個主要部分：將《大全》兩百五十萬言的廣大，縮成了五萬來字的短小，由人的靈智出發，觀察四周，宇宙內外，事事物物的總體；猶如從輪齒輻輳的中點，注目於軸心之微小，洞見圓周千輻之根底，把握全輪動靜的機要，軸轄千輻，輪轉如神。

在聖多瑪斯奇妙小品中，本問題，可以說是一本「縮型的小神學大全」，並且是聖多瑪斯的手著，甲乙兩欄，可能是辯論時，學生所搜集；絕非無聖人的提示和修繕。丙丁兩欄，定是聖人親筆，史有古代抄本目錄之證明，無人置疑。著作年代，是在一二六六至一二六九那三年間；或著於巴黎，或著於義國；確期確地，已無可考。本問題，全卷四五萬言，共分十一節，每一節是一個小問題，第一節篇幅最長，涉及的問題最多，討論「靈智本體的構造，是否含有物質」：極富代表性；不但代表本卷，而且代表《問題辯論集》和《神學大全》的精采。《大全》以《論集》為前身，《論集》以本問題為最優美：短小精緻，而包容廣大。故獻拙、謹譯如下，以供參考。譯時，仍用直解法：勉求直解其事，領悟其理，幸得思想之貫通；非直譯，又不遠於直譯；非義譯，又近似義譯；談文字之距離，則介乎兩者之間；談達義之效能，則似是並兩者，淩駕而過之。一說譯，便是譯文字；求字彙之符合；必說解，才是解事理，務求心智所見之實同；但又非周轉註解，故謂之「直解」：直接根據原文，解釋義理。溫習古籍，觀賞思想，體味「人同此心，心同此理」之神妙；如有「人道精神」之至樂，願與學人共之，「不亦悅乎」？

譯者誌

目錄

重印好書，知識共享 i
問題的問題 iv
第一問 靈智與物質 1
第二問 人性本體與靈智 39
第三問 人本體統一與靈肉無間 73
第四問 人本體內靈性的盈極作用 117
第五問 物類系統與靈智實體 145
第五問 物類系統與靈智實體正文 155

第六、七問　星體氣體與天地英華　173
第八問　分類邏輯和宇宙觀　225
第九問　人的明悟——受動智力　289
第十問　人的靈明——施動智力　319
第十一問　人靈魂的能力與本體　351
參考書　377
重要名辭，人名，書名，中西對照　378

第一問　靈智與物質

問題是：靈智實體，是不是物質與性理合構而成的？

甲、肯定的意見（二十五條，逐條列舉）如下：

甲一、鮑也西，《三位論》，卷二（《拉丁教父文庫》，卷六四，欄一二五〇），曾說：純是性理，則不能作主體。宇宙間的靈智實體，是知識、道德、和天賦神恩等等的主體；可見，它不純是性理。但它也不純是物質，單純物質，對於生存，只是有虧虛性的潛能，沒有現實，也不有任何動作：既不純是性理，又不純是物質，所以是物質與性理的組合。

甲二、宇宙間萬物的性理都是有邊界、有限止的。性理的界限，來自物質。為此，宇宙之間，凡是性理都結合物質，寓存於物質以內。可見，宇宙間，任何實體都不是無物質的性理。

甲三、物質是變化的因素。大哲（亞里，《形上學》，卷二章二），曾說：「物體有變化而不含物質，是不堪設想的」。宇宙間，靈智實體都有變化，只有天主的本性本體，不會受變化，天主是造化者，不屬於千變萬化的宇宙以內。宇宙以外，只有天主。天主以下，都屬宇宙。故此，宇宙間，凡實體，都含有物質。靈智實體也不例外。

甲四、奧斯定，《懺悔錄》（卷十二，章二十五），曾說：天主造生了有形和無形實體共有的物質。靈智實體是無形的實體，所以它有物質。

甲五、大哲，《形上學》（卷七，章六），曾說：「無物質的實體，自己是自己生存和獨立的原因，自己以外，沒有別的原因」。宇宙間，凡是實體，它的生存和獨立，都是在自身以外，另有原因。因此，都不是沒有物質。靈智實體，也不例外，所以，它也是物質與性理組合而成的。

甲六、奧斯定，《新舊問題集》（問題二十三），曾說：「造物者，造生了人類的原祖亞當，先造了肉身，後造了靈魂，賦與肉身」。靈魂是東家。肉身是住宅。肉身是靈魂的住宅。東家是生存自立的實體。人的靈魂是如此，無形的神體更是如此。凡是自立的實體，似乎都不只是性理。靈智實體，除非宇宙以上的天主，都不只是性理，所以是物質與性理之合。

甲七、顯然，靈智是衝突的主體，能收容互相衝突的事物。這卻是組合實體的特性，所以，凡是靈智實體都是組合實體。人的靈智如此，無形的神體，凡是宇宙以內的，也都是如此，理由相同。宇宙以內的無形神體也叫作天神。

甲八、性理是實體生存內在的憑藉。凡是任何物體，如有「生存」與「生存之憑藉」的組合，必有物質與性理之組合。凡是神智實體，屬於宇宙以內的，都是「生存」與「生存之憑藉」的組合，明見於鮑也西，《週期論》（《拉丁教父文庫》，卷六四，欄一二二）。為此，凡是宇宙間的靈智實體，都是由物質與性理組合而成。

甲九、「共有」一詞有兩種意義。超越宇宙的天主，分三位，「共有」一個性體。宇宙以內的萬物，種類萬殊，每種每類，各有全體「共有」的性理和名稱，並且共有超類的大公性和大公名。天主三位每一位的特性，和三位共有的性體，在實體生存上，不是兩事，而是一事。天主第一位的特性，叫作父性。第二位的特性，叫作子性。父性子性，固然互有分別，但各自和共有的性體，完全沒有分別。天主第一位的父性，就是天主的性體。第二位的子性和第三位的神性也各是如此。至少在實體生存上，是如此。三位共有一性一體，叫作三位一體。宇宙萬物，名分公私，公名指公性，私名指特性；和天主三位的情形相同。但特性公性彼此，在宇宙以內的實體生存上，完全是兩事，不是一事，這是宇宙內外最顯著的分別。宇宙以內的萬物，都屬某類某種，種性互異，類性相同。種性與類性有分；特性與公性有別，故此，凡是宇宙以內的實體都是「特性」與「公性」的組合。公性的類界寬廣，特性的種界狹小。所以縮小類界的範圍，靈智實體，凡屬宇宙以內者，都是如此：因特性而有種別，因公性而屬一類。「特性」與「公性」之合，似乎是無異於「性理」與「物質」之合，故，宇宙間的神靈實體，是物質與性理的組合。

甲十、類名所指的性理，如有生存，只能存在於兩處：或在心智中，或在物質內。宇宙間的靈智實體，例如天神，既屬於某類，故有類名，及類名所指的性理。祂的這個性理，也是只可存在於兩處，或在於心智或在於物質。假設天神不含物質，則不得生存於物質之內，只可生存於心智中。如此，再進一步，假設沒有任何心智來容納天神，或思想天神，則天神不復有生存，這是不適宜的。故此，應當主張，似乎是，宇宙間的靈智實體，都是物質與性理之組合。

甲十一、假設宇宙間，靈智實體是無物質的性理，則它們必可「彼此互在」，即是可同明相照（無形質的間隔），彼此，同心連理，神通智合；互相認識，互相瞭解；或直觀本體；或觀賞思想：如果是直觀本體，則兩個神智的本體，結合如一；如果是觀賞思想，兩個神體，彼此：「你想我，我想你」，互作思想的內容，思想互相交換。但這就等於兩實體互相交換。因為，思想的內容是性理；神智實體本身，即是脫離物質，自立生存的性理，和心智所能曉悟的性理，是一樣。在神智實體，例如天神，性理與實體無別。祂們的性理互相交換，便是實體互相交換。必然的結果，是實體合一：「你是我，我是你」。那麼，兩個或許多神體，一方面，既是許多，各有各的特性；另一方面，又同時「共有一個實體」：彼此同是「多位一體」，這樣的「多位一體」，只能有於「天主的三位」。在「天主聖三」以外是不堪設想的。靈智實體不含物質的學說，必定生出這樣不堪設想的結論：宇宙內外，沒有了分別：天主和天神混成了一類，豈不大錯而特錯？

甲十二、大註解家，亞維羅，《形上學》（卷十一，註三六），曾說：「假設一個箱子，是一個沒有物質的箱子，它就和心智內思想的箱子，沒有了分別；心智內思想的箱子，是一個思想中的印象，代表箱子的性理。如果那個箱子，脫離物質，自立生存，它的性理，便是它的實體。所生的結論和上條所說，似乎沒有分別（「許多神箱，多位一體」，和「天主三位一體」，沒有了總類上的分別）。

甲十三、奧斯定，《創世紀》，《字解》（卷六，章九），曾說：肉體生自物質。它的構造含有物質。它的物質，是地上、塵土類的物質。在未成肉體以前，這個物質只是物質，還不是肉體。大概就是如此，靈魂的本體，也有靈體類所特有的一種物質，在靈體未成以前，這個物質也只是物質，還不是靈體。如此說來，肉體有肉體的性理和物質，靈體有靈體的物質和性理，似乎也是由物質與性理合構而成，靈魂如此，天神也不兩樣。

甲十四、達瑪森，《正信本義》（卷二，章三及十二，《希拉教父文庫》，卷九四，欄八六七及九一九），曾說：「只有天主本體精純，既無形軀，又無物質」。宇宙以內的靈智實體，不是天主，故不是純無物質。

甲十五、凡是實體，本性如有界限，則生存必受限制和約束。凡是宇宙間的實體，本性本體，都有許多界限。它們的生存必定也受了限制和約束，並是自身以外，受了外力的限制和約束，彷彿身體受繩索的約束，身體是一事，繩索另是一事。同樣，任何實體受約束，也是自身以外，另有「約束因素」：它乃是約束因素，約束起來的實體。實體和約束因素，合成了一體。實體是性理，約束性理的因素是物質。凡是宇宙間的靈智實體，既是本性和生存都有界限和約束，所以都是物質與性理的合成體。

甲十六、物體動作，有施動，受動之別。施動的因素是動力，受動的因素是「容受性」。兩者矛盾對立，不能混而為一。動力來自性理。「容受性」來自物質。宇宙間的靈智實體，動作上，也有施動受動之分。例如天神施動，是用自己的神光，照耀下級的天神。受動，是下級受上級的光照。同樣，人的靈魂也有施動的「智力」，和受動的「悟司」。動作上，既有施受之分，實體內必有物質與性理之合。人靈如此，天神亦然。

甲十七、凡是有生存的物體，共分三種：或是有生存的「精純圓滿，盈極無限」，或是有生存的「純粹潛能，虧虛至極」；或是介於兩端之間，是「虧虛」與「盈極」之合。宇宙間的神靈實體，不是「純粹盈極」，也不是「純粹虧虛」。「純粹盈極」只是天主；超越宇宙以上，不屬宇宙以內。「純粹虧虛」屬於第一物質，既無生存的現實，又無動作的能力。故此，神靈實體，既不是天主，又不是第一物質，只剩是「虧虛與盈極」之合，這似乎是和「物質與性理」之合，沒有分別。

甲十八、柏拉圖，《宇宙論》，章十三，敘述至上的天主，（上帝）向祂所造出的眾神，談話間，曾說：「我的意志，力量強大，勝於你們的結構」。奧斯定，《神國論》（卷一三，章十六），援引柏氏這些話，並加以註解說：受造的眾神，好像就是天主造的天神。所以天神的實體內，有「結構」，即是有「組合」。

甲十九、凡是物體，數目眾多，有數可數，性體不同，有種類可分；便在實體內，含有物質。物質是物體，個個相分，有數可數的因素。宇宙間的靈智神體，數目眾多，個個不同，有數可數，並且性體互異，分種分類，故有物質。

甲二十、凡是物體，能受動於形體，便不能沒有物質。但宇宙間，天主造的靈智實體，數目眾多，能受動於形體：有些天神受了火燒，火是形體。參看奧斯定，《神國論》（卷二十，章十）。所以，受造的靈智實體，在構造內，含有物質。

甲二十一、鮑也西，《一與單位論》（《拉丁教父文庫》，卷六三欄一〇七六），明說：天神，是物質與性理，組合而成的。

甲二十二、鮑也西，《週期論》（《拉丁教父文庫》，卷六三，欄一三一一），曾說：生存的主體，能包含外物的攙雜。但撇開主體，只談生存，則「生存」自身，不得包含任何外物的攙雜。具體的人物，可以在抽象的人性以外，另有外物的附加，例如膚色的黑白，或其他附品。但人性的本體，只包含人性定義，指明的純理和要素，除此以外，不得攙雜任何其他。靈智實體，都是超絕物質的性理，除種名定義，所指純理以外，不能有任何外物的攙雜。種名定義所指一切，都是性體必備的要素，缺一不可。強奪其一，則全體盡毀。凡是靈智實體，如果沒有物質，不受毀傷，本性實體之所有，不會有所失落。則完全不能受到任何變動。這是與真理不合的，靈體能受變動，故不是沒有物質。

甲二十三、類名所指的性體因素，是同類每物之所共有。宇宙內的靈智實體，屬於實體之類。實體類名，所指的生存因素，是物質與性理；詳見鮑也西，《賓類解義》（《拉丁教父文庫》卷六四，欄一八四）。他在那裡說：「亞里（即亞里斯多德），捨「兩端」，置而不論，專談「中間」」。所謂兩端，即是物質與性理。所謂中間，即是物質與理性之組合。鮑氏的意思是說：那裡所討論的實體之類，無一不是物質與性理之合。故此，靈智實體，天主所造，屬於宇宙內實體之類（不是超宇宙的天主），必定是物質與性理之組合。

甲二十四、凡是屬於某某類界以內的物體都是類公性與種別特徵的組合。種別特徵的來源是性理。類公性的來源是物質，明見《形上學》（卷八，章二）。宇宙間的靈智實體，屬於它本類固有的類界以內，故此，似乎明是物質與性理合體。

甲二十五、物以類聚，類各有極，同類之極，全類之首，餘眾之原。實體全類之極，是第一實體，它的生存，現實圓滿，達到了「精純盈極」的程度。故此，它是一切實體現實生存的原因。凡是現實生存的實體都是從第一實體，領取生存的現實。第一實體以下，其餘一切低級實體，在生存的現實上，含有某程度的虧虛和缺欠。不是「純粹盈極」的圓滿無限。表現它實體內，含有「盈極性」和「虧虛性」。兩性互為消長，品級越低，盈極性越減少，虧虛性越增多。虧虛性最多、程度最高的實體，絲毫沒有生存的現實，只是「純粹潛能」、「虧虛無限」，叫作「第一潛能」，就是第一物質：極度虧虛，是其餘一切物體虧虛性的來源。那裡有虧虛性的潛能，那裡便有物質。宇宙間，靈智實體，無不含有若干程度的虧虛性和潛能。它們那一個也不能是「精純的盈極」，只有第一實體才是如此。第一實體超越宇宙的天主，不是宇宙以內的任何靈體，所以宇宙間的靈智實體，都有虧虛性的潛能，並且是有自物質，以物質為其內在因素和根源。它的實體內，不能不含有物質的成分。故此，它是物質與性理的組合。

乙、否定的意見（也有許多，正和上述相反，共有十四條）如下：

乙一、狄耀尼，《天主諸名論》，章四，論到天神曾說：「天神沒有形軀，沒有物質」。

有人說：本處所謂「無物質」是說：沒有形體界的物質，這樣的物質是物體分別數量，遭受變化的原因。天神沒有形體界的物質，但有無形的物質，故仍是有物質。這樣的解釋，不合狄氏的本義。

因為：

乙二、狄氏學說有一個大前提：「凡是靈智實體都是純淨的神體，沒有任何物質的沾染」。（小前提：「天神是靈智實體」，結論：天神是純淨的神體，沒有……」）

乙三、根據大哲，《物理學》（卷四，章四），證明「空間必有」的理由，是變動。同樣，證明「物質必有」的理由，也是變動：「有變動，必有物質；有什麼樣的變動，便有什麼樣的物質」。有生死存亡的變動，便有生死存亡的物質，為能領受生存（領受新生存，代替舊生存，新陳代謝，促成生死存亡的變化）。有方位的變動，便有一種特殊的物質，為能移動方位。但靈智實體在生存上並沒有新陳代謝的潛能，不受生死存亡的變化，為此沒有生死存亡之界的物質。這就是說：它們的實體，不是物質與性理之組合。

乙四、胡聖威，《天神系統論詮》（《拉丁教父文庫》，卷五、一七五、一〇一〇），解釋狄耀尼的學說，曾指明靈智實體內，沒有「生命施受」兩因素的組合。生命的「施給因素」是性理。生命的「領受因素」是物質。（作物成性的外在原因，發出動作，從物質潛能中，引出新物生存、必備的性情和條理（即是引出性理，並因此性理，將生存授與新成的物體。新生存的施給，外在因素是新物的作者；內在因素便是性理)。性理將生存授與物質(新物體,乃因其物質內的容受力,領取生存)。生物的「生命」,便是生物的生存。(生物的生存,是生物的行動,有時和「生命」的意思相同)。方才說:靈智實體,沒有「生命施受」,兩內在因素的組合,所以,也沒有「物質與性理」可以分別。

乙五、亞維新,《形上學》(卷九,章四);亞介采《形上學》(冊一,卷一,章三);都說:絕離實體(是斷絕物質,遠離物質的實體):叫作靈智實體,它們和物質,完全脫離淨盡。

乙六、大哲,《靈魂論》(卷三,章八),曾說:「人的靈智,懷念石頭時,所懷抱的,不是塊然的僵石,而是石頭的性理」,靈智的實體單純,不含物質,無法懷抱物質東西的塊然僵體,只能領悟它們「神智化」了的「理」。可見人的靈魂,不是物質與性理的組合。

乙七、泡克路,《原因論》,節六,曾說:靈智的實體單純,不可解剖。凡是組合體,都可解剖,或分析。靈智實體,既然不受分析解剖,必定不是組合體。

乙八、大哲，《靈魂論》（卷三，章四）：「關於沒有物質的物體，靈智和靈智之所知，兩者的本性，沒有分別」。靈智之所知，純是無物質的性理，智力所可領悟的性理，全非塊然的物質。所以有智力的實體，或靈智，只是性理，沒有物質。

乙九、奧斯定，《聖三論》（卷九，章四），曾說：靈魂反觀內省，能用智力，洞見本身的全體，智力之所能洞見不是物質，智力也不是物質力量，可見物質無所有於靈魂。

乙十、達瑪森，《正信本義》（卷二，章十二），曾說：「靈魂是單純的」。所以不是物質與性理之組合。

乙十一、理性動物的「靈魂」，比畜牲無理性，只有知覺的「覺魂」，在實體單純上，更接近「單純至極的第一實體」（即是天主）。畜牲的覺魂，沒有物質與性理之組合，何況靈魂呢？

乙十二、天神的實體，比物質界的性理，更接近單純的第一實體。物質界的性理，不是物質和性理的組合，何況天神的神體呢？

乙十三、在性體尊卑的品級上，附性低於實體。天主全能，能使某附性自立生存，不依賴物質。例如祭臺上的聖事裡（麵餅的實體，變成了耶穌的體和血，但麵餅的附性、形象、面積、體積、重量等等，沒有麵的實體，仍舊自己存在），這是顯明的一個例子。附性如此，實體更將如何？天主豈不更能在實體界造某性理，使它不沾染物質，自立生存嗎？神智的實體，則更是極能不沾染物質了。

乙十四、奧斯定，《懺悔錄》（卷一二，章七），曾說（用文學家和演說家的口氣，向天主呼禱）：「主呵！你造生了實體兩界，一界接近你，即是天神；一界接近『無』，即是物質。如此說來，天神和物質分歸兩界，有天壤之別。天神實體內，斷不能有物質混入。」

丙、答案：定論

丙一、關於本問題，有些人的意見，兩方互相衝突。宇宙間靈智實體，是不是由物質與性理組合而成的？一方說：「是」，一方說：「不是」。為追求真理的答案，先需察明「物質」二字，究何所指？免因字義混淆，而全盤議論盡成錯亂。

丙二、物質——物體分歸兩界，一是「盈極」，一是「虧虛」（物體是大公名，超越範疇，超越物類，超越有形和無形的宇宙，泛指有生存的實有物）。「盈極」，是生存現實，盈滿至極。「虧虛」，是生存潛能全未實現，極度空乏（宇宙萬物共分十範疇，即是十總類）。不拘任何物類，也是都有「盈極」和「虧虛」兩大界的分別。每個物體除非超越宇宙，都包含相當程度的「盈極」和「虧虛」，都是「盈極程度」和「虧虛程度」互相限定而成的綜合，依名理的定義而論，「盈極」和「虧虛」矛盾對立，分別判然，不容混合。依照大眾公認的字義，「第一物質」四字，專指實體範疇內極度虧虛性的主體。它不是性理，也不是性理的「缺乏」。而是「能領受各種性理，也能缺乏各種性理」的主體。它是「性理」與「缺乏」兩者共有的主體。全無現實自身無任何種名所指的性體，也無實體生存必備、或能有的任何性理。「第一物質」，是一「實體因素」，純是潛能，極度虧虛。這是第一物質大家公認的正確意義，明證於奧斯定，《懺悔錄》（卷一二，章七，八，十二）、《創世紀字解》（卷一，章十四，十五），並明證於大哲，《形上學》（卷七，章三，頁一〇二九，左，行二十）。

丙三、依照上述的字義，靈智實體內含有物質，是不可能的。理由如下：

丙四、「實體品級」——能變化的物體時而有生存的盈極，時而有生存的虧虛。在時間上，虧虛先於盈極，潛能先於現實。在性體（生存的因果關係）上，盈極先於虧虛，現實先於潛能。先者的生存不仰賴後者，後者卻仰賴先者（先者是原因，後者是效果）。實有界，「第一盈極」，精純圓滿，全無虧虛，獨立生存。但設有一物，純粹虧虛，性理全無，則永不能獨立存在。為此，「第一物質」假設全無任何性理，不會獨立生存。實有界的第一物質，常有某一性理。第一實體，生存圓滿，精純至極，萬善的全體，一身兼備，是萬物現實生存的原因。第一實體是第一盈極，又是第一原因；以下的萬物，各自有生存上某種程度的盈極，都是效果，全是來自第一盈極。程度高低，彼此不同。第一盈極以下，沒有絕對無限的盈極。有限的盈極，都不能是萬善無缺的。依次序比較起來，盈極程度越高，則距離第一盈極越近。第一盈極，即是造生萬物的天主。宇宙萬物中，靈智實體距離天主最近，明證於狄耀尼《天上品級論》，章四，為此，它們和第一盈極的至善，距離最近；和下級物體相較，有「完善」與「殘缺」，即是有「盈極」與「虧虛」的比例。宇宙秩序的邏輯，絕對不容許靈智實體為維持自己的生存，需要以第一物質作因素。因為第一物質在萬物中是極不完善的一個，靈智實體的完善，卻遠遠超越全個物質世界，及每個物質實體以上（既超物質，則無物質）。

丙五、「靈智的動作」——觀察靈智實體的動作也可明白看出，靈智實體不含物質。凡是靈智實體，都有「智力」，例如人的靈智。智力是一種虧虛並能容受的能力。凡是容受力，都是和它容受之所得有虧虛與盈極的關係。每一物體的虧虛性是什麼樣？全視其盈極因素如何而定。能充實智力之虧虛的「盈極因素」，依智力之本質而論，是智力能領悟的事理。靈智知「理」，將「理」領悟在智力的懷抱中，充實自己的虧虛，裝滿自己的容量。智力的性質，和智力的效用，即是，和領悟性理的任務，適相符合：性質相同。請看，智力與物質，兩者的效用如何：智力所能領悟的性理，收容在智力以內，不縮小生存的範圍，不將自己的範圍收縮成單立體那樣狹小。智力懂曉每個可懂的事物，是將那事物的「理」，領悟在心。智力的效用是給事物的理，在心智中，創造一個新生存的範圍。這個新範圍是「性體大公而普遍」的範圍。事物的理，在事物中是個體化了的；收容到心智中，就普遍化了。回頭請看，第一物質的效用是什麼？正和智力相反，物質領受性理，必將它的範圍收縮到單立生存的個體中。物質領受性理，將性理個體化。智力領受性理，將性理普遍化。兩個的效用，互相矛盾。兩個的能力和性質，也明明必是互相矛盾：性質互相矛盾，便不能彼此相同。靈智的智力，非物質所能有，物質的性情，非智力所能容。顯然的結論是：靈智實體，不含物質。第一物質自身，缺乏任何性理，沒有任何種名可有的定義。（第一物質，渾沌無狀，無性理，無定義；只靠自身，虧虛無物，連受智力之領悟，都不可能；還怎能設想它可深入靈智，構成其本體呢？）

丙六、「虧虛與盈極」——有些人主張，凡遇兩物彼此結合，有「虧虛」與「盈極」的關係，那兩物就可以叫作物質與性理。性理充實物質，就是「盈極」充實「虧虛」。上下相較，名異而實同。智者講求實義，不爭論名辭。果然如此，則無妨說：

靈智實體的構造中含有「物質與性理」，意思是說：含有「虧虛」與「盈極」。宇宙間的靈智實體，確實含有兩個因素，彼此結合，猶如「虧虛」之與「盈極」。這是必然的。理由如下：

顯然的，第一實體，盈極無限，生存之理所涵萬善萬美，至全無缺，無不一身兼備，不受任何類性或種性的約束。類名或種名所指的性體，都有固定的界限。第一實體，盈極無限的生存，不同於任何某類性體所秉賦的生存。十大物類中，任何物類，它的性體不是它的生存。它的生存，由秉賦得來，受容量的限止。第一實體的生存，不能受限止，故此，不能秉賦在某類性體中。第一實體，是天主；為此，我們說：「天主是自己的生存自身。」（天主純是生存，不收容在性體中：沒有生存與性體之合）只有天主如此，任何其他物體都不能如此。「實體即是生存」的物體，只能有一個，不能有許多。猶如白色，脫離主體，自己單獨存在，沒有主體的限制，便不能設想它可以分成許多。全無主體收容的「白」（是抽象的「白」字所指的理；純理無限），只能有一個，不能有許多。同樣，「自立的生存自身」（竭盡生存精純無限的理，不受任何主體的局限，現存於實有之界），也是只能有一個。第一實體以下，凡是物體，自身既非生存，必是以某主體作收容所，領受生存，並以其容量限制生存圓滿的範圍和程度。即是說：只是領取「有限的生存」。如此說來，這裡的「領取」，便是「分取」。宇宙間，每個物體都是從第一實體的生存之源領取生存，各自分得一分。每個實體中，有兩個因素，一是「性體」分取生存，並容受生存；一是分取所得的「生存」。性體與生存兩不相同，每個已有生存的實體，根據所有的程度，用模仿擬似的方法，分取第一盈極的美善，分取所得的「生存」，與分取生存的「性體」。在一個實體內兩相比較，互生的關係是「盈極」與「虧虛」的關係。性體之與生存，猶如「虧虛」之與「盈極」。比例相同，關係相同。天主以下，凡是實體，都是「虧虛」與「盈極」之合。有形世界內，物類性體的構造中，物質領受性理，因性理而分得程度適當的生存。性理光臨物質，使它充其虧虛的容量得到生存的盈極，例如靈魂之與肉身。

從此看來，有形實體內，有雙層的「盈極」與「虧虛」之合：一是性理與物質，相合而成性體，一是性體與生存，相合而成實體，都是猶如盈極與虧虛。假設，有某類性體中的性理，脫離物質的基礎，在物質以外自立生存；它和生存的關係，仍舊是猶如「虧虛」之與「盈極」。這不是說，它的「虧虛」可以離開「盈極」；反之，它的「盈極」常伴隨它的「虧虛」：「盈極」是一因素，充實「虧虛」的容量。就是如此，靈智實體，猶如虧虛，充其容量，領取生存的現實，達到適當的盈極程度，而後止。有虧虛與盈極之合，無物質與性理之合。

話又說回去，假設凡是「虧虛」都叫作物質，凡是盈極都叫作性理。那麼，當然了，靈智實體，既有虧虛與盈極之合，則可以說是有物質與性理之合。不過、這樣的說法，有害於名辭的原義，與大眾通用的字義不合。

丁、解難（前面甲欄列舉肯定意見二十五條，每條設有疑難。丁欄在此，逐條解答，甲丁兩欄，號數相對），如下：

丁一、「性理與主體」——性理與主體，本義相反，依本義或本質而論，凡是「性理」都是「盈極」（即是盈極因素，有盈極作用，充實物質虧虛，使其潛能實現，達到盈滿至極的程度）。凡是主體，都有虧虛；主體負載性理和生存；凡所負載，都是盈極。「主體」與其「負載」相比，猶如「虧虛」之與「盈極」。假設有某性理，純是盈極，毫無虧虛（無限圓滿，外無可加），例如天主的實體，便無法作主體（因為主體含有「虧虛、容受、承載負荷」等等意義，都是「殘缺、空乏、不圓滿、不完善」的意思）。在這種意義之下，主體是虧虛的「容體」和「負受體」，和天主全善全美盈極無限的本體，不相合（天主的本體，性理精純，純是盈極）；對於此點，鮑也西曾已論及。他說：「單純的性理不能作主體」，就是指這番意思而說的。另一方面，假設有某性理，不純是盈極，盈極以外，兼有某些程度的虧虛；那麼，它就可以充其虧虛之容量而作容體，即是作主體。注意到此點，難處就解決了。因為靈智實體固然是物質而自立生存的性理，但生存圓滿的程度仍是有限止、有邊界的。圓滿的程度越低，虧虛的程度越高；容量越大，則越能作主體（同時需知虧虛與盈極不但程度上互相消長，而且性體上必須相稱。什麼性質的容器，容受什麼性質相稱的物品。靈智實體的虧虛，是靈智性的虧虛，沒有物質不受物質個體化的局限）。因此，它們的虧虛只有兩種，一是知識的虧虛，叫作「智力」；一是愛慾的虧虛，叫作「意力」（都是靈智的，不受物質個體化的局限，能領受物質萬物的真理和真善）；並且領受的方式，也不是物質的：真理領受在智力中，真善領受在意力中，不因此遭受物質、個體化的局限，和凝固；反而變成了（虛靈無礙，延及同類萬物）「普遍性」的真理、真善。注意及此，觀察正確，便可理會到兩點：一是靈智實體，有虧虛性的容量，能從自己的本體外面，領受性質相稱的物品；二是它們如此作主體，所領受的生存狀況，只是智力和意力所能容受的附性（都是與物質的本性，適相矛盾的，轉而證實了答案的結論：靈智實體不含物質。人的靈智如此。天神的靈智，既是靈智，就也是如此）。

丁二、「性理的界限」（是劃出種類或個體的界限）分兩種：一是「個體界限」，在某「種」以內，將種有性理，限止到個體內：使性理個體化。一是「種別界限」：將類名所指的性理，限止到某某種界以內，構成種名所指的性體。這兩種界限的因素不相同。個體界限的因素，是物質。種別界限的因素，不是物質，而是範圍較狹小的性理。這個性理，加到類的公性上，將公性的範圍收縮到某某「種界」去，因此，它是劃分種界的原因，並是「種別名辭」的來源，也叫作「種因別素」。靈智實體，固然純是性理，也有它們性理的界限，但其界限，不來自物質，而來自它們自己的性理所固有的範圍，決定於生存的盈極程度（不涉及物質）。

丁三、靈智實體變化，不是生死存亡的變化，而是智力與意力，在活動上發生變化，表現它們有領受新狀況的容量。容量就是虧虛程度，但智力與意力的虧虛，不是物質性的虧虛。靈智活動的變化，只證明它們靈智有虧虛，不證明它們有物質。

丁四、奧斯定的意思，不是說：有形和無形的物質，是數目相同的一個物質。他所說的「渾沌無狀」有兩種，指的是開天闢地之頃，最初出生的「天」和「地」；並且原始時期的天，依聖奧斯定的意思，是「性理未備」的神靈實體；「地」是有形萬物的原始物質。它渾沌無狀，性理未賦，形貌莫辨等等；因此也說它是「空洞洪荒」，或「無形無相，雜亂無章」等等，這些話都是「地」的形容詞；聖奧斯定未嘗用它們去形容「天」。聖人所說的，「神靈實體性理未備，渾沌無狀」，是專指太初時期，靈智新生，還沒有「回心向道」，覺悟天主真光；故此（心中空虛虧乏，漆黑一團）：是靈智潛能尚未實現的情況。聖人雖然將天地兩界的實質，都渾統的叫作物質，但同時指出了，兩界實質，神形異性，有天地之別。在聖奧斯定（和不少人）筆下，「物質」是一個同名異實的名辭。從此，可以明見塵界這渾渾物質，不是天神實體的內在成分。

丁五、大哲此處所說的「原因」是「性理」，不是「作者」。物質結合性理，不是立刻就是一個獨立生存的實體；性理是生存的內在原因，進入物質、充實物質的虧虛，物質因之經過一個變化的過程實現潛能，才由生存的虧虛進取生存的盈極。性理和物質不同，物質可以結合性理，但是性理不結合另一性理，這是定律。如有某性理在物質以外獨立生存，它「立刻」就是一個獨立生存的實體；不經變化過程，沒有另一性理作生存的因素。它開始獨立生存，不是始自物質的潛能，故此，不但不需要另一性理來充實自己，而且也不需要「施動因素」，推動變化過程，以實現潛能。只有「注入因素」，將生存注入給它就夠了（生存的「注入因素」，是生存的最高始原、是生存的賦予者，即是造物者。造物者，給每物「性理確定」的性體，灌注生存。生存的出現，從無入有，如電光火并發，暗空驟明，迅在一閃，不費時間。有無之間怎能有間隔呢？故謂之「立刻」）。

丁六、「物質不是性理生存的原因，性理卻是物質生存的原因」。實有界，無妨有無物質的性理（獨立生存）；但是，斷不能有無性理的物質。人的靈魂，固然有獨立的生存；然而，不因此必是物質與性理之合。理由就是在這裡：性理，無物質，可以自己獨立生存。

丁七、凡是實體，只要生存上有若干程度的虧虛，不分有無物質，都能作衝突事物的收容所，或主體。靈智實體，有靈智的虧虛，前已論及；故充其容量，能容受衝突事物，並作它們的主體，但是所收容的衝突事物，都是屬於靈性的智力和意力：不是物質的。

丁八、「實體與生存」之組合，和物質與性理之組合不是一回事。性理固然有時可說是某物生存之憑藉，但物質之本義只是生存的潛能，不可說是現實的「生存者」，猶如虧虛不可說是盈極。「生存者」是現實生存自立圓滿的實體：它在形體界，是物質與性理之合；在無形的實體界，是單純的性理自身，不沾染物質。同時，所謂「生存之憑藉」，是每物各依性理之定分，由生存之源秉賦得來的一部分生存。每物生存盈極程度的高低，全視其生存秉賦之厚薄而定。「生存者」是實體，其生存之「憑藉」，是其「生存之秉賦」。仰給於生存之源。為此，除第一實體生存之源以外，任何實體都有「生存者」與「生存」，兩不相同。鮑也西，《週期論》，所謂的「生存者」與「生存之憑藉……」等類字樣，指的就是這些意思。換言譯之：「所是」與「所以是」、「實然」與「所以然」、「性體」與「生存」；在天主，兩者無別，在萬物，兩者互異，但非物質與性理之謂。

丁九、「某物屬於某公共範圍」，這句話有兩種意思：一是個體屬於某種；一是某種屬於某類。種界內，區別許多個體的因素，是「個體物質」：這某個體私有的物質，不屬於種名所指的公有性體和定義。物質萬物都是如此：個體私有的物質，作劃分個體的因素，和同種公有的性體兩不相同。某種之下，劃分許多種，是由種別因素：和種下劃出個體時，情形全不相同。不但種別因素是比類性較狹的性理，不是物質；並且，它和同類公有的性體，在事實上，彼此沒有分別。依類級系統而論，某一物體屬於實體之類，又屬於形體之類，逐級下降，屬於各級低狹諸類，以至於最低種。它屬於上下各級的類和種，品級固然眾多，但是原因惟一，即是該物體所固有的實體性理。（例如有人的性理）因此性理，它屬於它本範疇的類系各級。

此外需注意，依性體尊卑而論，實體性理，構成某物，最低種名所指的實體，對於該某物說，是最高貴的實體。最高貴的性理是實體性理。每物只有一個；其餘各高級類名所指的性理，類級越高廣，性體越卑下。各級卑下的性理，附加在實體性理上面，都是附性：因著最高貴的實體性理，某某物屬於最低狹的種；因著各級卑下的附性。同時屬於高級的諸廣類。這裡最重要的一點，是附性和實體性理的關係，詳論如下：

「附性與實體性理」——「附屬性理」和「實體性理」不同，「實體性理」構成此某「個體」。「附屬性理，附加在此某生存業已圓滿的個體上。某物因有某實、體性理，而屬於某類，並且實體業已成立；其餘各級類名所指的性理，都是隨後附加在它「生存圓滿自立」的個體上，為此都是「附性」。這些附性的來去，不是實體的生死，只是附性的變化。物體的新生，是因變化而得生存。實體變化，是實體由生存的潛能轉移到生存的現實；是徹底觸及本體的「從無入有」。實體的死亡，是從有入無。不涉及本體存亡的變化，只是附性情況的轉換。物類性理，完善的程度，品級高下，秩序森然，大哲，《形上學》（卷八，章三）曾說：「萬物的種類和定義，班級固定，如同數目，由一以上逐一遞進；每數加一，品級遂異，種必有別；逐級續增，庶類繁矣。」縱觀宇宙萬物，歸納所見一切，明明是萬物種類，數目繁多，美善程度，上下不齊，層層疊疊，羅列如梯。

從此可見，亞維朋，《生命之泉》書內的主張，是不可採納的。他在那裡主張，全無性理的第一物質，先領受實體性理，將它置放在自身以內的，一個角落作基礎；然後，加取形體性理；羅置在上面；然後，依循類系品級，逐級下降，採取各級性理直到最低種為止；將各級性理一層一層的羅置起來。形體性理以後的那一層，是無形的實體；它的物質，不是數量的主體。有人叫它作「神靈的物質」。下面的，既是實體性理充實了的物質，又是數量及其他附性的主體，則叫作「鑰匙」：它的用途，是助人領悟「無形實體」。（見其書，卷一，章六）

上述亞維朋的主張，是錯誤的。理由如下：兩個形體，一有靈，一無靈；有靈者，不是有兩層性理，一層是形體性理，在下面作底層，上面再羅上一層靈魂之類的性理。反之，有靈魂的個體，只有一個性理，本體優越，效力高強，不但是「實體獨立」和「形體生存」的原因，而且是生物生活的原因。無靈魂的個體中，性理低弱；只是有形實體，獨立生存的原因，無力上達，以作生物生活的因素。

（依同理，靈智實體分別種類品級，性體種級，低狹的靈體，不是包括高級諸層性理，層層羅置起來；堆集而不合一，或組合而不單純。反之每個靈體，只是單純的一個性理：高強美備者，兼具低弱者的效力和優點，不是和低級發生組合，而失去自已本體的單純。既無性理諸層之組合，則更無物質與性理之組合了。）

丁十、物質界的類名所指的性理，在心智以外，只能生存在物質以內，不能脫離物質而生存。例如植物和礦物的性理。但此處所說的「實體」，固然是一類名，但所指性體，不含物質，不屬於形下的物質界，而是屬於形上的、超物質的神靈之界。為此，這一類名所指的性理，在生存上全不依賴物質。吾人能發現它，在物質以外自立生存（發現能是證明的意思）。

丁十一、兩個天神，互相認識，互作思想的內容，天神甲的心智中，對於天神乙所懷抱的印象，固然是天神乙的本體性理；但不是乙的本體自身。心智中乙的性理，和乙本體的分別，不是「抽離物質」和「凝固於物質」的分別：即，不是抽象與具體的分別，因為乙在雙方都是沒有物質；但所有分別，是心際物體和「天然界生存固定」的物體之間的分別，猶如眼見牆壁上的顏色，顏色實在牆上，又在眼中，性理的內容相同，實體的生存互異（一在視覺的意識範圍內，只是顏色的印象；一在物質牆壁的實體上，是天然界「生存固定」的顏色，分別是心內，心外）。

丁十二、如果有脫離物質，獨立生存的箱子，它則必有智力認識自己：因為「脫離物質」是智力生存與活動的理由和條件。依此而論，無物質的箱子，雖然在生存上，有心智內外之分，在性理上，只是同樣的一個箱子（它的性理與本體無別）。

丁十三、聖奧斯定，此處的言語，是考究性的論辯，不是發表學說的定論。他不贊成這樣的學說，明證這樣的學說不是他的主張。

丁十四、只有天主可說是無物質、無形軀。和天主的本體精純相較，宇宙萬物的神形兩界（粗重汙濁），好像是都有物質。雖然神界的本體，沒有形軀和物質（和天主的精純一比，就看著像是都有物質）。

丁十五、宇宙間，靈智實體，生存受限止的原因，不是含有物質，而是因為它的生存是（由生存之源）秉賦得來；並且是收容在種界固定的性體中了（它性體的種界有限，故所領受的生存，只是充其全量而已，不能是無限的），詳論見前。

丁十六、靈智實體，施動受動，不是因有性理或物質，而是因有生存的「盈極」與「虧虛」：盈極而動，虧虛則能受。

丁十七、靈智實體，在生存上不是「純粹盈極」（圓滿無限），也不是「純粹虧虛」；它有「盈極」與「虧虛」之合，但無「物質」與「性理」之合。回憶前論，即可明見。

丁十八、柏拉圖所稱謂的第二級眾神，不是（無形的）天神，而是（有形的）天體（包括日月星辰）。

丁十九、物質是同種內，在數目上個體區分的原因，不是類下分種的原因。天神，不是同種之下個體的數目眾多；只是種數眾多，每種的性體（沒有物質），自立生存，自成一體（一種一體，眾種眾體，不是同種多體）。

丁二十、靈智實體，受「火燒」，只有「刑罰和禁錮」的意思，沒有「物質變化」的意思（物質的火，能對於神體發生刑禁的作用，不能發生「物質變化」的作用）。故神體，雖能受火刑，不必實體有物質。見聖奧斯定，《神國論》（卷二十一，章十，號一）。

丁二十一、《一與單位論》，是一部偽書，不真出於鮑也西的手筆，察其文體，即可明見。故其所言，不足為憑。

丁二十二、絕離物質的性理，就其「盈極精純」的生存程度而言，不能容受任何外物的攙雜；但就其智力和意力方面的虧虛程度而言，則能，充其種界固定的容量，領受某些附性（並且是從本體以外的來源，領取得來）。

丁二十三、鮑也西的意思，不是說，凡是實體，依類名所指的定義，都是物質與性理之組合；因為「實體」類名所指的本體，不是自然界形下的物體，而是形上的「物體」大公名之理，泛指自立生存的物體；對於物質之有無，模稜兩可。反之，他原有的意思是說：物質和性理屬於實體，但不是在實體類下分成兩個不同的種；因此，只有組合的實體，可以說是屬於某種（分論性理和物質無一可以說是屬於某類某種）。

丁二十四、物質與性理，組合而成的事物，分門別類；類名取自物質，種別名取自性理（種名定義，是「類」與「種別」兩名之合）。但此處所說的物質，不是最高遠的第一物質，而是最切近的某「種」特具的物質。這樣的物質，因性理之充實，已經領受了生存，但程度不完善，因此對於本種特有的完善生存，仍有「物質虧虛」與「盈極」的比例，比如：動物類名所指的生存，對於「人」字種名所指的生存，有「物質」與「性理」，即「不完善」和「完善」的比例。但在人之本體內，兩級生存的因素不是兩個性理，而是一個性理。人的性理只是一個。因此同一性理，某某主體，既是動物有動物的生存；又是人，有人的生存。兩級的生存，都是得自那同一性理（即是人的靈魂）。低級動物的靈魂，給某動物，只授與無靈動物的生存。廣泛的類名：「動物」，指示的單位，不是數目上主體的單一，而是類名定義上，公性範圍泛泛的統一；因為「人是動物」，「驢也是動物」，不是由於同一性理，人和驢、性理不同，所同者，只是動物類名泛指的生存程度。靈智實體，沒有物質，仍有類性和種別，不因為它有物質與性理，卻是因為它實體完善的程度，分許多品級；眾級有所同，各級有所異。所同者，是全類之公有；所異者，是每種所特具。本處所談類名，即是「靈智實體」。

丁二十五、物體生存程度，高低互異；「盈極」與「虧虛」，互相消長，實體優劣，隨之以分。「盈極程度」越高，性體益增優越；虧虛程度越深，性體益形卑劣。在生存的來源上觀察，「不完善」的物體，生自「完善」的物體，互有因果關係，不可倒置。為此理由，物體的虧虛，不拘程度深淺，不必都是來自第一物質的「純粹虧虛」。亞維朋，《生命之泉》，書中的錯誤，就顯示在這一點，他認為凡是主體，或虧虛物體，都含有第一物質，因為他想凡是虧虛性（潛能、容受力等等），都是只來自第一物質，把「虧虛」與「物質」混作名異實同了。

主要名辭兩個：

Actus，Actuality，Entelechy：盈極，現實，圓滿。

Potentia，Potency：虧虛，潛能，領受力，能力。

第二問　人性本體與靈智

本問題簡介三點

一、結構：依《問題辯論》的定格，本問題分甲乙丙丁四欄。「問題」是一個術語，它的意義是什麼？四欄的內容和關係是什麼？詳見於卷首序論，結構特殊，有歷史趣味與邏輯意義。

二、內容：宇宙間凡是有形實體，都是性理與物質之合。詳言之：性理合物質而成本體，本體即是性體。性體合生存而成實體，實體因物質虧虛而能容受之量，並依性理之定分，領受生存。為得生存，必須性體全備：既有物質，又有性理。實體產生時，物質、性理、生存，三者一時俱來。物質因性理而得生存。生存圓滿，則行動隨之而生。性理是生存與行動的內在根源。物類繁多，品級不齊。無生物、品級最低。它們的性理，表現在純物質之性能，不外寒熱燥濕之類，通稱「物理」。植物品級較高，它們的性理是它們的生活，即是營養、發育、生育等等作用的內在因素，叫作「生魂」。動物的品級更高，它們的性理是它們知覺、運動的根源，叫作「覺魂」。人類的品級最高：人的「性理」是人有靈智生活的內在原因，叫作「靈魂」。靈智的動作，首在「懂理」，即是領悟所有的物性事理，並能推論是非。靈智動作，不用形體器官，不依賴物質，但應擺脫物質。從物質的事形、物象中，抽出無形可見的性理，分別曉悟之。靈魂既不依賴物質而動作，則必能不依賴物質而生存。故此靈魂是一靈智實體，同時又是人身體內寓存著的性理。物理、生魂、覺魂被產生時，生自物質潛能。靈魂是靈智實體，超越物質，故不能生自物質潛能，而必定來自物質以外；那麼，來自物質以外的神靈實體，怎樣結合物質的形體？這是本問題的中心點。亞拉伯的大哲學家，亞維羅主張了什麼？柏拉圖的意見如何？

亞里斯多德有什麼見解？聖多瑪斯怎樣答覆這個問題？中世紀及以前各家意見，十九條之多，內容如何？聖多瑪斯怎樣條分縷析地一一解答？這一切，便是本問題內容的大概。

三、拉丁原題：Utrum substantia spiritualis possit uniri corpori 靈魂是靈智實體，即是神靈實體。它是自立實體，但不是「建類實體」，也不是「位稱實體」；因此，它的本性，依其天生的定分，必須結合形體的物質，構成人的實體，屬於人的本體；並屬於人類。每個人，不但是自立實體，而且是「建類實體」，即是建立人類群體的一個「完全單位」；並且人是「位稱實體」，因為人有靈性的智力，有意志和行動的自由，是自己所作、所有和所得的「主人翁」，是有形宇宙間萬物之至靈，可以稱為「一位人物」，或「一位先生」等等。「位格」的尊稱，惟人及高於人的實體，可以承擔之。但人之所以能是「建類實體」，及「位稱實體」，只是因為他有「靈性的生存」：得自天生就有的「靈魂」。從此可見，靈魂不是「建類實體」，而是建類實體之所由建；不是「位稱實體」，而是位稱實體之所由稱。實體建類群，靈魂建實體，最後基點何在？全在「靈性的生存」。「生存」是「建類實體」所依據的最後據點。「靈性生存」是位稱實體崇高名義最後之依憑。「靈性生存」來自靈魂。為構成人的本體，「靈智實體」的任務就是如此。這是聖多瑪斯「人道思想」最基本的一點。

人性本體與靈智問題

問題是：靈智實體是不是能結合形體？（人有骨肉髮膚，故有形體；又能曉辨義理，推論是非，故有靈智。靈智必是實體，自身不合物質，不是形體。詳見前第一問。靈智和形體，本性矛盾；人性本體卻兩者兼備，確係形體與靈智之綜合。問題是：用什麼理由來證明靈智實體能，或不能，及怎樣結合形體？）

甲欄　否定意見（十九條）如下：

甲一、狄耀尼，《天主諸名論》，章一，曾說：無形的事物，不受有形事物的包含和範圍。凡是性理（賦予物質），都受物質的包含，又受物質的範圍和局限；因為性理是一「盈極因素」（盡物質虧虛的容量），充實物質。為此，不合形質的靈智實體，不能是形體（所能包容）的性理。

甲二、大哲，《寐寤論》，章一，曾說：「誰有什麼能力，便有什麼動作。」（察其動作，便可見其性能）今、靈智實體固有的動作，是靈性的智識（曉悟義理，明辯是非），不借助於形體器官，不是形體（所可發出）的動作。《證見靈魂論》（亞里著），卷三（章四）。從此可見，智力不會是形體（所能秉受）的性理。為此同一理由，靈智實體也不能是形體（所可秉受）的性理；因為靈智實體是智性能力的根基（和主體）。

甲三、實體生存圓滿以後，添加的東西，都是附加品。靈智實體本身，有圓滿自立的生存，然後，形體給它添加上去，必是它的附加品；（它是形體的主體）不會又是形體的性理（即是說不會賦予它，結合它），和它一齊構成實體（主體與附品之合，不是實體內物質與性理之合）。

但是大哲曾說：靈魂是神體，同時不失為靈魂。就其為神體而言，它（脫開形質）有自立的生存。就其是靈魂而言，它仍結合形體，猶如性理之結合物質，這樣的分辨和解釋，並不符合事實。理由如下：

甲四、靈魂，依其本體而論，乃是神體。它（充實形體）作形體（必備）的性理，只能依據兩點：或依其本體自身，或不是依其本體自身。假設不是依其本體自身，則是依據本體以外附加的某因素。靈魂如此結合形體，必是以某外加的附品作媒介；那麼，人（由靈魂領受生存，成為實體，不是領自靈魂的本體，而是領自它本體以外的某附品），在實體生存上，便不能有本體的統一，只不過是神形兩個本體，藉某外在因素，偶然拼湊的聯合而已；這是不適宜的，故此靈魂乃是以其神體自身（直接）結合形體（既然如此，話又說回去，凡是神體，自身已有圓滿獨立的生存，自成一個獨立的本體，形體也是一個獨立的本體。兩個獨立的本體不能構成本體惟一的實體。兩者之間，仍不能是「性理與物質」的實體結合）。

甲五、就目的因素而論，性理之賦，其目的不是謀有益於物質。反之，物質之設，其目的乃是謀有益於性理（使性理因凝聚於物質而得具體之生存和行動）。為此理由，假設靈魂結合形體，有如性理之結合物質，其目的不是為成全形體；反之，形體結合靈魂，乃是為成全靈魂的美善（這是「目的」因果關係必然的定理）。但靈魂是神體，沒有形體，自己能生存，並能發出靈智的動作，為成全自己的美善，不需要形體。從此可見，靈魂與形體，無理由是性理與物質的結合。

甲六、性理結合物質，是由於物性的本然，不是奇蹟；靈魂結合形體，不是物性本然，而是奇蹟。《神體與靈魂論》，章十四（《拉丁教父文庫》，卷四〇，欄七九〇），曾說：「兩者如此相異，如此相分，竟能互相結合；從頭至尾，全是奇蹟。」故此，靈肉之間不會有性理與物質的結合。

甲七、靈魂因結合肉身而受損害：《神體與靈魂論》，章十四，及全書屢見各處，曾說：在生存方面，形軀是靈魂的重荷；在行動方面，形軀是靈魂的羈絆。同書（章卅二）又說：除非擺脫形軀的一切羈絆，靈魂不能（反觀內省，藉以）認識自己。大哲《宇宙論》，卷二，章六，說：「害性者，非順性者也」。兩物結合，有害於其一，必非順乎天性本然之合，故此，靈肉之合，不是物性天生的本然。結論同上。

甲八、物體由潛能變為現實，不是本體添取外在的另某事物；靈魂結合肉身，卻是給肉身添加另外一物。因為靈魂先受造於天主，然後彷彿吹氣注水一般，賦予肉軀。為此，靈魂不是（充塞）形體的性理；也不是形體（充實自己生存的虧虛，所必備）的盈極因素。

甲九、性理賦予物質，是從物質的潛能中引導出來。但是從物質的潛能中，引不出神靈實體來，故此神靈實體不能像性理一樣結合形體。

甲十、神靈與神靈、性體相同，互相適合，勝於神靈之與肉身。但神靈尚且不能是另一神靈的性理，何況肉身呢？故此靈智實體不能是形體的性理。

甲十一、聖奧斯定（《自由論》，卷三，章十一，節三二），曾說：「靈魂、天神，本性相同，職務互異。」天神不能是形體的性理。依同理，靈魂也不能。

甲十二、鮑也西，《兩種本性論》、章一，曾說：「本性是每物種別所由分的內在因素。但靈魂和天神，種別的因素相同：即是「理性」。為此，兩者本性相同。結論同上。

甲十三、靈魂充滿肉身，是以全體充滿全體，並以全體充滿每部；但靈智實體，即是靈智的知識能力，不是充滿形體上任何器官或肢骸的生活能力。參閱《靈魂論》卷三（卷二，章一），為此，靈智實體，不是充滿全個形體的性理。

甲十四、物體天然的性理寓存於形體以內，其行動不越出形體以外。靈魂反是：它寓存在形體以內，行動在形體以外。亞桂林會議中，曾論到某些婦女自以為（神魂出殼），夜遊世外，拜見金亮女神；實是神遊，活似躬往，自以為形體實有所受。如此，她們神靈的行動是在形體以外，足見神靈實體結合形體（方式特殊），不同於天然物體內性理之結合物質。

甲十五、群島，亞藍，《信條論》，卷一，章四，曾說：性理無物質，或物質無性理，都不會作主體。形體是某些附性的主體。足證形體，不只是物質而無性理。既然它有性理，假設又添上靈智實體，也作它的兩性理，則必使兩個性理同在於一個物體。這是不可能的（只可一物一理，不能一物二理）。

甲十六、「可朽」與「不朽」不屬同類，也不共有某一名辭作同名同指的賓辭；理由明見於大哲及大註解家（即亞里和亞維羅，《形上學》，卷十，章十）。它兩者的分別，甚於同「類」之下互相衝突的兩「種」。鮑也西，《範疇解》，卷四，《拉丁教父文庫》，卷六四，欄二八二）卻說：異種互相衝突（雖屬同類），仍不互助以並存；為此理由，不朽的靈智實體，無以幫助形體獲得生存。依同理，它不會是形體的性理；因為在形體內，性理的效用是將生存授與物質（有助於物質之生存）。

甲十七、凡是某甲因某乙結合某丙；乙如不屬於甲的本體，則甲乙之合不是性理與物質之合。現在請看靈智因物象結合形體，物象不屬於靈智的本體；故靈智實體即是靈智，不是結合形體的性理。詳見大註解家（亞維羅），《靈魂論》（卷三，註五及卅六：在此兩處，亞維羅主張，靈智實體，如日月懸空，照耀眾人心內感性器官所領受的物象，顯示物象內所含蘊的義理。人則因之、自以為實有妙悟，遂與靈智實體，好像真有結合之實際）。

甲十八、凡是神靈實體，都是靈智實體。凡是靈智實體，都是和物質分別離開的實體；「脫開物質」，是靈智界任何事物成立必備的條件。為此，任何神靈實體，都不是物質內的性理；同樣，也不能用性理結合物質的方式結合形體。

甲十九、性理結合物質，產生單立的個體。神靈實體，如果和性理一樣，結合形體，也必產生單立體；同時，靈智內所領受的許多物性事理，也隨著收容在形體的物質中，這是不可能的；因為形體物質內收容的性理，僅有靈智可知的潛能（沒有明朗曉悟的現實）。故此，神體不是像性理那樣結合形體。

乙欄、肯定意見如下：

狄耀尼，《天主諸名論》，章四說：靈魂是靈智的實體，有圓滿常存的生命。但靈魂是形體的性理，明證自靈魂的定義，詳見（亞里）《靈魂論》，卷二（章一，頁四一二）。足見有某種神靈實體，或即是說：靈智實體，結合形體，全如性理之結合物質。

丙欄、答案—定論：

一、神靈實體，是一種自立生存的物體：本問題的困難，便是從這一點發生。性理為得到生存，必須領受在物質以內。性理不是物質，但充實物質，成全物質，是物質（實現潛能時必不可少）的「盈極因素」。從此可見，性理和神體，定義互相衝突。既是物質以外、自立生存的實體，便似乎，不能又是，非在物質以內，無以得到生存的性理。也就是為此理由，尼柴市（的主教）聖額我略，在所著《靈魂論》一書內，曾責難亞里（斯多德），主張靈魂不是自立生存的實體，但與形體同朽。因為亞里主張，靈魂是形體的盈極因素（盈極因素，進入物質，充實物質的虧虛，實現物質的潛能，構成條理明確的實體），並使之統一圓滿，止於中極的至善。「盈極因素」（在亞里書中），叫作「盈泰理極」（是亞氏新造的術語；依字源而論，就是盈滿至極，完善無缺的意思。在哲學上，指示物體完善的內在因素）。

二、但如仔細觀察，即可明見，人的形體所具備的性理，必須是一種實體。為證明這一點，有以下這個顯明的事實，即是：此時此地，個體獨立的此某人，例如蘇克或柏拉圖，實有智性的活動，同時需注意，凡是物體，除非因自己身內具備的性理以為憑藉，則無以發出任何行動；因為凡是物體，都必須根據其現實生存圓滿的本體，發出行動；這是必然的定理，全無例外。但是，每物本體生存圓滿的現實，都是因某性理而得。性理非他，乃是「盈極因素」；物體因之以達到生存與行動的圓滿實現。性理分「實體性理」和「附屬性理」（實體性理，構成自立生存的物體，簡稱性理、附屬性理，附屬於實體，簡稱附性）。例如火因「火的性理」而有現實烘烘燃燒的本體，並因「熱的性理」而發出燥熱煦暖的效用（「火的性理」即是「火性烘烘燃燒之理」，是火本體之所必備，並是它的實體性理，成全它的實體。「熱的性理」，即是「熱性乾燥煦煖之理」，附屬於火的實體，生自火性本體，是火的附性）。火是如此，物物如此。人也不能例外。此某人有靈智的動作，便是此某人，本體內，具有這個動作的因素和理由，即是具有靈智的性理：人有靈性。靈智之性，是靈智行動的原因。既有行動，必有生存，靈智性理的生存，不依賴物質，不愛物質的束縛或浸沒；因為它的行動，可以獨立，不仰藉形體。證明見於《靈魂論》，亞里著，卷三（章四，頁四二九右欄行二四）。此某「智性動作」的原因，不交接形體的物質，自立發出動作。動作基於生存，根據生存。每物動作如何，便證明它的生存如何。智性動作，不依賴形體的物質，超越物質。明證智性因素的生存也是如此。此乃神靈實體的本性。將上述的諸端理由連起來，必然的結論是：某種實體，是人的身體內，具備著的性理，倒裝句言之。人的身體內，具備的性理，是一種實體（人的身體以內，含有智性。人的智性是一種實體：即靈智實體：也即是神靈實體）。

三、另一方面，有些人承認，靈智的動作，是神靈實體的動作；否認那個神靈實體，結合形體，而作形體內的性理。這些人中，有亞維羅和柏拉圖。亞羅主張靈智的悟司（本性虧虛，純是潛能，專主領悟事理而司存之），在生存上，不但超越物質，而且脫離物質，獨立在形體外面。但他看到了，假設「悟司」和「此某人」，全無聯繫，則其智性行動，無以屬於此某人。兩個實體，完全隔離，一個的動作，不得說是另一個的動作。為此，他一方面主張靈智的悟司，完全和形體隔離，懸空生存；一方面，同時主張那個悟司因「物象」之在此人心，而與此某人發生聯繫。他舉出的理由如下：悟司所領悟的物性事理，充實悟司虧虛的容量，全是由覺性器官所收領的「事形物象」中，用妙悟和曉辨的工夫，抽取得來：都是以「物象」為根源。如此說來，悟司所領悟的性理，有兩處生存：一處生存在悟司以內，作它（由虧虛而盈滿）的「盈極因素」；一處生存在「物象」之中：由物象中抽取出來。「物象」，即是「事形物象」，生存在「此某人」的形體以內），因為它們通過覺性知識的器官，匯聚在覺象官能之中。覺象官能是知覺物象的能力。它有形體的器官，寓存在形體以內。悟司所能領悟而操存的性理，於是就作了「悟司」和「此某人」互相連結的關鍵。

四、現在檢討以下，上述的亞維羅學說，能否成立——首先需注意，亞氏所主張的「連結關鍵」和「方式」，沒有效力：因為它不足以說明、「為什麼，此某『個體獨立』的人，現實有智性的動作」，就是「對於某某物性事理，此人現實有所領悟」。它沒有效力的理由如下：

亞里，《靈魂論》，卷三（章七，頁四三一，左欄，行一四），曾說：「物象對於悟司，有如顏色對於視覺所發生的關係」。這就是說：從物象中，抽取得來的物性事理，現實領受在悟司中（實受曉悟）；猶如顏色黑白等「景象」，現實入於視覺，而實受看見。但是須知，悟司可以曉悟的物性事理，寓存於覺性所知的事形物象中；猶如視而可見的紅白等色，附著於牆壁上。這一點，極關重要。顏色固然是，視而可見，既在牆上，又在眼中；但是眼見顏色而與牆壁相接時，牆壁被見而自不見，牆壁和眼睛之視覺（因顏色）相接之時，牆壁被眼睛看見了，但牆壁自己不會因而發生視覺。為使某物發生知覺，它身內只有可以被知之理，尚是不夠；還需有知識能力（牆壁有顏色，故有可以被見之理，但無視覺的能力，故能被見，而自無視覺）。依同理，「此某人」（好比是牆壁），心中有覺性所知的「物象」，物象中有悟司可領悟的性理，性理收容於外在的悟司，悟司有知，而在人外；人有物理而無悟司，怎能對於物理有所領悟？只是他心內的「物象」和「物理」，被知於外在悟司而已；其人自身，不會因之而有任何智性之曉悟。為使此某人現實有所領悟，必將領悟能力依其真性實理，賦予此某人身內：使此某人本身實有靈性智能，和靈智動作之理。捨此，不能（亞維羅學說，不能成立的理由，此其一）。

進一層說：智性可以領悟的性理——物性事理——除非盡量抽脫覺性所知的物象，無法交接（有領悟能力的）悟司。只是如此，始能實受領悟，產生靈性知識的現實。由它們尚在事形物象中蘊藏著的時候，只有可以被知的潛能；還沒有被知的現實（潛能中的知識，不是現實真有所知，知識無現實，不足以為知識，知識如此，被知亦然），只說此某人心內物象中，內含可知的性理，不足以說明為什麼他對於此性理，有任何知識的現實。故此，「物象連結悟司」之說，不能成立。其理由，此其二。

適得其反，上述亞氏學說，不但不足以證明悟司和物象之連結；反而正說明瞭兩者的分離。甲乙丙三物。丙不離乙，不能合甲、足證甲乙彼此必是完全相分離的（丙代表「性理」，乙代表物象，甲代表悟司）。

五、排拒了上述的意見，現應考察柏拉圖的學說。柏氏承認「此某人有靈智的知識」是一事實，他的學說，理由比較充足一些。但是他也不主張，神靈實體結合形體，有如性理。尼柴（主教），額我略，（《靈魂論》，《希拉教父文庫》，卷四五，頁二一六）記載柏拉圖主張智性實體，即是所謂靈魂，因某種神靈的接觸，結合形體。意思是說，靈魂接觸肉身，猶如推動者，用動力接觸被動者，動有施者受者；兩相接觸，觸於有動之時。神體雖然無形，但能推動形體。亞里，《化生論》，卷一（章六），曾說：觸者觸物，未必觸於物。因為，動有施受，施動者，能不受動。額我略記載柏拉圖，為了上面的理由，主張人的本體，不是靈魂和肉身的合體，而是靈魂運用肉身，就如同舵手運舟一般。亞里《靈魂論》，卷二（章一，頁四一三左欄行八），似乎是談到了這一點，如此說來：「此某人」的本體，是神靈實體，即是靈魂；充其靈性本體之全量，「此某人」有靈智的動作（對於物性事理之曉悟，是靈智的動作，屬於個體獨立的某某人，以此某人為發動的主體）：此人懂理。雖然如此，靈智實體仍不是形體的性理，這是柏拉圖的學說。

六、亞里，《靈魂論》，卷二（章一，頁三一二左欄），所舉出的理由，正面相反柏氏學說。只此一點，已足以證明柏氏學說的錯誤（用反證法，推論如下）：假設靈魂結合肉身，不是性理。即是說：在人身體內，不盡「性理」應盡的任務；則人的身體及其四肢百骸，所有的種別特徵及生存，不是因靈魂而得。這顯然是錯誤的，因為靈魂（是劃分種別的內在因素），人死，靈魂脫離，所餘的骨肉或眼目等等器官，便不堪稱謂是「人的骨肉或眼目」；即便稱謂其是，也是有名無實，名同而實異，和「墨畫」或「石彫」的，沒有分別。從此可以明見，此人身體本性所以然之理，即其性理，乃是它所有的靈魂。這就是說，此人身體所有的人性，連同生存的現實及種性特徵，都是得自靈魂。因此，靈魂也叫作「此人身體曾嘗試什麼，現在仍是什麼的所以然」：即是人所以是人，必須具備的性理。怎樣一個神靈實體——靈魂——能是人（所以然是人必備）的性理？（這是我們的中心問題）詳論如下：

七、靈魂是實體，又是性理——「此某形體，所以然是人，必備的性理，是一個神靈性的實體」。上文裡，證明了這是一個必然的事實。此處要證明這個事實，怎樣不是不可能。為找出它必是可能的理由來，要用歸納法觀察許多品級不同的性理。宇宙萬物種類繁多，性理互異，品級高下不齊，惟需注意性理品級越高，越能遠遠超越形體界的物質（這是定律），綜觀物類，即可歸納得來。顯明而易見。

「物質原素的性理」，品級最低，所有性能僅限於物性，因衝突變動，能施能受，相攻相尅，而生品質的變化。所有此類性能和品質，都是形體界物質的情狀和條理。「礦物的性理」，品級較高，有些動作超越物質界施動受動（相攻相尅）的性能。例如磁石引鐵，碧玉消膿化腫等等能力，其「種有特性」得自天上星體的「大氣流行」，超越塵界的物質性能（即寒熱燥濕等四種物質原素之基本性能）。「植物的性理」，是植物生活的內在因素，叫作「生魂」，品級更高。它的動作，運用物質能力，同時超越一切物質能力。它本性特有的效用有兩個：一是養育，即是營養作用，將無生命的滋養料，化為生物活體的部分。一是發育作用，將生物的形體發育長大，至於固定的界限而後止；此外，還滿盡其他類似的任務（例如生育。總之，植物的養育、發育、生育等三育作用都運用物質，同時超越物質能力，需記得物質能力只有五種：四種屬於四原素，火熱，水濕，氣燥，土寒；一種來自天體的大氣流行，都沒有生活，但能作植物生活的養料。植物的生活能力不是上述的物質能力，只得來自一較高因素，叫作生魂）。「動物的性理」，品級尤高，叫作「覺魂」，它的效用是知覺（運動）、情慾，及其他類似動作，例如眼有視覺、耳有聽覺、口腹有食慾等等。這些知覺的器官，固然仍需要物質來構成；並且知覺的動作，也需要器官配備了上述各種物質適足的能力。但知覺的意識範圍內，全非物質能力之所可涉及。足見知覺能力超越物質，尤甚於植物之生魂。

現在最後，說到人的靈魂：宇宙萬物，各級性理中，完善至極的一級是人的靈性，叫作靈魂。它是自然界所有一切性理中，至高無上的極峰，並是下級各種性理所共同趨向的「目的」；在物質的自然界，物性萬殊，惟人性為最高。人性動作完全超越物質：因物人性動作，便是靈智性的動作：人能懂理。對於事事物物的性理，人能神悟而智通。神智的通達性理，這個動作，不用形體的器官（性理，無形而有理，可以神悟在靈智聰明之中，非形體器官之所能領略）。足見其淩駕物質，何其遠甚！前者說過，「體用相侔」（是一個本體論定律）。本體生存和它本性固有的動作，是兩相匹配、恰相適合的。有什麼生存的本體，便有什麼性質的動作，物體的本性，呈露在它本性固有的動作上。「率性而動」，物物皆然，「體用因果」，關係必然，全無例外。準此而論，可知人的靈魂超然淩駕於形體物質之上，非物質之所全得包裹而局限之；然而同時，在某種限度下，又必須接觸物質。就其超越物質而言，人的靈魂，能自立生存，也能自立行動（不用形體器官）；故此，充其超物能力之全量，它是一個神靈性的實體。同時，就其接觸物質，並將自己的生存授與物質而言，充其如此能力之全量，人的靈魂（賦予形體，在形體內），是此形體（所以然是一個人，必須具備）的性理。簡言之，它是人的性理。它有「超物能力」，故是神體；它的神體，又有「觸物能力」，故是性理；性理「觸物成物」，是將生存授與物質。而靈魂神體所授與之生存，是神靈性之生存、形體結合靈性（本體品級因之升高，「身為神舍」，故生存於神體之生存）。其理何在，更略申言如次：

八、歸納上述物類概況，品級羅列（狀如連環）；上級之底，是下級之巔，巔底結合（環連不斷）。每級如此，常則不變（實乃宇宙本體、邏輯之公律）。詳見狄羅尼、《天主諸名論》，章七（課四）。在神靈實體之界，人靈最低。在物質形體之界，人身最高。人靈是神界之底，人身是形界之巔。巔底連環，既是公律，身靈結合，豈非當然？結成活人活身，本體統一，結合之道，惟如物質之結合性理。身乃物質，靈乃性理。靈魂以此，乃將自己的靈性生存，授於人的身體。從此可見，靈魂的神體，不含物質，不是物質與性理之合。假設自身已有物質，便無法再作人身體內的性理。性理可賦予物質，以物質為收容所在的主體。物質之定義與任務，是作承受性理的第一主體。自己不再收容於另一主體內。

丁欄、解難——解答甲欄每條意見所能有的疑難。甲丁號數相對。

丁一、神靈實體固然不受形體的包裹或侷限，但在某些限度下，可以接觸形體，前已論及。

丁二、靈智的知識，通達無形的事理，超越物質，不用形體器官，理應屬於人的靈魂。它是靈魂的動作。但人的靈魂懂理，便可以說是人（的全體）懂理。全體任何部分的動作，都歸屬於全體。人看用眼。人行用足。眼看足行，便是人看人行。依同理，人懂理用靈魂。靈魂懂理，便是人懂理：人的全體有兩部分，一是物質，即形體，一是性理，即靈魂。靈魂即是靈性；猶言「靈智的性理」。靈性既然是人本體的一部分，所以，靈性的動作，便是人的動作。

丁三、靈魂——人的靈性——在生存上不依賴形體。它本體的生存，超過形體界的物質以上。充其超越之程度，它有獨立的生存。同時，它接納形體，引形體升高，得以共有自己這樣優越的生存。為此，人的靈魂和肉身，共有一個生存，即是人本體的靈性生存。生存惟一，靈肉合一，故人的本體是一個實體，靈肉的結合是實體結合，否則，靈肉合一，不合在靈魂的生存上，而合在另外一生存上。生存有二，本體不能是實體惟一。實體非一，則兩者即使有連合，也不是實體結合，而只是浮面連合而已，這樣的連合，叫作「附性連合」，不涉實體；與人「實體統一」的本性，不合。

丁四、靈魂作形體的性理，是依其本體，不是依據什麼外加的因素。但是靈魂能接觸形體，又超越形體，就其接觸而言，它是性理；就其超越而言，它叫作神靈或神體，即是神靈實體。

丁五、物之任何部分，離開整體，缺而不全，不能仍有性體的全美。靈魂是人性的一部分，結合肉身，有性體全整的美滿；離開肉身，便如部分失離整體，不復享有自己性體的全備。明白詳說如下：靈魂神性本體的能力，是人生活能力的總來源。人有許多的生活能力；有些運用形體的器官；有些卻超越形體的範圍，都是發源於靈魂：因為靈魂，一方面有「超物能力」，一方面有「觸物能力」。因此觸物能力，它和形質交接。為此，它有些生活能力運用形體器官；是器官的物質潛能與虧虛，得以圓滿實現的盈極因素。各種器官的官能，都是靈魂之所兼統並蓄，以靈魂為總根源。靈魂本性全備的美善，它們必須將所有的能力盡量發揮，圓滿實現。偶缺其一，則性美難全，靈魂離開身體（身體歸於腐朽），器官盡失（雖仍能有靈智動作）；但各種覺性官能，根蒂雖在，為實現行動，則無法可施。故靈魂本體的全美，不復可能。為實得本體的全善全美，需要結合肉身，如性理之結合物質。

丁六、此書所說「奇蹟」，不是超出物性本然的「聖蹟」。而只是「妙萬物而為言」，以為大自然的千奇萬妙，都是出自天地造化的神能。造化之跡，件件是奇工妙化，都可以說是「奇蹟」。這樣的本性奇蹟，不是超性奇蹟。聖奧斯定，《苦望福音註解》，卷廿四，本著這同樣的意思，曾說：「少數麥粒，繁蒔成田連阡陌，飽飫人類全體，莫非天主造化，較之（《聖經》記載），「五餅飽飫五千人」，豈不更是神奇」？（何以信天主造化，而失信於天主《聖經》呢？）兩書所說：「神奇」，或「奇蹟」，都是本性自然的美妙，不是超性的靈蹟。

丁七、某物性體全備以後，害其性者，固非其本性之所宜有。但屢有某物原是屬於某物之本性，同時是此種某物受害的原因。例如動物的身體，本性是由互相攻尅的物質成分所構成。同時此類成分互相衝突，是動物死亡和崩潰的原因。同樣，靈魂的本性需要許多（覺性所知的）物象，為能（從物象中）領悟物理（完成靈智的動作）。同時，這個本性的需要減低了靈智的效能，不如高級神體的智力那樣強大（它們不需要通過覺性的物象，就能直接曉悟性理）。從此說來，身體雖然是靈魂的智性低弱的原因；但仍是靈魂本性之所宜有。因為靈魂（依其本性的品級和性理的定分），需要結合形體（先用形體器官攝取事形物象，再從事形物象中窺察性理），為此某些器官傷損之後，靈魂則不能直接運用智力以得知識，不但不能知外物，而且連自己也不會知曉什麼。例如腦髓傷損以後（靈魂就不能再得新知識）。可見形體實有益於靈魂，是靈魂本性之所需有。至於說「肉身是靈魂的重荷」，乃是指（疾病或惡習）敗壞了的肉身（不是指天性美備的肉身）《智書》，章九（節十五），說：「腐敗的肉身窘難靈魂。」（天真無腐的肉身，不窘難靈魂）至於說靈魂不將形體的羈絆，擺脫淨盡，無法施展智力，認識自己；這些話的意思，不過是說靈魂（用智力的反觀內省，和審思明辨、等等工夫），和形體界、一切已知的物體，一一分別曉辨；因為靈魂的本體定義中，必須除去一切形體的概念。靈魂的真性實理，依智力之所能領悟，不得攙雜絲毫形體之理。這樣的識別曉辨，是思想上的辨別，不是說在本體生存上，將靈魂和它的形體斷絕離開。

丁八、「作物成性」的原因，叫「作者」。某物性理品級越高，越需要較強的「作者」，此即造物者：天主。但是須知，天主造生靈魂，和其他作者產生其他性理，方式不相同。靈魂以下的各種性理，自己沒有生存，但是物體生存所必有的內在因素。物體因性理全備，而有生存。生存屬於物體，不屬於性理。這些「性理的產生」，乃是物質或主體，（被作者）由潛能的虧虛引入圓滿的現實：此即是將物體的性理，從物質虧虛的潛能中抽引出來，不是在物質本身上有任何外物的增添（只是同一物體，先是存在於潛能的虧虛中，轉而存在於現實的盈極狀態中）。靈魂的產生，不是如此。靈魂自身，有獨立的生存。它自己有能力作「被產生」的真正主體。自己被產生，同時被賦與形體，拉形體領取自己的靈性生存。為此說：靈魂是從外面進入形體，不是生自物質的虧虛或潛能中（性理，猶如條理）。

丁九、同上，理由明顯。

丁十、神體與神體之適合，是性體上類性相同的適合，不是盈虛相需，互成配偶的適合。性理與物質，一盈一虛，相需相合，配合融洽，甚於神體之與神體。兩個神體，兩個「盈極」相同。不能有盈虛的配合。形體之與靈魂，配合融洽，全如虧虛之與盈極（又如潛能之與現實：虧虛容納盈極，盈極充實虧虛）。

丁十一、天神和靈魂本性相同，是類性相同，不是種性相同。兩者類性相同，因為同屬「靈智實體」之類；種性不相同，因為兩相矛盾，一高一低。天神高於靈魂，詳見於狄耀尼《天上品級論》，章四。

丁十二、「理性」二字的本意，確切說來，是靈魂的種別因素和特徵。天神的種別特徵，與其說是「理性」，則勿寧說是「智性」，更為恰當。「理性知理」，是用理智的推論。「天神知理」，不用推論，而簡單的洞然明見。直接洞見物性事理，是狹義的「智見」：即是神智的識見。廣義說來，「理性」不是最低狹的種界區分，而是高廣的類性特徵。它所指的範圍，是由許多種別特徵劃分成許多較低狹的種：取決於智力等級高低的差別。

丁十三、「靈智」二字有兩種意義：一指「智力」；一指「實體」。「智力」是一個不用形體器官的知識能力，就此而言，靈智不是充實任何器官或形體部分的官能。即是說它不是形體器官的盈極因素。但就「靈智」指示靈魂的實體而言，它可以結合肉身，作肉身的性理。詳論見前。

丁十四、那些巫女神遊世外，不是她們靈魂的實體離開肉身，在肉身以外發生行動，而是在她們的心神以內，神見或想見了許多景象。這些神遊的景象，是形成在她們的「心神」以內；並且，常言的「心神」二字，不過指示靈魂所有的一種「幻想力」而已。

丁十五、狹義說，物質無性理（無現實圓滿的生存），不會作主體。因為主體的狹義，指示生存圓滿的實體。賦有靈魂的形體，為能成為生存圓滿的實體，並作主體；只有從靈魂，領取它的實體生存；除靈魂以外，它沒有別的性理。詳見本書第三問題（實體的「圓滿生存」，得自性理。每個實體只有一個性理）。

丁十六、「可朽」與「不朽」就是「有死」與「長生不死」的意思：在實有界，指示性體不同的物體：生存的方式不同、能力不同、不屬於同類；因為是兩類分立的實體。靈魂，固然是長生不死的實體，但同時是人性實體的一部分，脫開人的實體，靈魂不自己在人類以外建立另一類；它和人的身體合起來，構成全人實體，同屬於人類；和人的形體沒有「實體類界」的分別。意思是說：靈魂是實體，但不是「建類實體」。因為實體分兩種，一是「建類實體」，一是「不建類實體」。兩者都是實體，因為都有自立的生存。同時兩者互有分別，因為一建類，一不建類。「建類」就是建立「類群」，自己是某類或某種「分立實體」中的一個單位。「建類實體」，在形體界是物質與性理的合體，並是單立體。有靈智的「建類實體」，叫作「位稱實體」，例如「人」可以稱之為「一位先生」。天神稱謂「一位天神」。靈魂不是「位稱實體」，也不是「建類實體」；為此，不單獨的作某類或某種的一個單位。為此，靈魂也不是狹義的「此某個體」。因為「此某個體」是說「這某一個單立體」，狹義說，專指「建類實體」；或「位稱實體」；或某類某種群體中一個獨立的完全單位。當然，就其廣義，假設只指「能自立生存的實體」，靈魂也是「此某個體」。如此說來，「長生不死的靈魂」和「有死有壞的肉身」，合成全人實體，同屬於人類，便是當然的了。這裡說「不朽」和「可朽」同屬一類，不是說兩者生存方式相同，而只是說兩者有同樣的類名作賓辭：同屬於一個類名所指的賓辭範圍。（例如說：「靈魂是人的性理」、「肉身是人的形質」。「人」是類名，形容靈魂和肉身）在類稱的賓辭範圍內，包括靈魂和肉身兩個主辭。都末，「同屬一類」有兩個意思，一是「同屬於生存方式相同的物類」；一是「同屬於一個類名的賓辭範圍」。前者的「類」字，指自然界的實體物類，後者的「類」字指邏輯的、名理的賓辭範圍。這兩個意義彼此有顯著的分別，不可不加以明辨，一者屬於物體的實有界。一者屬於純理的思想界。一是物理，一是名理，一是實體，一是邏輯（性質不同、生存方式不同、能力不同的實體，在物理上，可以結合成一個新實體，矛盾或衝突的成分，可以結合成一個實體。自然界每個形體的成分，許多是互相衝突的：分開來看，各屬一類；合成新體，則同屬一類，即新體之類。氫氧二氣，分立，則互相衝突，合則同是一水。物質與性理、肉身和靈魂、「可朽」與「不朽」、「形體」與「神體」，也是分立，則互相衝突；結合，則同是一個實體；同屬此實體之類。「靈肉一類」的「類」字，只有這番邏輯的意思。本節原文簡短，相當難解。

強為其難，又有失於冗長，讀者諒之）。

丁十七、大註解家的那個主張，是不可能的。證明見前。

丁十八、靈智實體需要脫開物質，不依賴物質生存；不全受物質的包裹和局限。但毫無妨礙，靈魂既是靈智實體，又是形體的性理。詳論見前（靈智實體，在生存上不得依賴物質。但是物質，在生存上可以依賴靈智神體，受靈智實體的成全，並受它的提高，領取神體的生存，以神體為自己生存的內在因素，猶如物質以性理為生存的內在因素一樣）。

丁十九、靈魂結合肉身，構成全人統一的實體，同時靈魂超越肉身，不受肉身的局限。從它超越肉身的那一方面，它擁有靈性的智識能力。它領悟而操存的物性事理，存在它的智力中，不可說是收容於形體物質中（以至於被凝固於物質中）。

第三問 人本體統一與靈肉無間

為明瞭聖多瑪斯的原文，需從四方面觀察「人本體統一」的問題。「靈肉無間」是「人本體統一」的關鍵。「靈肉無間」問題，是人的本體論問題。它的意義全是在此。它是一個純哲學問題。在未直解原文以前，先將「人本體統一」問題的四方面，根據聖多瑪斯的哲學，略為介紹如下：

一、分析名理——「人是理性動物」。這個定義的內容，可以說是普世公認的。它古典的成辭，及名理的分析，始見於大哲亞里（亞里斯多德，簡稱亞里，後文仿此）。根據事實，分析名理：「人」是種名，指示種界固定的某些有形實體。相貌非凡，特點突出：或說是「臂豎腰直」，或說是「二足無羽」，或說是「頂天立地」、「圓顱方趾」等等。「動物」是類名，泛指有知覺能自己移動的生物。「理性」是種別名，指示人種固有的特徵，在動物類界內，劃定人的種界，標明人和其他各種動物不同。依物類品級，由下而上，逐級推往：人是理性動物。動物是有知覺的生物，生物是有生命的形體。形體是物質實體。實體是自立的物體。物體是超類公名。凡物體公名之所指，都有生存，或在心內，或在心外（即是在自然界）；或自立，或不自立；或現實，或潛能；或盈極，或虧虛。「人是理性動物」，故此，人是物體、實體、形體、生物。這裡的兩個「是」字，第一個「是」字，表示種名「人」和定義、「理性動物」，內容相同、範圍相同；可以賓主換位，作彼此的主辭賓辭。第二個「是」字，表示種名和類名的賓主關係，種名的內容大於類名；範圍卻小於類名，兩者不相等，不能互相換位、互作賓辭。在物類品級上，兩個類名相比較，內容簡單、範圍廣大者，類級較高。內容複雜、範圍狹小者，類級較低。高者是賓辭，低者是主辭。次序不可顛倒。依此而論，人的定義所包含的各級類名，「人」是最低「種名」，其上有類，其下只分個體，不再分（性體不同的）種。「動物」是最低類，其下只分種，不在分類。實體是最高類。其上再無高類。「物體」是超類名辭，已不得算作類名。最高類和最低種之間，有中間各級「類」和「種」。凡類上有類之「類」，都可說是「種」。最高類只是類不是種。最高類以下，各級類名，對下級說是類名，對上級說是種名，凡是種名，都有定義。定義是由類名和種別名合構而成，作賓辭，形容最切近的種名；種名是某種物體的公名。定義形容種名所指性體的內容和範圍。如此，每個最高類以下，各級物類都有類名種別名和種名。就是說都有定義、都有性體。性體即是本體。方才說了，「人」是最低種名。它是各上級類名的主辭。在人的定義內，詳細分析起來，包含各級種名的定義。種名指示性體。如此，循名責實，就可以說：「人的性體，包含各級物類的性體。也就是說：人的本體包含各級物類的本體。」亞里和希臘許多古代哲人也說：「人是一個小宇宙！」那麼，人的本體是一個本體，還是許多本體？人還能不能有本體的統一？人的統一，是一個本體純粹的單一，或是許多本體的聯合，它們彼此「有間無間」的問題就產生了。就是說，它們彼此聯合，是不是密切無間，或是有另某物在中間作聯繫？這是從名理方面可以看到的「物本體統一」的問題。每物如此，人也不例外。人的靈智與某形體，有間無間的問題，從性理方面觀察，越發明顯：

二、性理與性體——根據物類品級、類名指類性、種名指種性、種別名指種別因素，類性和種別因素結合起來，構成種性。種性即是性體。性體全備、領受生存乃成實體。類性大公，範圍廣大，意義含混；在現實上，不確是某種與否，非此非彼，漠漠然，空虛無所是；在潛能上，能是每一種，能此能彼，寬泛無不包。類性所含蓄的這些潛能虧虛之理，便是物質之理。實體中足以作類性的基礎的一部分，就是物質，並且是切近的物質，條件齊備，足以領受種別因素；受種別因素的限定，確定現實是此而非彼，成為範圍縮小疆界固定的某種，類性的空虛因而受到充實。性體因之建立。這些實現潛能、充實虧虛、建立性體、縮小廣泛的範圍、劃明種性的界限等等作用，都是種別因素的作用。因此，**種別因素叫作性理：即是某種性體建定時必備之理：即是性體的條理**。綜合上述，可知：性體是物質與性理之合。換言之，種性是類性與種別因素之合。定義是類名和種別名之合。如此，合體中，每兩個成分，上下彼此，有潛能與現實，即是虧虛與盈極的關係。性理的作用，是盈極作用。最首要的盈極作用，是充實物質的虛虧，建立全備的性體。但是人的定義包含物類各級的定義。人的性體，包含物類各級的類性、種性，和種別因素：即是包含各級的物質、性體和性理。每級的物質與性理相合，都構成一個種界確定的性體。那麼，人既是包含各級物質與性理，則是人包括物類各級的本體：許多級層的本體，羅置起來，怎能保全人本體的統一呢？人是形體、生物（植物）、動物，同時是人：四層實體，重重疊疊，堆集起來，難有本體單純的統一。再進一層，從性理的盈極作用裡，深深考究，更能看到這個問題的嚴重：

三、性理的盈極作用：授與生存——性理結合物質，受容納於物質。在物質中，發生盈極作用，實現它生存的潛能，以生存的完美，充實物質的空虛、滿足它的虧乏，使它的現實生存達到盈滿至極的程度。因此，性理是「生存因素」。性理確定性分、規定性體條理、建定性體的體制。物質領受性理，條理全備，始能領受現實生存。物類每級性理授與每級不同的現實生存。各級生存，彼此有矛盾的分別。每級種性固有的種別，是任何另一級之所無。有無之間的分別，是矛盾的分別。矛盾分立的各級本體，兼含在人的本體中。請看，如此說來，人就不能有本體單純的統一。人的本體成了許多本體、矛盾相攻的戰場，四分五裂，根本不能生存了！問題豈不嚴重？再進一層說：人種固有的種別因素，是人的靈智之性。靈智之性，是人形軀的內在條理，同時，靈智之性，特有的動作不用形體器官，不依賴形體，必須擺脫形體，從形體中，將性理分辨出來，始能曉悟性理。可見靈智之性，有超越形體的動作和生存，是超越形體的實體：神體。從這一點看去，人本體統一的問題就深觸了焦點。詳加數語如下：

四、「靈智之性」與形軀——靈智之性，是人種所固有，是一神體，雖有超形的生存和動作，但又需要有知覺能力、領略物質世界的事形物象，先將事形物象收領在心，然後，審思明辨，在變換無常的事形物象中，曉辨出恒常不變的性理。「懂明普遍常真的性理」，和「覺察個體變動不居的物象」，是兩相矛盾的；和完全浸沒於形體中的植物生活，更相矛盾；和完全凝固於物質中的鑛物之類的形體生存，完全不成比例，但都包含在人的肉體以內。明明似是靈性實體，高懸在上，覺性實體介於其間，生活的肉軀舖墊在鑛類實體的基層上：靈智和肉軀結合，好像是通過覺性生活的最高峰；那是事形物象被覺察的所在，覺象力及其器官：小腦。靈智和肉體的結合，不是直接本體的結合。人的本體，失去了實體和生存的純一，只好像神體空中高懸，俯察覺象力中的物象。有覺象力的動物頭上，飛翔著一位垂視塵界的天神，就是上面有天神，下面有獸體。中間沒有了人本體存在的餘地，形成了物類品級中的怪現象。不但人本體不能全其理，而且宇宙本體的物類系統不能全其美。「人本體統一」問題，似乎是極其嚴重，而不能避免的？柏拉圖說：人是「靈魂運用肉身」，猶如「舵手運舟」。聖奧斯定說：人是「靈魂穿著肉身」，猶如「肉身穿著衣冠」。亞維羅說：「人是靈智照耀覺象力中的物象」，猶如太陽照耀塵界。近代，笛卡兒也說：人是神體，生活在肉體的機器中。類此說法，都似是將人說成了許多實體，矛盾分立，交互動作，只能形成一齣劇片似的統一。不能是「本體純一」。

五、靈肉無間的哲學意義——綜合上述四點，足見「靈肉無間」問題和「人本體統一」問題關係密切，不能分離。「物本體統一」，是本點論的中心問題，是哲學中最基本的問題。哲學，專在理智的範圍，用理智的知識能力和方法，研究物性事理，通達事物的本體和效用。一言以蔽之，全在於「明體達用」；不是形下器物之界、工業技術的「明體達用」，而是形上義理之界、最高原因、最深智慧的「明體達用」。工業技術的科學，在形器之界，開發物用。最高原因的效用，是在形上的本體界，「作物成性」。前者是「文化」，開發物產；後者是「造化」，創造本體。科學求工業技術的開明精進。哲學，觀造化之跡，察本體生存行動的邏輯規律。科學逐物進取，哲學溯本追源。源頭上的本體規律，也是工業技術和科學，最後所共遵共由。哲學修其本，科學齊其末。科學「思前」，哲學「想後」，思前想後，本末兼顧，原本始終，始能下學上達，體用兼備，人能此，方為完人；一人不足，必賴人群。人類群體福利，繫於學術之「巨細不遺」，百科並進。科學理其繁，哲學治其鉅：哲學知本體。「物本體統一」問題，範圍廣泛。「人本體統一」是「物本體統一」的一個特例；又是最精美完備的一個典型和標本。「靈肉無間」問題是「人本體問題」的總樞紐。認清了靈肉關係中性理的盈極作用，怎樣授與生存構成本體，便能看出本體必須有什麼樣的統一，各家哲學的分別，全在這一點。

六、本問題的歷史特點——聖多瑪斯，歷史學和考據學的鑑別力極強、分辨「真作」和「偽書」，品評每書對於著者思想的代表價值，準確至極，靈敏至極。例如丁欄內，丁六說：某某書不是某某人的真作，權威不大。丁九說：某某書雖然是某某人的真作，但代表價值不大，不值引據。丁十四說：某人某處所說的本義是什麼，不是什麼。丁一、亦然。一個問題的辯論中，包含以上這許多實例，證明其著者、治學的能力和態度，特別證明聖多瑪斯，在中世紀書目真偽混亂，考據學未發達的時代，曾表現史家的嚴正明確，美表輝煌，標榜古今，是歷史上驚人的一點（參看第一問，丁二十一）。

研究哲學史，最重要的是把握諸家思想的源流，並且認清各家系統的出發點，和中心點。哲學思想是心智之所見。人的心智，古今中外相同。所見真理、所犯錯誤，雖然無奇不有，但「心同此理」，都有一些共同原因。因此，哲學思想既然脫不開人心，便脫不開歷史。財物共產，有害於主權與公義。思想共產，共同欣賞真理，是理智生活的本質和條件。真理照耀人心，人心同明相照。先知先覺照耀後知後覺，不滿足這個條件，類型不同的思想系統不互相交流參照、觀摩砥礪，便收不到集思廣益、相得益彰的效用。一個思想系統封鎖孤立，不會參考吸收，自囿於意見的偏狹，不合於真理大公無私的本性；墨守成章，必陷於記誦傳習，或叨嘮自語。結果，思源枯渴、流脈僵斃、學統衰亡。有史以來，吸收力最大、參考最廣、觀摩最深、砥礪最切的思想體系，沒有超過聖多瑪斯的：收集大成，薈萃大全，猶如汪洋，百川傾注，但是量的宏大如此，質的優秀如何呢？為答覆這個問題，需要考察聖多瑪斯曾否認清了諸家思想系統的出發點、中心思想，和邏輯思路；並且加以合理的批評，發出崇正抑邪、引長補短的能力。聖多瑪斯首重吸收真理；明言批評諸家思想的次數比較稀少；最顯著、最深刻、最有系統的一次，正是在本處「靈肉無間」的問題內，簡短數十行，指明了當代所知、各家哲學、主流的出發點、方法、思路，和結論；助人在基本要點上，認識聖多瑪斯和他所討論的古代主要哲學家。他對於古代哲人的批評，有許多引人深省的地方。例如他認為柏拉圖和亞里兩家哲學的分別，首在乎前者偏重名理，後者名理與事實並重，用名理學的思維術，從形體界的事實出發，所得的結論，和只從名理自身出發，全不相同。於是產生了不同的思想體系。偏重名理，誤認名理所指，都是實體，人的種名包含許多名理，則人的實體包含許多實體，故此，不能統一。但是，形體界的事實，各類實體自然是本體純一，名理的分別，有時只在思想，不在實際。故不足以證明實體內在的分別。果然如此，柏亞二氏的分別，不全等於今日「唯心」、「唯物」的分別，可不慎乎！為研究哲學思想史，本問題就包含這些有趣味的特點。

　　對於「人本體統一」和「靈肉無間」問題，聖多瑪斯怎樣答覆；對於所有疑難，怎樣一一解破，正文易明，不需介紹，謹列全篇如下：（「問題」之意義，及結構，詳見第一問）

人本體的靈肉無間問題

問題是：人的靈性既是智性神體，結合形體，用不用某物在中間作聯繫？

甲欄、肯定的意見如下：

甲一、狄耀尼，《天上品級論》，章十三曾說：物之至高，和至低相接，常用某物連接於其間。靈性實體和形體之間有生魂和覺魂兩層間隔。可見，兩者的結合用生魂和覺魂在中間作聯繫。

甲二、大哲，《靈魂論》，卷二、章一，曾說：「靈魂是有機體生活虧虛之盈極」。兩者的關係有如性理之與物質，又如潛能之與現實。但是有機的形體，必須自身有某「實體性理」，無之則不成「有機又有形」的實體。此「實體性理」，既是「有機形體」自身固有的物性，不論它是什麼樣的物性，收容在物質中，必先於靈智實體，即是先於靈魂。依同理，生魂覺魂相繼出現，都是先於靈魂（大哲，二字常指亞里）。

甲三、物質不是類名、性理（或物性），也不是種別名。類名和種別名，都能作種名的賓辭，種名指示物質與性理的合成體。物質或性理卻都不能作其合成體的賓辭。但是，大哲，《形上學》，卷八，章二（一〇四三頁左欄十九行；章三，一〇四三頁，右欄行三〇）曾說：類名取自物質，種別名取自性理，人的類名是「動物」，取自人的「覺性」（所謂覺性即是有知覺的本性）；種別名是「理性」取自人靈魂的「理性」。可見，覺性之於靈魂，有如物質之於性理。覺性成自覺魂。故在性體構成時（依理依時），覺魂先有於靈魂。依同理，覺魂以前，種種性理也都是（各依次第）先於靈魂，自不待言。

甲四、《物理學》（亞里著，章四，頁二五四左三二），物體如能自動，必有兩部分：一部分推動，一部分被動。人和任何動物都能自動。推動的那一部分是靈魂；受動的那一部分，不能是赤裸裸的物質，必須是「形體」。因為凡是受動，都是形體（只有形體能受推動），證明見《物理學》，章四，章十，卷四、形體成自某性理（如無任何性理，則不足以是形體）。足證物質未有靈魂以前，先有此某性理，結論同上。

甲五、達瑪森、（《正信本義》，卷三，章六，《希臘教父文庫》，九四、一〇〇六欄），曾說：天主的性體如此單純，足證天主的聖言（天主三位的第二位）如無靈魂聯繫於其間，則不適於結合肉身「單純」與「組合」之間的距離，是兩者不相直接結合的理由。靈魂單純，形體組合，兩者距離甚大。可見，如果無物聯繫於其間，則兩者無以相結。必欲相結，則需有某物居間為之聯繫。

甲六、聖奧斯定，《神靈與靈魂論》，曾說：「靈魂真是神靈，肉身真是形體。兩者的末端，在靈魂的覺象力（即「幻象力」）和知覺力上連接起來，容易而適宜。覺象力不是形體，但近似形體。形體的知覺力，和神靈相差幾希，不能沒有靈魂。可見靈魂和形體結合，用兩物在中間作聯繫：一是「覺象力」，一是「知覺力」。

甲七、同書說：靈魂沒有形體；運用形體中比較清細輕微的水火等性，經管形體，經管所用的工具便是結合所用的聯繫。失去了工具，靈魂不經管形體，便是脫離形體。參看聖奧斯定，《創世紀字註》，卷七，章十九，可見靈魂結合形體，有「聯繫物」介於中間。

甲八、兩物如果相差極遠，中間無物為之聯繫，則無法互相交接。參閱《形上學》，卷十（章十，頁一〇五八右行二八）。「不朽」與「可朽」，兩者相差極遠。人的靈魂，不朽；人的身體可朽，兩相結合，不能不用另某物在中間作聯繫。

甲九、《神靈與靈魂異同論》，曾說：靈魂藉「靈氣」結合肉身。可見靈肉之間，有靈氣居中作聯繫。

甲十、性體不同的兩物，無另一物居中聯繫，則彼此連結不起來，必須另有一物將它兩者接連在一齊。參閱《形上學》，卷八（章六，一〇四五左八）。靈魂和形體兩者本性不同，足證它倆不能直接結合。

甲十一、靈魂結合形體的目的，是求自己的成全。因為性理的目的不是為成全物質。物質的目的卻是為成全性理。靈魂結合形體，成全自己，首在領悟「物象」中的事理：即是從「事形物象」中曉辨惟靈智能懂明的物性事理。所謂「物象」，即是覺象能力，從有形的世界攝取得來，而納入心中的「事形物象」。從此可見，靈魂便是藉這些「物象」結合形體。「物象」，在人心際，不是形體，又不是靈魂，而是介於兩者之間的一個東西。可見，靈魂結合肉身，用「中間物」作聯繫。

甲十二、人的身體，胚胎之時，靈魂未到以前，先有某一性理，靈魂既到以後，既不可說，那某性理隨著消散。因為它不墮歸虛無，又供說不出它能退回到那裡去？從此可見，物質和靈魂結合之中，另有某性理隔在靈魂前面。

甲十三、在胚胎時期，理性的靈魂未到以前，先有生命現象，證於，《動物學》，卷十六，亞里著，《動物生育論》，卷二（章三，頁七三六左十二）。生活現象無靈魂不能有。足見，理性的靈魂未到以前，形體中已有另某靈魂先在。從此可見，理性的靈魂結合形體，便是此另某靈魂居間撮合所致。

甲十四、「抽象名辭不是謊言」。此說見於《物理學》卷二（章二，頁一九三右行卅五）。數學家所談論的（方圓等等）「形體」，必定都實有所指。這些形體，既不脫形物而獨立，則必是寓存於形物之中。但形體、無形體之性理，不足以是形體。故此，某形體果是形體，必先具備形體的性理。否則，與理不合。至少人的身體必須是如此。因為，在未有理性的靈魂以前，人的身體已經是一個有形的實體，可以被知覺，也可以有知覺。

甲十五、凡是定義，都包含許多部分。定義的每個部分，都是一個性理。足證，每個定義的主體——即定義的主辭所指的物體——必須包含這許多性理。「人」是某定義的主體——「人」是種名，有定義，乃是類名與種別名之合。即是：「理性動物」——當然，必須包含許多性理。如此可見，在理性的靈魂前面，先有某一或某些性理。

甲十六、「自已所無，無以施於外」。理性的靈魂，是無形體的性理，因為靈魂是無形的（神體）。足證它無以將形體之性理，施與肉身。故此，人的肉身、所有的形體生存，需是得自另一性理，不是得自靈魂。

甲十七、大註解家（亞維羅，《形上學》，卷一，註十七），曾說：第一物質領受許多性理，先廣後狹。即是說：先領受形體的性理，然後，領取生物的性理；

由此以下，逐級縮小。人的靈魂，種界最為狹小。可見它需要物質中有許多類界寬廣的性理，作先備的條件。

甲十八、大註解家，《地球論》（上下兩卷，討論「施動的智力」，「受動的悟司」，和人靈的關係，拉丁譯本，章一）。物質先有長寬高等積量，然後才領受原素性理。長寬高等積量或度量是附性，為存在於物體中，需要有某實體性理作先備的條件。否則，未有實體，先有附性，則附性無處依附。足證，物質未有原素性理以前，先有某實體性理，原素如此，何況人靈？不能不更是如此。

甲十九、《變生論》，卷二（章四，頁三三一左），氣變生火較易，水變生火較難。因為氣火性質有一點相同，同於有熱。氣變生火，熱性保持相同的「種性」。否則，二熱不同種，原素配合，不是四個，而是八個，其餘性質亦然，每一性質常是兩原素所共有。這一個性質，不但是同種，而且數目同一：在數目上是一個性質。否則只是種同而數異，則氣變生火，無以較易於水，因為兩者都需克勝兩個性質。既然前後性質在數目上同是一個，則必須先有某實體性理，也是前後在數目上同是一個；維持熱性主體的生存統一。因為同一附性，不能不有同一主體。從此，足證原素單純形體的性理，未備以前，物質中理應先有某實體性理。原素如此，人靈更是如此。

甲二十、第一物質，本體渾然漠然，大公無私，為領受一切性理，都有同樣的潛能，假設沒有任何性理或準備，先後相繼，依次到來，則物質領受性理，將無復先後次第之可言（這是混亂的意思，不合宇宙變化的邏輯）。

甲二十一、物質，因其內在潛能和容量，結合性理，負載性理，潛能或容量不是本體。假設它是，則物質單純的程度，將和天主相同。在天主，能力和本體同是一事（物質不能和天主同樣單純），足見物質和靈魂，或物質和任何性理之間，有某物居中作兩者的聯繫（此某「中間物」即是潛能）。

乙欄、否定的意見如下：

乙一、《教條論》（章十五、《希臘教父文庫》，四二，一二一六），曾說：「有人說，人有兩個靈魂，一個是獸性靈魂，它使形體生活……一個是神性靈魂，它賦形體以理智。這樣的學說，不是我們的主張。」現有理由如下：人屬於生物之類，也屬於形體之類，也屬於實體之類；就如同人也屬於動物之類，是一樣。方式相同。人之所以是人、又是動物，所憑藉的內在因素，是相同的一個性理，即是靈魂。明見於上面援引的權威名論。足證人屬於各級物類的憑藉，是一個同樣的性理，不需是許多性理。如此，靈魂未賦以前，物質之中不需有另一性理預先存在（既賦以後，也不需有另一性理間隔於靈肉之間）。

乙二、天主距離靈魂，遠於靈魂之距離形體。在天主降生成人的奧蹟中，天主聖言，直接結合人靈。足證靈魂結合肉體，更密切無間。

乙三、中間物應當和兩端物體，本性上部分相同，但是無物能是半形半神或半神半不神，從此可見，靈肉無間不能有任何中間物隔離於其間。

乙四、大師（龍伯祿）著，《名論全書》，卷二，明辨第一，曾說：靈肉之合，是真福之境，神人契合的榜樣。神人契合，是密切無間。天主直接結合人靈，不需有他物，介於中間，可見靈肉無間，也是如此直接。

乙五、大哲，《靈魂論》，卷一（章六，頁四二右七）說：形體不合攏靈魂。反之，是靈魂合攏形體（合攏是包含、範圍、控制、操持的意思）。大註解家，同書也說：靈魂是形體諸部相連、合成整體的原因。這個原因是形體所以是形體必備的實體性理（在人即是靈魂）。足見靈魂是人的性理。人的形體是一形體，也是以此性理為原因（「大註解家」四字指亞維羅）。

乙六、理性的靈魂、效力和德能，勝於原素的性理。原素的性理是原素有形實體之所以然。不拘其實體都是什麼。足見，靈魂更能是人身形體之所以然。如此，靈肉結合，沒有另某性理調停其間。

丙欄、答案——定論：

丙一、此問題真理的答案，在相當限度下，取決於另一問題，即是靈肉之合是不是性理與物質之合（詳見於第二問）。因為，假設靈魂結合肉身，只是推動肉身，用動力相接觸，則無妨在靈肉間有許多中間物的隔離；至於在靈魂和第一物質之間能有的中間物，則數目更多。有若干人抱持這樣的主張。

丙二、但是，假設靈魂結合肉身是如同性理結合物質，則必須說兩者結合密切無間。理由正是在此。凡是性理，或實體性理，或附屬性理，結合其物質或主體（都是直接結合，密切無間的）。每物本體的統一，全依據它本體的生存。每物現實的生存，得自性理，實體生存如此，附性生存也是如此。為此，凡是性理都是（生存潛能、圓滿現實的因素，即是「盈極因素」，簡稱）「盈極」。為此理由，性理也必是物體統一的理由。任何物，統一而單立的理由，是性理。物質因領受性理得生存與統一，不得說另有某物居間作媒；同樣不得說另有某物，介於性理與物質，或性理與主體之間，作聯繫。靈魂是形體秉賦著的性理。根據這一點說去，靈魂和形體之間，不能有任何物作兩者的聯繫。方才說，靈魂的任務也是運動身體、推動身體。從這方面看去，無妨用許多媒介或工具。顯然，靈魂用心臟作動力的中心，推動其餘的四肢百骸。靈魂推動形體，也用「靈氣」（靈氣，即是生氣、勇氣、力氣、怒氣之類，有如現代科學、所談的「內分泌」所激超的活力，又例如喜氣、魂氣、兇氣、殺氣、慾火、心火等等，古今醫學曾往往言之）。

丙三、靈魂的主體——確切說來，主體與靈魂全如物質與性理，關係相同。靈魂的直接主體，的確是什麼？關於這個疑問，有兩個意見。有些人主張，同一單立體有許多實體性理，品級不同，層層羅列，上覆下載。如此，第一物質是最低一層性理的直接主體。間接是第二層的主體，逐層上升，層層間隔；第一物質在下面，不能是最高一層的直接主體。在它和最高一層之間，有許多層層疊疊的中級性理。如此說來，理性的靈魂，最切近的主體是覺魂全備的身體；它和這樣的身體結合，猶如性理之與物質。第二個意見，主張每個單立物體只能有一個「實體性理」。「一物一性」，不能「一物兩性」。根據這個原則說去，則必須主張人的靈魂是人的實體性理。因此性理，此某「單立體」，不但是人，有人的本體生存，而且同時是動物，又是生物，又是形體，又是實體，又是「物」大公名所指的物體。人有以上各級類名及物大公名所指的生存形式，都是因為一個實體性理，即是靈魂。如此說來，人身以內，靈魂以前，既沒有任何其他實體性理；因此，也必不能有任何其他附性。如先有某附性，未成實體，先有附性，先受附性的充實，這是不可能的。因為，凡是附性都是在實體上建樹起來，依附實體。

丙四、柏拉圖和亞里斯多德——上述兩種意見的分別，是因為出發點不相同。有些人為研究物性物理，有些人由智力所曉悟的名理出發，這是柏拉圖派的特點。有些人卻由覺性可知的形物出發，這是亞里斯多德哲學的特點。兩派哲學所得的結論不同，就是因此，詳見辛普利《範疇解序》。柏拉圖派的觀察，萬物分許多類，類以下分許多種，遵循著一定的邏輯秩序。類名在上，範圍高廣。種名在下，範圍低狹。上無下，名理可以成立，並可受智力之懂曉。例如「人」種名，無「此某人」，名理可以成立，同樣，「動物」類名的定義，也不包含種名「人」的概念。逐此往下，可以類推，上無下，可以自明。下無上，不堪思議。這是一個沒有例外的公律。同時他們認為，智力中，脫開形物，可以曉辨的純理，也在純理無形的條件下，現存於實有界的形體中。否則，他們認為，智力以抽象作用所領悟的純理，在事實上，沒有任何事物與之符合，則純理全成了虛妄。依同理，他們認為數學上抽象的純理，既然無覺性所知的形物，仍受智力之懂曉，因此，也是在抽象的條件下，現存於形體中。因此，他們主張，從許多人抽象得來的「人」概念，指示實有的「純人」，和具體的每人分開，超然存在。同時現存於每人形體中。如此類推，純理所指的「純物」、「純一」、「純善」等等，都在純理的抽象條件下，現存於實有界的形體中。並且他們主張「純善」是萬物間德能至高無上的極峰。他們理會到，物類名理，上下相比，下者範圍低狹，上者範圍高廣，並且上級類性，分賦於下級各種，為各種所共有。但因秉賦者與秉賦之所得，有物質與性理的關係；為此他們主張類名品級越高，範圍越廣，所指名理越近於性理方面的至純。

丙五、亞維朋——還有一些人，遵循著同樣的思路，推出了正相反的結論。他們主張，類名範圍越高廣，所指名理，越近於物質（的虧虛）。例如亞維朋就抱持這樣的主張。在所著《生命之泉》一書中，他主張，第一物質是萬物公有的「普遍物質」；並且說，它是神形兩界所公有。大公物質先結合大公性理，構成實體。然後，在自身某部，領受形體的性理；另一部分，屬於神體之界，沒有形體。從此以下，物質中，各級性理從至高，至於最低，依照萬物分類分種的秩序，層層疊疊，羅置起來。這個主張，和柏拉圖派的學說，貌異而實同，並是柏氏原理所產生的結論和別派。因為柏氏學派原有的主張是：原因越高廣，性理越精純；在某單立實體中所產生的效果，也越深在根底。因此，性理至高至純的第一純善所產生的效果，是第一物質。它作第一主體，在最底層；相對第一作者，在最高峰。循此，逐級上升下降，抽象的名理，越高廣、越精純，所指的性理，分賦在主體中，也越接近第一物質；各級「抽象原因」，和分賦在物質中的性理，彼此相對，排列起來，總是不出乎此處說明的系統。

丙六、但是根據亞里、曾看到的哲學真理和原則，去檢討以下，便知上述柏氏和亞（維朋）氏兩派的主張，是不能成立的：它們必生的結論，是不可能的。第一個結論：單立的實體，沒有一個能有本體單純的統一。依「盈極與虧虛」的本體關係而論，兩個盈極，合不成單純統一的實體。一個盈極，一個虧虛，兩相配合，才能合成那樣的統一。虧虛物體，有所領受，而變為盈滿至極；合成純一。猶如潛能物體，實現潛能變為現實物體。潛能與現實合一，是本體純一。本此原則，此某現實的人，生存圓滿，和此某現實的白色，附性充實；兩個現實，兩個「盈極」，合不成實體的純一。假設「動物」和「二足」合在一齊，說：「人是二足動物」。「動物」類名所指的實體是什麼；則「二足」種別名，所指的實體也是什麼。同指一個實體，純一無二。假設，兩名所指，實體分立，「動物」實體以外，又有另一實體「二足」，兩個現實獨立的實體，合併成人，則人不能是本體純一的實體，而是許多實體的並列或堆積。論證詳見大哲《形上學》，卷三，卷八，兩卷（章四，頁九九九右行二五；章六，頁一〇四五左行十六）。從此可以明見：假設一個單立的實體，包含許多實體性理，則構不成本體純一的實體。只不過是附性的連合，有此統一的外表，例如「白人」。外表合一，實理絕異。「白」理之所指，不是「人」理之所。所指實異，故非本體純一。

丙七、第二個結論，把靈魂說成了附性。故此，也是不可能的，理由如下：依本體定義而論，附性的生存是寄存於主體；必須的條件是：主體應是生存圓滿的實體；不得只是生存虧虛的潛能物體。這樣的潛能物體，是物質。實體性理與物質之合，不同於附性與主體之合；不同之點，正是在此。凡是某現實生存圓滿的物體所承載的任何性理，都是附性；不拘那個現實物體有什麼樣的生存方式，和盈極程度。顯然的，凡是實體性理，不拘是那一種、那一個（不結合物質則已），一旦結合，常構成實體，建立其生存的盈極。從此想來，只有進到物質中的第一個性理，能是實體性理，凡是後到的性理，一切都是附性；這是定理，沒有例外。有些人說：第一個性理對於第二個性理，有領受的潛能。這樣的規避說法，並不足以推翻上述的定理。因為凡是主體，對於其附性，都有虧虛與盈極，即是潛能與現實的關係。縱說「第一對第二，有潛能對現實的關係」，仍不足以證明「第二對第一，有實體性理對第一物質的關係」。易言之，依盈極程度而論，有機形體的性理高於無機形體的性理。前者是其形體能領受生命的必備條件；後者不是。那麼，假設無機物的性理足以建立主體生存的現實盈極，則有機物的性理，更足以如此。準此，則把靈魂說成了一個依附主體的性理，即是說靈魂成了一個附性。因為，「依附主體的性理」，正是「附性」的定義。說靈魂是（靈魂，又是）附性，這是不可能的（自相矛盾）。

丙八、第三個結論是：「物質領受最後到來的性理，不是某物純粹的本體產生，而只是添取某種附性的生存形式。」這個結論是不可能的，但它是柏氏學說不能避免的。因為，「產生」是從無入有的一個變動。純粹的本體產生是純粹的事物本體，由無生存，因變動而得生存。本體既成，仍能變大或變白：這就是添取附性的某種形式。既然已說了，物質中先到的性理，已將它構成了實體，即是現實生存、盈極無缺的物體，自然，後到的性理，不再能將它構成實體，只能給它添築此種或彼種附性的生存狀況：例如「是人」，或「是驢」，或是「草木」等等。如此說來，人驢草木等物類的產生，已不是純粹的本體產生。為此理由，古代許多哲學家，凡是主張第一物質是第一實體的，都說物體的產生（不是別的），只是附性的變動。有些人說第一實體是火，有些人說是氣，或是水，或另某「混合物」，或「中間物」。為解破他們的疑惑，亞里主張「物質只是虧虛物體」，它有生存的潛能和容量，沒有生存的現實和盈極。他將物質叫作「物本體上，純粹變有和變無的主體」。即是

「物本體上，產生和敗亡的主體」。惟因第一物質，總不是全無任何性理，因此，得此失彼，變化無常（「物質是物本體上、純粹變有和變無的主體」。這句話的意思不是說：物周質在自己本體上，變有或變無，而是說：形體界，每物本體的變有和變無，全在於物質能領受性理，也能失掉性理。在性理輪流間，物質得此失彼，便是此新物本體純粹變有，彼舊物本體純粹變無。這就是說：物質是性理輪流所在的主體。物質本體自身的變有和變無，是受造物者的造生和毀滅。此造世毀世之說，非亞里之所曾言及）。

丙九、綜合上述一切，我們的結論是：個體獨立的「此某人」，除理性的靈魂以外，沒有別的實體性理。人所以然是人，不但是人，而且同時是動物，又是生物，又是實體，又是（物大公名所指的超類）物體；所依憑的內在因素，是他的實體性理，只有一個，即是「靈魂」。為了有靈魂，人不但是人，而且同時是動物，又是生物，又是形體，又是實體，又是物體。為明瞭我們的結論合理，可以觀察以下這幾點理由：

（物之形成，成自作者。作物成性，將性理從物質潛能中引入現實，賦於物質）。性理（猶如條理，由作者、組構佈置而成，實現作者的理想和效能），肖似作者（作者易見，性理難明。觀察易見的作者，始可明瞭性理的任務及效能）。遍察各種作者的效能，便可歸納出以下這個定律：能力越高強，範圍越寬廣，包含的效用越眾多。包含的方式，不是組合複雜，眾能拼湊，而是一力高強，覆蓋眾能，超越而統攝之，例如覺性的「中樞覺力」，一力所及的範圍，延及一切低級覺性官能所可知覺的各種事物。每個官能，各有專任。中樞覺力，統攝一切。各官能之所知，中樞覺力無不知之，這是第一個定律。第二個定律：優越的作者，賦予優越的性理（就是產生優越的效果）。從此可知（如同作者），優越的性理一力，可產生低級許多性理象力分別產生的一切效果；此外，還產生它們不能產生的高級效果。例如：假設無生物性理的效果，是授生存於物質，構成形體；那麼，生物的性理，不但給物質授與生存，而且在此以上，加授生活；覺魂，更進一級，授與生存和生活之外，加授「覺性生存」，即是「動物的生活和知覺」；至於「理性的靈魂」，更上一級，授與上述一切，加授「理性生存」，即是「理性動物的生存和理智」。如此，遍觀物類，可以見到，自然界萬物的性理，種類繁多，依完善程度的高下，分許多品級；可以和數目的系列相比：單位一有加減，品級高低相分，種類隨之互異。大哲，曾於《形上學》，卷八，章三（頁一〇四三右三三）論及此點，為此同一理由，《靈魂論》，卷二（章三，四一四右三一），曾說：覺魂包含生魂，靈魂包含覺魂，猶如四角形包含三角形，五邊形包含四邊形；或是說：覺性生活（是知覺），包含植物生活；靈智生活包含覺性生活，猶如上述各級圖形，上級包含下級。五邊形，在自己的能力中，包含四邊形；因為它既有四邊，又有餘外的第五邊。不是說，四邊形和五邊形，現實各有各自的形象，和五邊形，分離並列或羅置著，仍是兩個圖形。反之，四邊和五邊合成了一個圖形，只有五邊形一個，它在能力中包含四邊。同樣，智性的靈魂，以其能力包含覺魂，又超越覺魂，包含覺魂所不能有的智力；但不是兩個靈魂，疊牀架屋地羅置著。假設，主張在人以內，靈魂和覺魂本體相異，現實是兩個，不是一個，則無從指出，靈魂結合肉身的需要何在；因為靈魂本性。固有的一切動作，屬於靈智之界，無一需用形體的器官。

丁欄、解難（丁甲丙欄，號數相對）

丁一、狄耀尼，那裡所舉出的理由，只是對「施動因素」說的，不適合於「性理類的因素」（「施動」即是「推動」，或「施工動作」）。

丁二、優越品級、最高的性理，給物質授與較低各級性理能授與的一切。物質，受了低級性理的成全，始能上進、領受高級性理，因而得到更美滿的充實。低級性理充實了的物質，是高級性理切近的物質。如此構成的物體中，高低諸級性理，彼此間的分別，不是（客觀）本體上的分別，而只是思想中，名理上的分別。如此說來，靈魂的主體，有疏遠和切近的分別。形體生存圓滿，並為領受生活、條件具備的物質，是其切近的主體（較高的物質，例如第一物質，是其疏遠的主體）。依名理的區別，確是如此（「主體」在這裡，是「容體」的意思，猶言性理的收容所）。

丁三、「動物」類名，和「人」字種名、（作賓辭）所指的實體，真是同樣的一個實體。（例如說：蘇克的實體。蘇克是人。人是動物。蘇克是動物。在「人」

和「動物」共指的實體中）「動物性」，和「人性」，不是兩個性理堆積起來；彼此間，仍保持實際的區別；反之，它們的分別，只是我們思想中名理的分別。先賦有覺魂，因此，覺性生存完備的形體，進而領受理性的靈魂；並由此領取（理性生存）至高無上的圓滿；在比例上，猶如物質之類的（主體和）虧虛，領受性理之類的（美善和）盈極。它兩者，物質與性理的分別，是我們的智力在名理上，理會出來的分別：即是類名和種名，各自指示一些不同的名理。為分別這些名理，只需要思想中概念的分別（字義的分別），不需要（本體內），性理間的實際分別（名理的分別，基於思想的明辨。實際分別，基於事物的本體）。

丁四、靈魂，用「知識」和「慾求」，運動身體。動物（覺性生活的）知覺和慾求等等能力，共有一個確定的器官，從此器官開始一切運動。依照亞里的定論（《動物生育論》，卷二，章六，及別處屢見），這個器官是心臟。如此，動物身體的一部分、運動另一部分；即如假設施動部分（心臟），是慾情的首要器官，受動部分即是其餘的身體全部。動物（畜牲，禽獸）和人不同。人運動身體，用意志和智力，在這些動作上，不用任何形體的器官。身體被動，而發生運動，是因為它在形體的構造和生存上，受到了靈魂的充實和成全（靈魂雖然是無形的，但是，既能成全形體，便能運動形體）。

丁五、「聖言結合肉體」以後，有靈魂介於「聖言」和肉體之間，不是必須如此，而是適宜如此。基督死後，靈魂離開了肉身，聖言仍舊和肉身結合，並是直接結合（不在中間通過靈魂）。

丁六、那部書，不是聖奧斯定的著作；內容也不大純正；關於本問題發出的言論，足夠疏闊失當。確定言之。覺象力和知覺力，都屬於靈魂。但「知覺力」包括情慾，在名稱上聯繫肉身，有時叫作肉慾，或肉情；不過是因為它貪求形體事物。「覺象力」在名稱上聯繫靈魂（有時叫作「神思」，或「想見力」），因為它能懷念形體、思想形體。「思想」是無形的，但能思想形體。覺象力中所思想的形體，是外界形體的肖像：代表形體，自身不是形體。「神思如神」，故以「神思力」稱之。至於說它們是靈肉兩界的「中間物」，或是靈魂經理肉身所用的媒介或工具等等，是專就靈魂運動肉身而說的，不涉及靈魂，如同性理結合肉身所用的方式如何。

丁七、靈魂是「施動者」，又是性理。施動的任務是經管。性理（結合形體）的效用是「充實」（使其物質之虧虛變成盈滿至極）。為使靈魂結合肉身寓存於肉身內，並使它經管肉身；肉身方面應具備的物質條件，是同樣的，但不得由此而結論說：「經管」和「結合」，在名理上，彼此沒有分別。猶如靈魂，實體同一、效用有二：一是施動，一是性理；二者名稱相異，所指效用不同，名理自當有別；就是以此比例，為發生以上兩種效用所需要的物質條件，也是實質同一、名理互異（一個實體，有兩個作用。因此，有兩個名稱和名理。名理是名稱所指出的觀點）。

丁八、靈魂異於肉身，有如「不朽」之異於「可朽」。這是誠然。但因此不得結論說：它不能是肉身中的性理。詳證見於另一問題（第二問，丁十六）。故此仍存原論：靈肉無間，直接合一。

丁九、所謂靈魂，藉靈氣，結合肉身，是專指動力的接觸。靈魂施動，推動肉身，先推動靈氣。亞里，《動物活動的原因論》，章十，有這一說（頁七〇三左十。

可簡稱《動因論》)。但是這本書的權威不大(靈魂從肉身內部，發出動力，推動肉身，即是：使肉身有生活，發育生長，運動工作等等，不只是地方移動。靈氣古代所指，頗似醫學、生理學所談「內分泌」激起的種種活力)。

丁十、假設兩個物體，性體全不相同，各自有明確的「種界」，和圓滿的性體；彼此間沒有連絡和結合的憑藉，便無法結合。靈魂和肉身，彼此的分別，不是如此。它們各自以其本性，是人整體的一部分。彼此有物質與性理的關係。如此的結合是直接的。答案中已有證明。

丁十一、靈魂，為成全自己，結合肉身，不但為從「事形物象」中，領悟事理和物性；而且為成全自己種名所指的性體；並為完成許多別的動作，運用形體。即便讓一步，說它只是為領悟性理結合了肉身；從此也不得結論說：靈肉結合，用「物象」作中間的聯繫。靈魂為「懂理」而結合肉身，目的是使「人懂理」。人有靈魂，才能懂理。假設靈肉結合，只憑物象(人以外的靈智懂人心中物象的理)，則不會是「人懂理」(達不到靈肉結合的目的)。詳見答案。

丁十二、固然，靈魂未賦以前，肉身另有某性理。但靈魂既賦以後，那個性理便不能繼續存在。靈魂降入形體，經過一個變化的過程：此來彼去，新舊代興，不得並存，猶如（五行變化，相生相尅），氣化而變火，火的性理既已實現，則氣的性理已化歸於虧虛，隱於物質潛能之中，不復同火現實並存。方才說氣化變火，一亡一生，不是說「性理」變生或變滅，而是實體的新陳代謝。性理自身無生存，不是實體，無生滅之可言。實體，因得其性理，而得生存，失之，則失生存；故有生滅變化，性理不是有生存的實體，而是實體生存必有的憑藉。為此只是（物質與性理）合成的實體，能「產生」，或「變有」，即是從（生存潛能的）虧虛（因受變動，而），移入（於生存現實的）盈極。

丁十三、幼胎（尚在母懷），明顯有生命的動作。有些人說，這些動物是來自母親的靈魂，這是不可能的。因為生命、或生活的本質，需是來自生物內在的因素，此即靈魂（泛指，靈，生，覺，三魂）。又有一些人說，幼胎既成，先有生魂，發育比較完備以後，生魂變成覺魂，最後，覺魂變成靈魂。每次變動，都是外在施動因素的功化，即是造物者，天主的功化。這樣說，也是不可能的。第一因為，果如此，則結論必是：實體性理能受增損，並且實體的產生，需是漸進而持續的長期變動，這都是不可能的（和真理矛盾）。第二、生魂和覺魂的本質，是與草木和禽獸同朽，今如說生魂和覺魂是靈魂的基礎，演變進化，而變成靈魂，則靈魂必須也要隨形體同朽，這是不可能的。同時又不得說，一人同時兼有二魂。證明已在答案中。

上述諸家意見，都無理由成立。只剩一個意見合理，即是主張：人或動物的生育，是許多次生死變化相繼形成的一個過程（三魂，即是三級性理，加上「物質原素」和「形體兩級」，就是五級）。高級性理來到，則低級性理，退走（退入物質虧虛中去）。如此，幼胎先有生魂，發育完善，則去掉生魂，領取較高性理，此即兼具生活與知覺的覺魂。最後，發育到最高程度，覺魂退走，最高最完善的性理繼之而至，即是靈魂。每次是舊的故去，新的，新生。

丁十四、數理的形體、說的是抽象的形體。既說它是數理的形體、又說它有覺性界的生存，乃是自相矛盾。亞里《形上學》卷三（章二、頁九九八左七）曾舉出這個理由反駁柏氏學派的主張。智力由抽象的工夫，從覺性所知的形體中識別其所含蘊的數理；只思其理，而不思其在覺性界的生存。固然，數理的「形體」，只存在於智力的思想中，但從此不能說抽象的事理是「謊言」。猶如在「人」，某人的智力能思「人」字的名理，不思人能嘻笑。他的「思其一，不思其二」，不是「撒謊」。假設他思想中認為人不能嘻笑，這才是「撒謊」了。「撒謊」就是說話或思想不符合事實。此外，即便數理的形體、實有覺性界形體的生存，它既是長寬高等度量的條理，它只是屬於數量之類，不屬於實體之範疇，因此，它為現實生存，不需要具備任何實體類的性理。至於實體類的形體，具有實體類的性理而獲得長寬高等度量。這樣的性理，在火者，是火性，成自火的物理；在動物者，是動物性，成自覺魂；在人者是人性，成自靈魂。

丁十五、定義的部分，是性理的部分。它們的分別，不是性理間實際的分別，而是智思中名理的分別。丁三已有言及。

丁十六、靈魂，在現實上，不包含形體之理；但在能力上，卻包含它，並能建立形體，和形體之性理所有的效用相同；猶如太陽的能力，包含熱力。

丁十七、大註解家所談的秩序，只是智思中名理間的秩序，因為，物質（的虧虛）受性理的充實，依類級的秩序，必須始自高廣，漸進於低狹，否則非智力之所堪思議。理智概念的形成，先簡後繁，循序前進，先思某物有生存，是一物，然後才能想它有生活，成為植物；再後，才有知覺，成為動物；最後，有理智，而成為人。人的概念中不先包含動物的概念，不能形成，這是邏輯的秩序（與實際的秩序無關。實際上，某人能生在某動物以前）。

丁十八、某類或某種的物體，既有生存，則其固有附性，隨之俱來，每物都是如此。依理智思想的次序，某類本體之理業已全備，例如此處所論的形體，然後，再想它有其固有的附性，即是長寬高等度量，才是合理。如此，順序想去，便能懂到，物質在它許多不同的部分，前後相繼，領受各種原素的性理（及其餘較高各級）。

丁十九、火和氣，共有的熱，同種不同數。凡是品質或性能，依種有特性，屬於一種原素，在此原素中，有飽滿的程度；同時蔓延到傍近的原素，程度變低。熱力也是如此。氣變成火之時，氣中的熱力，和火中的熱力，種性相同。在火中，熱度增強。氣變成了火，氣不存在了。火存在。火中的熱，是另一股熱在數目上，和原先氣中的熱，不是一股。因為主體不是一個。主體滅亡了，附性便因連帶關係，隨之消散。附性的滅亡，不是動力相反，互相攻剋，卻是隨主體之被攻剋，而與之俱退（待時復出）。如此生滅循環，和物質循環變化的事實，不發生困難。

丁二十、在物質一空如洗的狀態下，觀察物質，它對於一切性理，都是無適無莫的，不必擇一捨萬。物質之領受某種性理，惟取決於施動者加予的動力。天然界、施動因素間的秩序，和物質中性理間理智的秩序相合。詳見《變生論》，（亞里著）卷二（章九，頁三三五右）。上界諸天體（星球，或星球運行軌道所包括的天空），都是施動因素。動力分等級，有的高廣，有的低狹。離開低級眾因，高級因素，不越級施動。同時，最低狹的因素，施展自己固有的動力，必仰賴較高諸級總體的動力。在一個物體形成時，它領受性理，不是取決於各級不同因素的壓力，也不是領受許多性理，而只是從最近的一個施動因素，受到它動力的陶鑄，只領取一個性理。這個性理，在能力上，包含較高各級性理的效能。同時，物質先領受類級高廣的性理，和隨之俱生的一切附性；一切完備後，再順序前進，領取較低狹的諸級性理和美善（宇宙造化之跡，所呈現的邏輯秩序，不拘從那種因素方面觀察，都是如此）。

丁二十一、每一物類，都分「潛能與現實」。實體類的潛能是物質。實體類的性理是現實（所謂「現實」，在這裡不指「現在的實有」，卻指事物「現在所以實有」，必須依憑的內在因素。它的任務是充實物質潛能的虧虛，使其生存，達到盈滿至極、無美不備的程度。因此，性理或現實，指示「盈極因素」；物質或潛能，指示「虧虛的容量」；簡稱「盈極」與「虧虛」。都有深邃的因素（意義，不單指浮面的事物狀態）。

第四問　人本體內靈性的盈極作用

本問題要點

一、盈極——盈極對虧虛，是一對相關辭。論盈虛、論是非、論善惡、論正誤等等，是哲學固有的課題和任務。邏輯學，論思想議論步驟的正誤。倫理學，論自由行動的善惡。認識論，討論真假是非如何可知或不可知。本體論（《形上學》），論有無、論盈虛、論本體物類的範疇、因素，兼涉及名理。自然界，凡是實有而非純無的事物，在內在外的因素和關係等，都可分成兩排，彼此相對，有盈極與虧虛的比例。例如：性理與物質；生存與性體；附性與實體；官能與器官；動作與官能或能力；目的與動作；作物成性的原因與其欲作的效果；靈魂與形體等等。凡此之類的對比，都是前後有盈極與虧虛的關係。盈虛兩字意義廣泛，可以用作抽象名辭，指盈極性，虧虛性；可以用作具體名辭，指盈極或虧虛的主體；指盈虛的狀態，也指促成其狀態的內外因素。在哲學的運用上，盈虛兩字的主要意義，指示因素，不指示狀態。屬於理智的形上範圍，不限於形下的狀態。最廣泛的說：盈極對虧虛所發生的作用，叫作盈極作用。充實虧虛、充塞空虛、滿足虧乏、補足欠缺；充滿虧虛的容量，達到盈滿至極的程度。虧虛容納盈極。盈極充實虧虛。盈虛合一，本體純一，密切無間。盈虛同類。同類的盈極，充實同類的虧虛；虧虛屬於那一類，它所容納的盈極也屬於那一類。盈虛消長，物類高下分級，依盈虛消長的反比例為標準。以上所說：「盈虛無間」、「盈虛同類」，和「盈虛消長」，是盈虛定律，最普遍、最習用的三條。就字義而論。盈極，就是盈滿至極、現實豐足、不多不少、完善無缺的意思，有適中、終止、最高峰等類的積極意義。虧虛，就是空虛虧乏，有領受的能力和容量，有傾向、需求、缺欠、始基、底層、不完善等等消極的意義。

凡是虧虛都有領受盈極的潛能，潛能有虧虛的需求和容量。盈極是完善無缺的現實，現實是虧虛容量的盈極。盈極與虧虛，就是現實與潛能。前後兩對，名異實同。在術語的運用上，將「盈極」與「虧虛」，用「或」字連接起來範圍寬廣，有超類名辭的指義作用，和物體大公名的範圍相等，叫作「或字分接的超類辭」，簡稱：「或字超類辭」，或「分接超類辭」。例如說，凡是實有事物，都是「盈極或虧虛」。意思是說：「不是盈極，便是虧虛；不是虧虛，便是盈極，不能兩者都是，也不能兩者都不是」。因為，兩者都不是者，只得是純無，不能是實有而非純無了。以上是「盈極」意義最簡略的說明。

二、性理的盈極作用——總說起來，性理對於物質的盈極作用，是充實物質的虧虛、實現物質的潛能、滿足物質的需求和缺欠。分說起來，物質實體的虧缺有多少，性理的盈極作用也就有多少。物質分許多等級，等級越高，需求越多，性理的盈極任務也越繁多，多不勝數。最重要者，有以下數項：第一，性理授與生存。實現物質成為一物而得生存的潛能或傾向。物質，性理不備，不成一物，不能有生存。

第二，性理建立性體。性理結合物質，盈虛合一，兩無間隔，構成本體，建定物體的本性。第三，劃分種別。物質潛能廣泛，是類名的基礎，類性至公，能分賦予許多種，沒有限定。性理結合物質，實現物質類性的潛能，縮小類性的範圍，在類下劃分出一個固定的種界。性理是種別因素，是種別名辭制定時所有的客觀基礎。第四，是奠定名理。性體名的名理，是定義性理合物質而成性體，規定它屬於某類某種。種別名合類名，而成定義，說明某物依其性體屬於某類某種。定義的中心任務和內容，是指明性體的種別特徵。種別是定義的核心。種別名，客觀的基礎是性理。所以說性理奠定名理。人之所以稱為人，是因為人有人的性理，即是理智之性。其他物類，無不仿此。第五、性理可懂。性理是人的理智，觀察事形物象，可以曉辯領悟的理；是事物可懂的理由；是人理智知識的根源。因為性理是名理的基礎。第六，性理是動力的泉源——凡是物體不但是率性從理，而且是因性憑理，以發生動作。火有火的性理，因此，火有火烘烘燃燒、發光、生暖、上衝、冒煙等等動力。物物無不如此。第七，性理規定條理——生存的條理、性體的條理、形體的條理、動力發生動作的條理，都是定於性理。性理，是物本體的內在因素，也是物體動靜規律的根基。規定條理，是組織物體建立其體制，締結維繫、保持其生存和統一。作物者，作物成性，是把性理賦予物質。第八，性理指定目的、品定價值、決定物類系統上的等級、分位。性理是每物「本性美善」的基礎。物體生存和行動的目的，是率性從理，止於至善，成己成物。第九，性理溝通因果——作物成性的自然原因，產生另一物作其效果，都是同類相生：火生火、凍生冰、瓜生瓜、豆生豆。因果同類的共同點，是性理的種別特徵。效果相似原因，是原因的「肖像」，表現原因的能力和性情。因果同類，關係相通，通於性理。第十，性理是美麗的原因，理由同於第七、八、九。還有其他……不盡。

三、靈性的盈極作用——性理分許多等級。物的性理，是物性物理；草木的性理，是草木生活的性理。獸有獸性，獸性包含運動知覺的性理。人有人性，包含理性：理智之性，就是靈性。也叫作靈魂。靈性的盈極作用，總起來說：是充實肉身物質的虧虛，實現其生存行動的潛能。簡言之，靈性是人身體的盈極。易言之，靈魂充滿肉身，是人生存行動的根源。靈魂充滿肉身，猶如性理充滿物質。火性充滿火體。石性充滿石頭。靈性充滿人的全身。又好似白色充滿白物。熱力充滿熱物。問題：水性充滿水。這一杯水的水性充滿這一杯水。再來一杯水：同一的水性充滿兩杯水。兩杯水合成一杯水。同一水性充滿一杯水。一杯水分成兩半杯，每半杯水還是水。可見水分成許多部分，許多整杯、半杯，每部分水都全是水，真是水。每部分水，有水性理的真全，水的性理，以其真全的本體，充滿水的全體，同時又充滿每一部分：全部充滿全部；全部充滿每一部。每一小部分水真是水，和一大部分沒有分別。否則，一大盆水，是水；半盆水，就是半水半不水，豈不可笑？其他，如火、石、金銀之類，都是如此。但是草木就不同了，整棵樹是樹，一個葉子就不能叫作樹了。動物更是如此。整個動物是動物。動物的一隻眼、一顆牙，不能叫作動物。人也是一樣。所以問題就產生了：水性充滿水，是全部充滿全部，全部充滿每一部；靈性充滿人身是不是全部充滿全部，又是全部充滿每一部？「全部」二字有多少意義？就靈性各種「盈極作用」而論，在什麼意義下，靈性全部或不全部充滿肉身的全部或不全部。這個問題的答案，是「靈肉無間」、「盈虛無間」，和「性理的盈極作用」等等前提，綜合起來必產生的結論。詳見正文：

直解正文

問題是：（靈魂，充實肉軀，發生盈極因素的作用）是否肉身的每一小部分，都有靈魂的全部？

甲欄、否定的意見如下：

甲一、亞里、《動因論》（章十，頁七〇三左三六）說：「全不必須肉身每部，都有靈魂，只是某重要部分有就夠了」。物性的自然律是「不吝不費」。即是：應有者，應有盡有。莫需有者，不枉費造化。依此，可見不是肉身每一部分都有靈魂。

甲二、靈魂結合肉身，自然的效果，是構成動物。假設靈魂結合每一部分肉身，則每一部分肉身都要因有靈魂，而構成一個小動物。一個肉身是一個大動物，同時是許多小動物，這事不適宜的。

甲三、「特性不離主體」。特性是主體固有的屬性。主體所在，其特性隨之俱在。靈魂的一切能力，都是靈魂本體之所固有。它們是靈魂的特性，以靈魂為主體。這是自然的。那麼，假設肉身的每一任何部分都有靈魂，則靈魂的一切能力，必隨之存在於肉身的每一部分。如此，則眼有聽覺、耳有視覺（五官紊亂），這是不適宜的。

甲四、凡某性理，如果需要其物質，有許多不同的部分，則此性理不是（全）在它每一部分。例如，房屋的性理，即其構造的條理或體制，明明不是全部在房屋的每一部分，而是統在全體。另一方面，需要物質部分不相異的性理，是在物質的每一部分。例如氣的性理，在氣的每一部分。火的性理亦然，每一部分氣和火，都有氣和火的真全性理。靈魂是肉身的性理，需要肉身有許多互不相同的部分。歸納各種生物，即可明見。足證靈魂不是在於肉身的每一部分（和水氣火等性理不同）。

甲五、凡是性理，如果自己的體積或面積，隨其物質之體積或面積展佈開來，同量廣狹，則都不是全部在於物質的每一部。靈魂就是如此，體積擴展，充滿肉身；因為聖奧斯定《靈魂偉大論》，卷五，章七說：「靈魂充滿肉身。依此估計，肉身的容量多大，靈魂也是多大。」可見，靈魂充滿肉身，是全部充滿全部，不是全部充滿每部。

甲六、為知靈魂是否存在於肉身的每一部分，主要是觀察是否每一部分肉身都呈露靈魂的動作。但是靈魂，在自己不在的地方，也發生動作；聖奧斯定，《致沃盧祥書》（一三七，章二），曾說：「靈魂不在天上，但其知覺知視覺，高在天上。」可見靈魂在肉身每一部分是不必要的。

甲七、根據大哲的證明（《靈魂論》，卷一，章三），我們活動時，我們身內一切都隨著活動。但有時可能身體的一部分活動，一部分靜止。假設靈魂是在每一部分，則應同時又活動又靜止。這明似不適宜。

甲八、假設靈魂是在身體每部分，則每部分身體直接聯繫靈魂，不復先繫於心臟。這是有違於聖熱羅莫，《瑪竇福音》註解（章十五，《拉丁教父文庫》，二六，一〇九）所有的名言：「人的首要部分，不是在柏拉圖所說的腦髓，而是在基督所說的心腔。」

甲九、凡是性理，如果需要尺寸固定的形狀，形狀不在之處，則其性理無以在。靈魂在於肉身，根據固定的形狀。大註解家，《靈魂論》卷一，註五三，曾說：「動物身體，部分眾多，各有定形，遍觀物類，跡象昭彰。獅鹿相比，肢體異狀，靈魂不能無別，種類形體互異，乃靈魂不同所致。」全體形狀，非每部所有，故靈魂不在每部。同書，大註解家曾說：「假設心臟因有某形狀而有某本性，並因此本性而能領受靈魂；則顯然心的一小部分，不得領受心整體的靈魂，因為它沒有那個形狀。」（靈魂即是性理；猶言條理、紋理；不是形狀，而是形狀體制必遵循的條理。故形狀不備，條理不賦。反之亦然，條理不備，形狀無由成。條理實現於某物質，以形狀為符驗。形狀得其體制，以條理為依據。理是形之體。形是理之具。而物質乃形與理共有之寄託。三者措合而成實體，又賴外在原因，造化匠成之功）

甲十、名理越抽象，所指越高深，越不受形體的限定。「抽象」即是從事形物象中，識別無形的性理，超越形質。「天神」名理之所指，超越形質，勝於靈魂。但天神運動形體，限於形體的一部分，不遍在全體每部。證於大哲，《物理學》，卷四。（實見於卷八，章十，二六七右七）：天神運轉天體，不在中心，而在週線某部。天神猶如此，何況靈魂乎？

甲十一、身體的任何部分，如有靈魂的動作，便有靈魂的本體。同理，身體任何部分，如有視覺之動作，便有視覺之能力。但是，假設腳上長出了視覺的器官，腳便發生視覺的動作（腳長眼，則觀色）。今，腳如無視覺，惟乃器官缺乏所致。反過去說：假設腳上有靈魂，則必有視覺的能力（因之，腳必長眼睛。今，腳無眼睛，可見腳上無靈魂）。

甲十二、假設肉身每部都有靈魂，則肉身任何部分所在之處，靈魂必隨之同在。今，童子身體，因發育長大，而添許多新部分。那麼，他的靈魂也便隨著進入新部分：在原先不在之處，開始新生存，這明似是不可能的。因為某物進入某處，開始新生存，只有三種方法可能：一是新造。（天主）造生靈魂，賦予肉身（原文：注入肉身，如吹氣注水）。二是遷移：（靈魂）猶如形體，從一處遷移到另一處。是變化：例如祭臺上，麵餅和酒水變成基督的活體（血肉俱全）。那麼，基督的活體，便開始存在於祭臺上。以上三個方式，全非靈魂在童子身內所能採用。可見靈魂不是充滿肉身每部（因為它無法進入肉身新長的部分中去）。

甲十三、大哲，《靈魂論》，卷二，（章一，三一二右五），曾有言曰：「靈魂是有機體（生活虧虛）的盈極（因素）。」「有機」是「有器官」的意思。靈魂必存在於它的形體內，因為它是它的「盈極」。但，（條件是形體具備器官）不是每部分形體都長著器官。可見，不是每一部分形體都有靈魂。

甲十四、一人身內，骨肉不相同，甚於兩人身內，肌肉之互異。但是，（需知），一個靈魂不能在兩個人的身體內。所以，（更是）不能在一人身內各部（在其骨，則不能在其肉……）。

甲十五、假設靈魂在身體每部，身體失掉一部分時，則靈魂或隨著失掉，或轉移他部。但是，顯然，靈魂沒有失掉，因為人還活著。同時，靈魂也不會轉移處所，因為靈魂（的神體）單純，（不是性理和物質的合體）。故此，（沒有方所）不會轉移處所。足見不會是身體每部分都有靈魂。

甲十六、形體的體積，和所占空間的容積相等。細微不可再分的「點」所占的空間，也必是一個小不可再小的「點」。每個形體能劃分出數目無限的「點」。那麼，假設靈魂在形體每一部分，則結論必是：它占據無限多的「地點」，這是不可能的。因為靈魂的能力是有限的。

甲十七、靈魂的本體單純，不合長寬高等度量。說「靈魂的全體」，只能有「全部能力」的意思。但是，靈魂的全部能力，是它能力眾多的總數，捨此無處見之。靈魂能力眾多，不全在形體每部，可見靈魂不是全部在於肉身每部。

甲十八、某物全體在另某物之全體，並在每部；果能如此，其能力必是來自其（神體的）單純，形體界不會有此現象。但靈魂的本體並不單純，乃是物質與性理之合。足證它不是（以其全體）存在於身體每部。大哲《形上學》卷二（實見於卷一，章八，九八八右廿四），駁斥某些人誤以為形界的物質是最高原因，因為為他們只承認有形體界的原素，不承認形體界以外的原素。為此，大哲認為，有形的原素以外，有無形的原素。但凡是原素（即便無形），仍都是物質之類的原因。足見，無形的實體，例如天神和靈魂，不是形體，仍有物質原素。故此，靈魂不是全在身體每部。

甲十九、有些動物，身體砍斷後，仍舊生活；並且每一片段繼續生活。不得說一段身體，有全部靈魂作其生活的原因。砍斷以後，不得說是如此。砍斷以前也是一樣。殘斷的部分不能有整體的靈魂，只得有一部分；整體有整靈，殘體有殘靈，才是合理。

甲廿、「全整」和「完善」相同，說見《物理學》卷三（章六，二〇七左十三）。完善的物體，本性固有的優點，一無所缺，毫無破綻。人的靈魂本性固有的優點，是智性。智性不是任何形體部分的「盈極因素」；卻是：它不是充實任何形體器官虧虛的官能。足證靈魂充滿肉身，不是全部充滿任何每一部分。

乙欄、肯定的意見

乙一、聖奧斯定，《聖三論》，卷三（卷六，章六，節八），曾說：「靈魂充滿肉身，是全部充滿全部，同時全部充滿每一部。」

乙二、聖達瑪森，《正信本義》（卷一，章十三，《希臘教父文庫》，冊九四，欄八五四，格甲；又卷二，章三，同冊，欄八七〇格丙），曾說：天神的動作在那裡，本體必也在那裡。靈魂也是如此：理由相同（因為都是神體），但靈魂的動作，遍及身體各部，因為身體各部都有營養發育和知覺等等作用。足證靈魂遍及身體各部。

乙三、靈魂的能力強大，勝於物質界的性理。但物質界的性理充滿形體，是充滿每一部分，例如火性、水性。能有靈魂而不如物理的嗎？

乙四、《神靈與靈魂論》（章十八，《拉丁教父文庫》，冊四〇，欄七九三）有以下這句話：「靈魂以其存在授生活於形體」。即是說，形體的生活來自靈魂；那裡有靈魂存在，那裡便有生活。今請看，任何每部分身體，都有從靈魂得來的生活。足證身體的每一部分都有靈魂現實存在。

丙欄、答案——定論

丙一、本問題真實的答案，係於另兩問題。一個證明了靈魂結合肉身，不但作「推動者」，而且是「性理」。另一個證明了靈魂結合肉身，不需要它在物質中有其他實體性理作先備的條件。如此構成的「活人」，只是從靈魂領取實體生存和種界的區分，全體如此，每部分也是如此；在靈魂以外，人沒有別的實體性理。靈魂辭世而去，所餘的屍身，非人、非獸、非動物、非生物。骨肉眉目俱全，有形無實，名同而指異，與墨畫，石彫者相同（猶如器盛所盛，所盛充滿器中，同樣）。靈魂充滿肉身，全部充滿全體，又充滿每一部分。因為靈魂是肉身的盈極因素，充實肉身生活的虧虛盛滿肉身的容量。「盈極」與「虧虛」的關係，定律如此（本段所言一切，詳見本書前此數問）。

丙二、靈魂充滿肉身和肉身的每一部分——充滿的方式，前後不同。以盈極作用，充滿肉身全體，是靈魂本體的第一要務；次則，為了充滿全體，同時充滿它的各部分。為明瞭這個關係，需要看到：物質是為性理而設，物質的裝備，應適合性理的需要。綜觀可朽的物體界，物類眾多，強弱異等，優劣不齊，逐級論之。性理低劣者，能力微弱，能作的工作不多，不需要物質主體，有許多不同的部分或器官，例如無生命的形體（它們因此叫作無機體）。生物的靈魂（泛指生、覺、靈三魂），性理品級優越，能力較比強大，能作許多各種不同的動作，為此，需要種類不同的形體部分（器官設備等等）。凡是靈魂充滿肉身，都需要肉身有許多部分，裝備上各式各樣的器官，靈魂優越的程度越高上，需要的器官越繁多。品級最低的性理，成全自己的物質，樣式簡單一律。靈魂成全肉身，樣式複雜，用各式各樣的肢骸和部分，合構肉身的整體；為在肉身內，滿盡它本體而首要的「盈極」任務，必須如此。

丙三、靈魂充滿肉身，是以全體充滿全體，並以全體充滿各部——這些話是怎麼說的？還需在這裡加以考察。為明瞭這些話的意思，需注意「全體」二字有三種不同的意義。一是量數的「全整」。這個意義是淺明而易見的。數量的「全體」，即是「整體」，本性天生常可分成許多部分。在這樣的意義下，「全體」二字不適於形容性理的本體，但能形容性理連帶主體而附有的情況。性理的本體，無度量零整之可言；但所在的物質主體，如有度量，由大分小，則性理隨之分多。例如白色因所在某物面積之分多，而分成許多塊白物。這樣的性理所有的物質全體一律，整體和部分無大分別。因此，這些性理能和物質主體的體積或度量，大小相同，兩相依隨，主體由大分小，分出許多，性理也隨之分小分多。高級性理，需要物質主體有種類繁多的部分。這樣的性理，沒有方才說的度量、量數，和全整：例如靈魂，尤其是高級動物的靈魂。二是「性體全整」。自然界，物質與性理合構而成性體的全整。思想和語言中，即是名理上，類名和種別名合構而成種名定義的全整。這裡的全整都是性體完善無缺的意思。在附性上，這樣的「完善」能有增減。實體性理，完善的程度，不能稍有增減。三是能力的全部，即是強度至高。談到隨物質主體之有量數而有量數的性理，例如白色之白，則可以說它以性體與能力的全部充滿主體的每一部分。但是不可以說它以「量數的全部」充滿主體的每一部分，因為它連帶主體而附有的量數（尺寸、長寬高等等），隨主體部分之分小而分小。主體的整體，是全體一團白；它的一大部分，則是一大塊白；一小部分則是一小塊白，塊隨主體之部分而有大小，但白性和白的強度每塊相同。與塊大塊小無關。故此說，白性和白的強度，尤其全體，既在全個主體，又在主體每一部分；白色的團塊或面積則否。白的面積全部在全體，但不是全部又在主體的每一部分，而是一小部分主體只有一小片白。白性如此，其他低級性理也是如此。

高級性理，不因連帶物質主體而有度量的廣狹。故此，在它們方面，沒有「度量全部」可談之餘地。凡是靈魂都是如此，特別是人的靈魂，既無度量即體積零整之可言，只剩「性體」與「能力」兩方面可以討論。簡單說來，可以斷言，靈魂性體的全部充滿肉身的每一部分。每一部分肉身，都有性體相同的靈魂。各部分相等。但靈魂有許多能力，它能力的全數，不是既在全體，又在每一部分。因為部分構成器官，樣式互不相同，所有官能和動作也不相同，各有所司，各有專任，不是每個器官兼有一總器官的能力。並且靈魂還有智性的動作，即是「懂理」，不用任何器官。從此看來，靈魂的能力不但不是全數都在身體的每一部分，而且也不是全數都在身體的全部以內；因為靈智的能力超越肉身的容量和界限。前者已有詳論。

丁欄、解難——（丁甲兩欄號數相對，逐一解破甲欄各條意見所設的疑難）

丁一、大哲該書所言，專是形容靈魂的動力，因為動力首要的根據地是心臟。

丁二、靈魂本體，第一寓存的所在，是肉身的全體。其次，遍及各部，為能成全整體。為此，只是整體是動物，不是每個部分是一動物，每一小部分附屬於整體。

丁三、根據大哲《寐寤論》的名言：「能力屬誰，動作也屬誰。」如果某些動作，不只屬於靈魂，而是發自靈肉合成的整體，它們的能力便以形體的器官為主體，靈魂不是它們的主體，只是它們的根源。只是智性不用器官的動作能力，專屬於靈魂，以靈魂為主體，不以肉身為主體，因為它們超越肉身。從此不能結論說：肉身的每一部分兼有靈魂一切能力的總體。

丁四、房屋的條理，是附性，故此，它的任務不是決定房屋每部公有的種性本體，和靈魂充滿肉身時所有的任務不同，故不可以此例彼，混為一談。

丁五、聖奧斯定，那個名論的真義，不是說靈魂和肉身有相等的體積；只不過是說，靈魂能力的強大，不伸展到肉身體積以外去（所論的只是靈魂結合肉身，賦予生活，故不在肉身以外賦予生活）。

丁六、凡是動作，都有些「中間歷程」的意思。動作者，經過動作的歷程，達到動作的目的。歷程的距離，有時是實際的，因為有些動作從動作者出發，觸及外物，使外物受到變化。動作的終點和目的，實現在外物。外物和動作者之間，有實際的距離。還有些動作，其出發點和終點都是在動作者以內，此說可證自《形上學》，卷六（章八，一〇五〇左三五）。那麼，它們的終點和始點之間只有名理上的距離，沒有實際上的距離。例如靈智的動作、「知理」、「擇善的正心誠意」等等類似動作，都是始於靈智，終於靈智。始於心，終於心。但無論如何，它們仍然是有一些「中間歷程」的意思，因為它們也是發自始點追求、止於終點。那麼，分析任何動作，都應從兩方面觀察。始點終點，不可不辨別清楚。如此想來，說「某某在此處，或在彼處動作」，能有兩個意思。從始點方面看，是說：「某某在某處是某動作的始點：發起動作。」本著這種意思，自然「是動作在那裡，動作者的本體便在那裡」。但是從終點方面看，「說某某在某處動作」，是說「某某的動作，在某處產生了功效，達到了終點的目的」。本著這第二種意思，不見得那裡有動作，那裡就必有動作者的本體。所謂「知覺和視覺，高在天上」，就是根據了這第二種意思，不過是說高高的蒼天受到了靈魂的知覺和觀看（不是說靈魂的本體高遊天上）。

丁七、肉身移動時，靈魂因連帶關係，隨著移動；但靈魂自身不移動：這就是說，同時一個靈魂，又動又不動，觀點不同。故無不適（不是言語自相矛盾）。如果，只就本體一方面看，說靈魂同時又動又不動，就是與理不合了（因為是語言自相矛盾）。

丁八、靈魂充滿肉身，發生「盈極因素」的作用，成全肉身的每一部分，不是處處一律：各部分之間，在重要上，有首從之別；在完善的程度上，也有高低之分（是天理自然的）。

丁九、靈魂生存在肉身中，需要肉身有適當的形狀。這句話的意思不是說形狀是靈魂（生存在肉身中）的原因。反之，肉身的形狀是效果，成自靈魂。有什麼靈魂，必有什麼形狀。為此，那裡沒有適當的形狀，便證明靈魂不在那裡。但靈魂所需要的形狀，不止一個，一是肉身整體的形狀，一是器官或部分的形狀。靈魂的「盈極」作用，首先是成全整體，並為此，成全每部。部分附屬於整體。有些動物，整體與部分，形狀幾乎相同。於是部分領受靈魂，猶如整體無異。因此，部分砍斷，仍舊生活（自成一新動物）。高級動物，部分眾多，形狀互不相同，大有異於整體，無一能如整體，收容靈魂，作靈魂的第一主體；不能使靈魂完成其盈極性的首要任務：因其不能如此，故任何某部分，砍斷以後，離開整體，不能生活。但它附屬於整體，為成全整體，領受靈魂，和整體結合不離，始能生活。

丁十、對所運轉的天體說，天神不是性理，而是推動。故此和靈魂不能相比。靈魂，對於肉身，不但是推動，而且是性理：發出盈極作用，成其性，全其理，充實全體，及各部。性理之任務，天然如此（天體即是天上星體或天幔）。

丁十一、假設腳上有眼睛，腳便有視覺。因為有其器官，必有其官能，器官虧虛，是為領受官能而設。官能充實器官，有「盈極因素」的任務（自然的定律：「盈虛相需而不相離」）。器官果在，官能俱在。器官傷損或失掉，官能隨之俱失，但靈魂仍能存在。

丁十二、猶如大哲《物理學》卷四（章一，頁二〇九左二八；章六，頁二一三右四）所說：身體長大，占領新空間，不是沒有空間的變動。童子身體長大時，它的新部分占領新空間，整體隨著在新空間，開始新生存，靈魂因和整體有連帶關係，隨著整體，變動空間，遷移自己，進入整體的新領空和新領地。靈魂這樣的遷移，因受肉身的連帶，而隨著肉身遷移（猶如白色之白，隨著白物遷移。白的本體，沒有移動與否之可言）。

丁十三、成全有機的形體，是靈魂盈極性本體的第一任務。成全各器官，各部分是附屬的第二任務：部分屬於整體，為整體全整之所必備。

丁十四、依種名的名理而論，我你肌肉相同，固甚於我肉與我骨。但以整體與部分的從屬關係而論，我肉我骨，能相配合，構成整體。我肉你肉，則不能。

丁十五、靈魂充滿各部，不是只在一部。如此說去，一部分砍掉了，不是丟掉了靈魂，也不必靈魂遷移到那部分裡去；只可說是那一部分生命的充實，停止受供應於整體內的那個靈魂（而開始仰給於本部自己的靈魂。這個靈魂，因部分與整體割離，而由物質潛能中升出，得到了獨立生存的現實。這樣的靈魂只是低級生物的靈魂。整體砍斷，每砍下一片段便是一個新生物的誕生。低級生物的繁殖方法，天然如此。它們的靈魂也便隨著增多，出自物質潛能）。

丁十六、靈魂「不可分」的本體，不是物質體積內的「點」。「點」的本體，沒有長寬高等度量，細微不可分，在整體內，占領方位；但所占的地點，也是細微不可分。這是它的本體所使然，不得不如此。靈魂的「不可分」，不是體積度量的細微，但是因為靈魂完全不屬於形界體積之類。它沒有體積和物質，故此不可分。這樣的不可分（是性理或神體的純一不可分），不是形體內小點的細不可分。小點的本體不會占領廣大可分的空間。靈魂的本體不可分，不是「點」的狹小，故它仍去充實可分的整體，不是違反它的本體。

丁十七、靈魂，本體純一，不可分。意思是說靈魂（不是形體，沒有體積），沒有「度量的全整」（與「不全整」）。但承認了這一點，並不能結論說：只剩「能力的全部」，是靈魂之所能有。因為，靈魂除「能力的全部」以外，還能有「性體全部」（或「整體」），有三種不同的意思。去一，餘二，不只剩一）。詳見答案。

丁十八、大哲那卷書裡的宗旨，是研究一切物體的種種因素，除物質因素以外，還有「性理、目的，和作者」三類因素，都是物體形成之所必備。古代的《物理學》家（自然哲學家），只舉出了「物質」一個因素。物質因素，在無形的神體，或性理之界，無可言的餘地，因此，古代哲人，未能舉出一切物體的原因。他們受了亞里的評責，只是為了這一點。他原有的宗旨，不是主張無形事物也需有物質原素，卻是說：只有物質因素，不足以說明無形事物的原因，故此，不應忽略「物質因素」以外的種種因素。

丁十九、部分砍斷、分開可以生活的動物，在整體中、現實上，有一個靈魂。在其物質潛能中，有許多靈魂。砍斷時，許多靈魂乃從潛能中升入現實。凡是在物質中，有體積或面積的性理，都能如此（例如，水性、白色等等……）。

丁二十、靈魂，以其全部，充滿肉身每部。這些話中，所說的「全部」，只是「性體和名理的完善真全」；不是「能力的全部」或「德性的全部」。詳見前文各處，即可明若觀火。

第五問　物類系統與靈智實體

本問題要點六

一、物類品級，逐級升降，如梯如鏈，最上有巔，最下有底，中間各級，依次排列，不躐等，不重複，不間斷。排列的標準，是「盈虛消長」的反比例。極巔有第一實體，純是生存的盈極，圓滿無限，單純精一，絲毫不雜虧虛。底層有第一物質，是生存的空虛和虧乏：虧虛至極，純是潛能，毫無生存的現實。現實生存的物質實體，都是物質與性理之合，而成性體，又是性體與生存之合，而成實體；兼是許多附性的主體。如此構成的物體都是形體。最底的形體是礦類實體，只有物質物理與生存。高一級是生物。在生存以上，兼有生活。生物的生存是生活。然後再高一級是動物，在生活以上，又加知覺和運動。動物的生存是知覺。完全根本失去知覺的動物不能維持生存。更高一級，是人類，在生存、生活、和知覺以上，更加有靈智。人的實體生存是靈智性的生活。人是靈智結合形體，將靈性生活賦於形體。人身體之有靈智，猶如形體物質之有性理。只有一個分別：形體類各級性理，連生魂覺魂在內，都不是離開物質足以自立的實體，因為它們沒有超越物質的動作和能力。人的靈魂是靈智實體，它有一些動作不需要物質器官，也不能運用物質器官；必須超越物質，始能懂明事理；並發生其他靈性的動作。人是結合形體的靈智實體。在人身體以內，這個靈智的實體，滿盡性理，生魂，覺魂的一切任務，並在這一切任務以上，執行靈智固有的任務：統攝一切。叫作靈魂。在形體界諸級物類的性理中，人的靈魂最高；在神體界諸級靈智實體中，人的靈魂最低；它最接近形界的物質；並結合了形體。靈魂以上，有許多級靈智實體，完全不沾染物質，逐級上升，直到第一實體為止。物類系統中，距離第一實體越近，品級越高，盈極程度越深，虧虛程度越淺，距離第一物質遠。宇宙物類系統，本體如梯如鏈、不越級、不中斷，是一個普遍的公律。詳見《物體與性體論》。宇宙物類生存的目的是為成全這個系統的完備和美滿。怎樣證明各級物類實際存在呢？主要理由就是從這物類系統的公律中去察尋。

二、形界各級物類的存在，是一個每人身經目睹的事實。生死變化，分種分類的現象，明示物質因領受性理，而獲得生存；屬於某種某類；因失掉性理而喪失生存。物質自身純是虧虛而能領受的潛能。虧虛自己不會自變飽滿，必須從外在原因領受生存的現實，充滿自己的虧虛；實現生存的潛能，性理合物質而成性體，性體領受生存而成實體：領受自何方？領受自生存之原因。原因有次第和等級，必有最高原因。否則追本溯源，永無止底；等於無本無源，則形體界現有萬物，全無從而有生存。宇宙既有萬物，萬物必有真原。此即第一實體：第一盈極；純是生存；圓滿無限。第一盈極和形界之間，真有沒有中級許多靈智實體存在？聖多瑪斯說：「靈性實體，不含物質，不具形體，我們不但不知其性體區分，而且也不知其附性區分。」實體和附性，吾人一概不能直接知道的「靈神」，真實存在與否，怎能有證明的途徑和必要呢？聖多瑪斯認為有途徑和必要。

三、五路三途——第一寶體，純是「盈極」，超越宇宙，真實存在。證明出來，比較容易。聖多瑪斯舉出五條路線：第一路：宇宙受動而動，不是無因自動，故有第一動因，施動，肇始萬物之動，而不自動：純是盈極，全無領受外力的虧虛。第二路：宇宙萬物，不常有生存，不必須有生存，自身無必須存在的理由：現實的存在，必決定於外在的最高原因，此最高原因，不受決定於另一原因：自身有自己實存的必要。第三路：宇宙萬物，不自生，生自作物成性的外在原因。第一原因創作萬物，不復受造於另一原因。第四路：宇宙萬物，品類不齊：美善的程度，依「盈極與虧虛」的反比例，排列起來，優劣異等。自然界，物類本體的秩序，是「先優後劣」，「先強後弱」。卑劣低弱者分賦生存的美善，所得不全，得自至善的真源。真源全善無窮，萬物取之不竭，萬物美善，既是秉賦得來，萬善真源必定存在。不能有流而無源。物以類聚，類各有極，同類之極，全類之首，餘眾之源。火類純熱之體，是同類眾熱之源。生存之類，純是生存的盈極實體，是萬物生存所從出的來源。第五路：宇宙的自然秩序，必有造化主宰：物理、數理、邏輯、倫理，普遍常真，遍賦萬物；物質無靈，變化無常，恒性恒理，何自得來？得自其必有之來源。但五路詳情，見於《神學大全》，及其他諸書，不關本題，恕不多贅，以上略舉其目，以與「三途」互相參照（看拙譯《論天主》，第十三章）。

四、靈智實體的存在，證自三途——第一途是「宇宙的完美」。萬類俱全，應有盡有。物類名理，各有所指，兩理不同，既能合有於一物，則能分別成立者，必能分有於兩物。生活和生存，兩理不同，生存之理，無生活，可以分別成立。既有兩者兼備的生物，則能有只有生存而無生活的礦物。「形體」和「實體」，兩理不同，既有物體是實體，兼是形體，則能有物體，只是實體，而不是形體。實體之理，不涉形體，可以自立自明。不是形體的實體，乃是神靈實體：其特性在有靈智。靈智的生存和行動，超越物質。

第二途：「物類秩序」——物類系統，從最高的第一實體，到最低的形體，逐級排列，不越級，不中斷，連環相接，逐級升降，第一實體和有形宇宙之間，空隙的級層，依物類諸級名理計算，尚有許許多多；故此，每級有每級的靈智實體。否則物類系統，秩序中斷，有下無上，有劣無優，有兩端而無中間：支離破裂，斷斷續續：怎能合理？造化天然之理，豈得如此？

第三途：「靈智特性」，明見於人的靈智：首在「離物懂理」。同類物，有同類的公性；同類的兩種，一優一劣。劣者既在，優者必在。自然秩序是先優後劣。靈智類的公性是「離物懂理」。分兩種，一種是人靈：它的特性是「在事形物象中，離物懂理」。理，無形直接可懂，何必非經過物象不可。故此，有第二種，一是「天神」，它們的特性是「直接懂理，不借助於形界的物象」，故不需要結合形體。靈魂和天神，是靈智類中的兩種，一優、一劣。天神優於人靈。靈智的名理，所指純全的本體，實現於天神，勝於人靈。所以人靈既是實有，天神必已先有於自然之界。因為自然界的秩序，是先優後劣。造物者，純是神智，全依靈智的邏輯，造生萬物：先優後劣。造卑陋，而不造優美，非拙必狂；全與大造的神智與全能不合。沒有「天神諸級」，宇宙本體，無以全其美，天主造世，無以盡其智。凡此上三途所具的理由，均可見之於「物類名理的邏輯」。宇宙物類的系統本體，及其自然的邏輯秩序，是前提；天主和天神的存在是結論。承認前提而不承認結論，是「下愚不移」的現象。既知「五路三途」，人靈智的本性，就有通達神形兩界的必要。三途詳情，均見正文。

五、大眾博士，天神博士——聖多瑪斯，以「大眾博士」和「天神博士」著稱於史冊。理由有三，一是因為他的「心智生活」超越塵世，宛如人間的「天神」；二是因為他研討「天神問題」，著作豐富，議論詳備而精深；三是因為他從「有形的宇宙」出發，用物類名理的邏輯，辯證其對於「天神」，必能生出的結論。觀點和方法都是純哲學的，不是「宗教的」，也不是「神學的」。步步是哲學，是理性，是靈智：是「天神」似的明達。人的心智，和天神的靈智，類性相同，同於「離物懂理」。欲深明人的心智本體，不可不觀察類性本體全善的所在：一在知天主，一在知天神。遍知萬物，而不知人道，不足為智。欲知人道，必須體察人類理智思想，高瞻遠矚，推演所及的深奧。上知天主天神，適足以下察人性靈智的本體。上觀下察，下學上達，往返印證，便知「神人無間」，不但在生存上，有因果關係的交通，而且在思想和知識上，也是欲知人知物，不可不知「天」。「天」就包括天主天神之類。「天神博士」，就是「人道博士」；故此，也是「大眾博士」。大眾博士，用大眾通用的術語，討論大眾人人應知的人道公理和邏輯。本問題正足以代表聖多瑪斯這幾個特點。歷史的趣味深長。

六、評價——「五路」證天主存在，則確知天主必定存在：因為是從天主在形界所產生的效果，證明天主存在。由「有形的效果，證明無形的原因」，「有果必有因」，準確至極。「三途」證天神存在，則確知天神「理應存在」，但不是確知天神「現實必定存在」：因為「三途」的證明，不是從「天神在形體界所產生的效果」出發。所以它們的準確程度，比不上「五路」由果知因那樣有把握。聖多瑪斯自己也指出了這一點，並引人從人類歷史的記載，證明有些天神和人類發生過關係。本問題中，也提到了神體藉形體顯現人間。

明儒何塘辯王浚川，《陰陽管見辯》，有以下一段話，和聖多瑪斯的思路、態度甚相近：「人血肉之軀耳，其有知覺作為，誰主之哉？蓋人心之神也。人心之神，何從來哉？得於造化之神也。故人有知覺作為，鬼神亦有知覺作為。謂鬼神無知覺作為，異於人者，梏於耳目聞見之驗，而不通之以理，儒之淺者也。程（頤）張（載）不免有此失。先聖論鬼神者多矣，乃一切不信，而信淺儒之說何也？豈梏於耳目聞見之跡，而不能通之以理者乎？」（通以邏輯推演之理，不梏於耳目聞見之驗。）「人之神，與造化之神一也（靈智公性，有類似之處，類性相近），故能相動……行禱，則求於造化之神也。設位請客，客有至不至，設主求神，神有應不應，然客有形，人見之，神無形，人不能見也。以目不能見遂謂之無，淺矣」！又說：「宇宙之間，何氣不化，何化非神，安得謂無靈，又安可謂無知。但亦窅窅恍惚，非必在在可求，人人得而攝之……大抵造化鬼神之跡，皆性之不得已而然也……其本驗自如是耳！於此而不知皆淺儒誣妄，惑於世俗之見，而不能達乎其理者矣！……神在人心，性是也，無形也。形在人，血肉是也，無知也。方其生也，形神混合，未易辯也。及其死也，神則去矣。去者固無形也，形雖尚在，固心無知而不神矣，此理之易見者也」。總之：「神與形合則物生，神去形離則物死」。黃佐，《論學書》曰：「惟皇上帝，降衷於下民，若有恆性……有主宰於其間，使靈而為人者，其性異於蠢物，與牛之性大不同，即孟子所言（幾希）也。說者謂心中之氣，「寓理而靈」，故曰「心神」。太虛中，亦有氣，「靈如人心者」，則曰「天神」……人能學問涵養，充實其得而有光輝，即天也矣！上下通徹，無有間隔……大抵人者，鬼神之會也，人道盛，則鬼道衰，亦理也，辯論之詳，可以正人心，息邪說矣」！

考據史事，遍察物類，通達以理，不梏於耳目聞見。辯論之詳，正人心，息邪說，知人心之神，知造化之神，知天神，上下通徹，無有間隔；天下大同的哲人理想，唯「天神博士，大眾博士」，足以表率中外。邏輯精確，蓋世無雙。苟欲「詳辯通理」，不得不讀聖多瑪斯。本問題之選譯，正是聖多瑪斯最精萃的一篇。其歷史價值可供深思，非可盡於筆端。

第五問　物類系統與靈智實體正文

問題是：宇宙間有沒有不結合形體的靈智實體？

甲欄、否定的意見如下：

甲一、奧理真（埃及，亞歷山大人，約於紀元二三〇年著其《神哲大全》，四卷）在《因素論》，卷二，章四（《希臘教父文庫》三一，欄一七〇），曾說：「不連帶形質，全與形界絕緣，獨立生存，自成一實體。」這些話的真理不是不能成立。它們形容某種實體的特性，但只有天主如此，天主以外，不堪思議。天主就是天主父、天主子、天主聖神，三位一體。天主（造生宇宙，超越宇宙以外，不屬於宇宙以內）。可見，宇宙以內，不能有不結合形體的神靈實體。

甲二、巴斯加宗教，曾說：「靈智類的事物，沒有形體，不能自存自在。」可見，宇宙沒有不結合形體的靈智實體。

甲三、博而納，《雅歌解》（《講詞》，五，《拉丁教父文庫》，一八三，八〇〇）說：顯然「凡是受造的神靈都需要形體界的需品」。自然律，不欠所需，天主更是如此。所以宇宙間找不到沒有形體的神靈。

甲四、受造的神靈實體，如果全不結合形體，必定超越時間，因為時間屬於形體以內，不超越於形體界以外。但是。宇宙間的靈智實體，不全超越時間。因為，祂們既是受造於造物者，從純無蹠入實有，則是轉變化生，始有生存。祂們，為此，必須也會因轉變而失掉生存；從實有蹠歸純無。如此，既能時有時無，便不是完全超越時間。從此可見，宇宙間，任何實體都不能脫離形體自立生存。

甲五、天神有時採用某些形體。形體既被採用，便受運動轉移。地方的運動，需要有生活並有知覺作先備的條件。明證於《靈魂論》卷二（章二章三）。被天神採用了的形體，看著似是真有生活和知覺，如此說來，天神雖然絕對被人認為是和形體絕緣的神體，竟和所採用的形體發生了本性本體的結合（和靈魂結合肉身一樣）。足證，宇宙間沒有不結合形體的神靈實體。

甲六、天神的性體優越，超過靈魂。甲乙兩物相較，一個不但有生命而且授與生命，例如甲；一個卻只有生命而不授與生命，例如乙；則甲優於乙。靈魂不但有生命，而且授與生命作形體的性理，將生命授與形體。靈魂如此，何況天神？可見天神更能如此：即是結合形體，使形體領受生命。結論同上。

甲七、顯然天神認識單立的事物。否則，無益委派天神護守世人。普遍的原理（物性事理），不足以使任誰認識單立的事。原理的知識，普遍常真，不分往古今來。未來事件，只有天主能知。天神認識個例事件，用單立事件特有的情由。類此個例情由的知識，需要形體的知識器官，和形界個體事物交接，攝取個例的事形物象。足證天神自身有形體的器官。可見宇宙間的神體，無一是與形體完全沒有連結的。

甲八、物質是個體化的因素。天神都是個體，否則不能每一位有自己固有的動作。凡是動作都屬於各自獨立的作者。固然，天神不以物質為生存之來源，仍需有物質作生存的所在：天神結合物質，生存在物質中（因此，成為個體）。

甲九、宇宙間的神體都是有限的實體，必須屬於某類某種。種有的性體是大公的，不能是個體化的因素。公性以外，需要另有所加；不能加物質，故需加形體。天神是沒有物質的實體，不容有物質的攙雜。只剩形體可以結合，以構成個體，結論同上。

甲十、宇宙間的魂智實體，不純是物質，果然純是物質，則只有生存的潛能和虧虛，沒有生存的現實和盈極，則無以發出任何行動。同時，又不是物質與性理之合，詳證見前；所以只剩純是性理，性理的本質和任務是結合物質，充實物質，作物質的盈極（因素）。從此可見宇宙間的魂智實體（受造生於造物者），都結合形體的物質。

甲十一、「物同則性同」，由一可以知百，可以斷言。宇宙間，有些靈智實體是和形體結合著的（例如人的魂魂）。足見凡是靈智實體，都是如此。

乙欄、肯定的意見如下：

乙一、狄耀尼，《天主諸名論》，章四（課一）曾說：天神沒有形體，沒有物質。

乙二、根據大哲《物理學》，卷八（章五，頁二五六右二〇），指明的原理：宇宙間如有甲乙兩物合於一物，能有甲無乙，則能有乙無甲。因為，現有某物被動而動。故此，如有某物被動而不動，則另有某物動而不被動。這是物理的事實，依此觀察宇宙，可知，現有某物是神形兩者之合。既有某物有形而非神，足見能有某物是神而無形。

乙三、胡聖威，《三位一體論》，卷三（章八，《拉丁教父文庫》一九六，九二一）曾有以下這番議論：在天主，多位共有一個性體。在人身，一位有兩個性體：一是靈魂，一是肉身。因此，必有第三個中間性的可能：即是在某物類，一位只有一個性體。這一物類，除非天神莫屬：故有靈智之性體不結合形體而自立生存。

乙四、天神採用形體時則生存形體中。假設天神本身已經結合了形體，則結果必是兩個形體同在一處。這是不可能的。足證，宇宙間有某些靈智實體在本性本體上不結合形體。

丙欄、答案與定論

丙一、我們人的知識始自知覺。知覺之所知，都是形體。最初人類研討真理，只能領略形界物類的性體。為此，最初的物理哲學家曾認為宇宙只有形體。甚至說（人的）靈魂也是形體。摩尼教人，本此見解，曾認為連造世的天主也是有形的一種光明，充滿無限的空間。還有「神人同形」的學說，幻想天主有人的形貌。這些人，都沒有料想到形體以外還能有任何實體。

丙二、後代哲人，理智開明，超越形界，發現到了無形實體的知識。其中，第一人是亞納撒（詳名亞納撒哥拉斯，紀元前五〇〇至四二八年間的一位希臘哲學家）。他主張，最初之時，有形的萬物混合在一齊，因此，迫不得已，主張形界以上，有無形的實體，純粹精一，沒有混合；開天闢地，便是由此實體分判有形萬物，運動天上地下。他給這個實體定了個名字，叫祂作：「分運萬物的靈智」。我們現代人叫祂作天主（猶言「皇天上帝」）。

丙三、柏拉圖也主張有無形的實體。他所用的思路不同。他認為有形物體的生存都是秉受得來（有稟受者，又有稟受之所得，兩者不同）。未有稟受者，先需有某物是稟受之所應得，脫離形物獨存。因為，凡是形界的物體，都稟受其賓辭所指的性體：即是類名所指的類性，種名所指的種性，以及其他許多普遍名辭所指的性理。於是他主張凡是這些名理所指的性體，都是脫離形物自立存在的實體。他給這些實體定名叫作「絕離實體」，和形體絕異而分離的實體。

丙四、亞里（即亞里斯多德）也曾主張有所謂「絕離實體」。但他的出發點是「天體運行，恒健不息」。因為，他想，天體運行必有目標。目標不變，恒常如一，則動態一致。否則，目標轉移或變動；或自身轉移；或隨外物之連帶而受轉移，則天體之動態，也必隨著改變。為此，自然界，物體移動，各依本性，重者下墜，輕者上升，凡近至目標，則速度增加；不是始終一致。天上星體運行，動態一致，恒常不變。吾人舉目可見，因此，亞里認為動態不變的運行，必是永不止息的運行。必有永不變動的目標。這個目標不但自身不變動，而且也不因連帶他物而間接受到變動。這樣永止不變的目標，不能是形體。因為凡是形體，或形體內的事物，都是變動無常的，或自身變動，或受連帶而變動。如此說來，不得不主張，有某實體是天體運行的目標，全和形體分離（目標，就是目的，有時也叫作終向或歸宿。天體，本所向，求所止，永不得，圍繞盤旋，永不停息。見《形上學》，卷十二，章八，一〇七三左右）。

丙五、比較上述三家意見，可以看到它們的分別如下：亞納沙，根據他的前提，只需要主張有一個無形的實體。柏拉圖卻需要說有許多無形的實體，根據物類的品級，排列成有秩序的系統。物分許多類，類分許多種，不但數目眾多，而且等級不齊；類名、種名，以及其他公名所指的抽象名理，都是無形的實體、都按物類名理的（邏輯）系統，排列起來，第一個抽象實體是純善至一的本體。其後，逐級下降，有各級靈智，及靈智可以曉悟的實理，每個都是實體，抽象而無形。亞里也主張有許多絕離實體。因為天上星體的數目眾多，許多動態一致，恒行不息，各有固定的目標，每個目標是一個無形的實體。天體運行，性體各異，品級不同，彼此排列，遵守一定的秩序，數目眾多，則無形的實體也隨著數目相當。同時，這些無形實體，數目不可過多，即是不可超過天體運行所有的需要。亞里哲學固有的定律和特性，是由顯著以知隱微，任何結論不可失離顯著的根據。所謂「顯著」，就是人用覺性知識可以身經目睹的事實：形體界的事實。

丙六、上述的各家思路，對於我們現在的人都不大適合。因為我們既不和亞納沙一同主張「形體混合」，又不和柏拉圖一同主張「抽象的名理都是實體」，也不和亞里一同主張「運行永無止息」。為此，我們需要另採取一些新途徑，為明證我們的提案。我們的新途徑有三條，分述如下：

第一個途徑的出發點是「宇宙的完美」。宇宙完善，無美不備，各種物類，性體不同，能有者，無不盡有，一無或缺。為此，宇宙萬物，分開說，件件美好；總體合說：美好至極（參看《創世紀》，章一）。顯然的，假設實有甲乙兩物，名理自立，各有所指，不相依賴，則甲乙可以分見於實有之界，例如「動物」類名的名理，自己可以成立，不依賴種別名「理性」之所指，因此，實有界能見到無理性的動物。實體的名理指不自立生存的實體，和「形體」二字所指的名理，完全不相繫屬，因為形體的名理，在某種限度下，顧及某些附性，例如長寬等度量。這些附性的效能不是自立生存。「形體」名理兼顧與實體的名理不能相容的涵義。明證，「實體」和「形體」的名理各自分立，則實體也能分別生存於實有之界。為此理由，足見天主以下，實體類中，需有一些實體和形體不發生聯繫：並且是完全不發生聯繫。方才說「天主以下，實體類中」，因為天主超越宇宙物類，不受任何類界的範圍或局限（天主是超類實體，超越實體的實體）。

第二個途徑，可以從「物類秩序」出發。物類品級，羅列如梯，逐級升降，總不躐等，從巔至底，必經中級，例如，天體最高（天者巔也），其下，緊接是火，火下接氣，氣下接水，水潤土地。凡是這些形體，尊卑有等，輕重不同，清濁互異，各依等級，相繼相隨，緊相承接。物類級序的最高峰上，有完全單純精一的實體，即是天主。天主以下，不能緊接形體，因為形體至為複雜，分子繁多，可分可析，至不純一，故此，至純與不純之間，需有許多中間各級：其中有許多級是無形的實體。這些無形的實體當中又分兩級，一級全不和形體結合，即是天神，另一級卻結合形體（例如人靈）。

第三個途徑從靈智的特性出發，就可達到顯明結論。靈智的動作，不能成於形體，證於《靈魂論》，卷三（章四，四二九左右）。為此，有靈智動作的實體，必有自立的生存，不依賴形體；超越形體。凡是物體，其動作如何，其本體生存也必是如何。體用相符，物之定理。那麼，假設有某靈智實體，結合了形體（例如人靈），原因不在乎它是靈智，卻是另有所在。從前已經討論過了，人的靈智，需從形界的事形物象中，曉辨其所宜神悟的性理。這是它的本性：它為完成靈智的動作，需要形體許多器官的動作來作補充。為滿足這個需要，它不得不結合形體。它所以要連帶形體的原因，不是靈智動作本身，而是靈智慧力的不完善。它的能力只是虧虛的潛能，需要從潛能轉入現實。為此，它先接觸「可懂未懂」的（物象），然後進一步，「實懂現懂」的物性事理，因而獲得知識；可以比作一隻夜梟，目光薄弱，非在黑暗中不能見物。這樣的薄弱是靈智偶有的附性，不是它必有的本體。今請注意，本體不必有的附性，不必常見於全類每種實體。加之，每一物類，分許多種，互有優劣之分，依自然的秩序，先優後劣，猶如盈極優於虧虛，現實優於潛能，都是優者先有。劣者後有（又如，先有完人，而後有病人）。如此說來，只有以下這個結論合理：有些無形實體不結合形體，因為它們為完成靈智的動作，不需用任何形體和器官（靈智動作，自在懂理，理無形，始可懂，何能用形體）。

丁欄、解難

丁一、在本問題上，奧理真那部書，不足為憑，因為那部書，隨從古代群哲的意見，說了許多錯話。

丁二、巴斯加教宗所說的「靈智事物」，專指與神靈的（宗教）生活有關的「聖事神恩」。有些「聖事」連帶物質的利益或事物，不能分離。物質的東西可以買賣，那些聖事也隨著被人收買或出賣（例如祝聖了的祭器等等）。祭器的祝聖及其神恩不能脫離祭器。

丁三、不錯，凡是受造的神體都需要物質的用品；或為自身的需要，例如人靈自身需要形界的用品；或為吾人的需要或關係，例如天神，藉形體顯現給吾人；採取形體作自己的化身（不是附體）。

丁四、宇宙間的神靈實體，即是受造的神體，在生存上有始無終，祂們的行動，有始有終。為此，聖奧斯定《創世紀字註》，卷四（卷八，章二十，二十二，二十三）曾說：天主運動所造的神靈；有時序的始終。至於說天神可能蹠歸純無，完全消滅；這個可能性，不在祂們的本體，而只是在造於物者的全能。天神，未有生存以前只有受造於全能的造物者，始能開始生存。造物者即是天主，有造生和保全的能力，也能撤手停止保全，只是因為失去了天主的保全，天神才能喪失生存。假設天主不停止保全，天神的本體，不包含蹠歸純無的可能性。為此，在生存上，祂們沒有時間的始終和長短的限止。和形界的物體不同。形界的物體，不但在行動上，而且在生存上，都是有始有終的：有時間長短的限止，可以計算（有始有終的期限，叫作時間。時間是形體生死變化過程，先後長短的段落，及這許多段落合成的長期。無始無終的長期，超越時間，叫作永遠。有始無終的長期，先無後有，既有永有，就是「長生久視」的「長久」；希臘和拉丁文，叫它作「迤延」，猶言「迤迤延遠」，既有以後，永無止境，長壽無疆的意思；和「永遠」不同：例如「真理常真」，不分古往今來，永遠如一，恒常不變，無始終之可思議）。

丁五、地方的移動分許多種，一種是有生活和形質的合成體，由內在的動力（本性本體的動力），自決、擇定處所，由一處遷移到另一處。只有這一種移動，需要其主體，有生活和知覺作先備的條件。天神採用的形體，受天神的搬運，顯然不是這一種。所以沒有理由引出對方的結論。

丁六、誠然，發出作物成性的效用，自己有生活，同時授與生活，比只有生活而不授與生活，更為崇高可貴。但是，只發出性理的效用，結合物質，授生存於物質，不如自己無形體獨立生活，更為優越。這樣前後兩種實體，互相比較，前者低劣卑弱；後者有自立的尊嚴。人的靈魂，雖然是靈智性的實體，但能將自己的生存交予形體，為和形體共有一個生存，可見祂的生存更接近形質的本性；比較天神，品級更是低下。

丁七、天神認識特殊的個體事物，是用普遍的性理。天主認識普遍的性理和個體事物，是用理想的真理。理想的真理，至善至真，是一切事物，在性理上，共遵共有的標準，這樣的真理存在於天主的神智中。天神靈智中的「普遍性理」，是這些「理想真理」的肖像或彷製品：逼肖擬似；效用相近。因此，凡是形體界的個體事物，不分古往今來，只要稟受了天神靈智中普遍觀念所代表的性體和性理，它們就都受天神的認識。只有一個例外，就是有些未來的事物，未有稟受那些天神心目中所知的性理以前，便不是天神之所得而知。在這個例外上，天神和天主不同。天主的神智，「永遠現前」，監臨一切，一眼看盡了，整個宇宙，四方上下，古往今來的總體：顯徵巨細，無不一一明鑑。

丁八、「物質是實體成為個體的因素」，它的效用，是領受性理；將性理凝固或局限於個體中，只是因為它是收容性理的最後主體。所謂「最後主體」，就是自身不再能有另一主體。這是它的本性；天生如此。它的個體化作用，以這個本性作根據和限止。這就是說，本性需要物質作主體的性理，被收容於物質內，自然受物質的局限，以物質為個體化的因素；否則，它們自身無以成為個體，因為它們的本性本體無適無莫，既可收容在一個主體中，又可收容在許多主體中；模稜兩可，自身沒有決定或限止。但是，在它們以外，假設有某種性理，本性天生，不需要收容在任何主體中，並且不能收容在許多主體中；它們每一個自己單獨的（自成一種）自立生存（一個性理，組成一種，全種只有一個單立體）；它成為個體的原因，便不能是物質或主體，而是它們那天生的本性，自身如此。就是為此，亞里，《形上學》，卷七（章十四，一〇三九左三〇），反駁柏拉圖時，曾說：假設事物的性理，離物實存（在抽象的狀態下，脫物獨存），則每個性理必須是獨立的個體。

丁九、在物質與性理合成的實體內，種名所指的性體以外，加添上物質的指定，和個體所有的許多附性，始成為個體。所謂「個體」或「單立體」的意義就是如此。在離物實存的性理中，「個體」的意義不同：它在種名所指的性體以外，不加指任何實有的因素，因為它們每一個的性體自身，便是它們每一個的單立體。明證於亞里大哲《形上學》卷七。「個體」二字給它們多指的一些意義，只是一個消極的概念：就是說：它們不能存在於許多主體中。神界個體和形界各體，指義不同，就是為了這一點。

丁十、和形體絕異而分離的實體，純是性理。它們有自立的生存。它們不是充實任何物質的盈極因素。有些性理沒有物質，有實體的生存（這個理不難明瞭）。因為，性理是物質生存的原因，物質不是性理生存的原因。為此物質無性理不能有生存。性理無物質，不是都沒有生存。有些性理沒有物質，自立生存。

丁十一、人的靈魂，是靈智實體界最低下的一種，比較（天神）更接近形體的本性；為此，能作形體的性理，高級神體卻不得如此。

第六、七問 星體氣體與天地英華

研讀前的準備八點

一、哲學與科學——哲學能知永遠的真理，科學無不變的學說。科學黑暗時代，曾有哲理的光明。科學用變換無常的工具，研究變換無常的事物，制定變換無常的學說。哲學能在變化無常的事物和學說中，察覺永久不變的邏輯規律和形上的真理。聖多瑪斯，討論星體和氣體兩問體，正足以證實這一點。這兩個問題的歷史意義和學術價值，主要就是在此：助人考究哲學和科學的性質與關係；分別形上、形下，提高理智的自覺。

學術的分別，主要在於工具、途徑、方法、出發點、觀點、目的六項。在這六項上，比較各類學術，便可看到它們的同異、價值，和效力。

二、哲學——哲學用的工具，是人天生的理智。理智天生的趨向和途徑，是追本溯源，下學上達；從形下的事物，上達形上的義理。形上哲學，是哲學的中樞，統攝哲學所有一切部門。形上的哲學方法，是理智的觀察，反省、分析、比較、歸納、演繹等等的邏輯。這樣的方法，也是理智天生的自然。形上哲學的出發點和觀點，是「形上義理最原始的基本觀念」，是「心與物接」之時，人人共知的，也是理智天生就能理會得來的。最原始的形上觀念，是「物」字，大公名所指的名理：「物是有生存的主體」。物之「有無」、「盈虛」、「同異」、「真偽」、「善惡」、「優劣」、「強弱」、「動靜」、「體用」、「因果」、「物質」、「物理」、「物性」、「始終」、「目的」、「有限」、「無限」等等概念，都是超類的形上概念，和「物」大公名的原始概念，緊相銜接。都可說是理智天生就會形成的原始概念：成於「心物初接」之時，良知天生，不學而知。這些原始概念之間，有一定的秩序和規律，這些規律是最高的原始規律，例如，「自同律」、「矛盾律」、「排中律」、「因果律」、「目的律」、「理由律」等等。它們是永遠常真的最高原理，用這些原始觀念和最高原理作出發點和觀點，去研究事事物物的意義；考察事物生存行動所必有的原因和規則；所得的必然結論，都是永遠常真的定理：屬於哲學的範圍。哲學的目的是追求這樣的真理；提高人的理智，對於事物最基本意義的瞭解。在討論星體運行的原因和目的時，古代哲學家和天文學家犯了許多錯誤，提出了許多不適當的學說。聖多瑪斯卻沒有陷入同樣的錯誤：因為他對於理智的原始概念，和最高原理有豐富的知識，並有精深的瞭解。雖然他還沒有認清現代科學方法的本質，但他理智的自覺、程度極深，形上形下的分別，極其嚴明。他在本問題上，沒有越出形上理智的範圍，沒有侵入現代科學的範圍。他所得的結論，是永遠常真的哲學真理。這樣的真理，不解決科學問體，但能避免科學的錯誤，並開導科學進步的方向，對於科學發生理智批評和領導作用。無科學的理智，仍是理智，足以啟發科學的新生和進步。無理智的科學，不足以是科學。科學的錯誤學說，都是違反理智，對於人理智的本性來說：人可萬代無科學，不可一日無理智。理智不死，哲學常存。哲學衰退，理智喪亡。人無理智，無異於禽獸。科學倡明，助人為虐，甚於為虎添翼！理智開明，人類聖哲。科學落後，人生貧苦。貧苦的聖哲，優於科學淫虐的禽獸！哲學精進，科學倡明，兩者兼備人生幸福，始能神形兩全。

聖多瑪斯的良友聖文都（詳名，聖保納文都辣），曾說：「猶太有聖經，希臘有哲學，都是天主所賜」！聖多瑪斯的老師大雅博曾說：「欲學哲學，必學柏拉圖和亞里！」現今憑史論之，聖多瑪斯以前欲學哲學，固然必自柏亞二位始。但在聖多瑪斯以後說話，欲學哲學，必自聖多瑪斯始！前後歷代，哲學鴻儒，各有心得，但系統廣大穩健，足以作哲學始基者，無有如聖多瑪斯者。挽救人類危機，要在「理智至上」，必須哲學倡明。哲學有能力知理智的真理：超越形下的科學，不受科學錯誤的影響，反之，能指出科學的錯誤。為證實哲學和科學的關係，本問題，是歷史上罕見的一個明例。

三、科學——本處討論的星體運行問題，是一科學問題：屬於天文學。問題的中心是：星體運行的原因何在？同時，需知，凡是科學問題，都有哲學的意義。就哲學方面，去觀察，凡是科學問題，都值得哲學的考慮：都是哲學問題。哲學的答案，固然不足以解決科學問題，但能在哲學範圍內，滿足理智的要求，避免陷於錯誤，並看到科學應追尋的去路。哲學用理智、批評、指導。科學用技術研究發明，服務理智人生的需要。科學的地位和價值只是如此：基於它固有的本質。科學的本質，是什麼？依現代人的公論，答覆如下：

簡略言之，用傳統術語來說：科學是「形器的知識」。「聖學（即是哲學）是義理的知識」。詳細言之，科學是人的靈智，用形下的知識能力和工具，在形下的範圍內，根據理智的邏輯，研究事事物物，生存行動的原因和規律。例如天文學用肉體的眼睛和望遠鏡，及種種測天的儀器，研究天上的星體、生存行動的原因和規律。同時，遵循邏輯理智的領導，推論證明，又用數學的方法，測量計算。邏輯和數學都是理智的，廣義說，都是形上的。但眼睛、儀器，和所研究的對象，都是形下的。天文學的目的，也是形下的。現今的人造衛星、太空火箭、電波透視等等窺測天界的工具，無論怎樣高妙；今後，天文的研究方法和工具，不管怎樣開明精進，總是超不過形下的範圍：同時，永不會脫離理智的，邏輯和數學的領導。從科學的認識論方面去推想，儀器的觀察力，本質是形下的，是有限的，它的漸進改良，是無止境的。人的研究觀點或立腳點，隨著知識的增進，逐步轉移，也是變換不停。天文，或一般科學，隨觀點不同，便發現不同的學說和系統。新學說興起，推翻舊學說。用新儀器和工具站在新觀點，觀察新領域；當然就不能再存舊學說。反過來，用舊儀器和工具站在舊觀點，觀察舊時代的知識範圍，仍認為舊時學說是舊日前提所必有的結論。科學的本質如此，不容許它有一成不變的定論。科學的學說是相對的。哲學的真理是絕對的。科學和哲學的分別，在這一點上極其明顯。科學變動不居，它的進步是新舊代興，是「革命的」。哲學真理常新，它的進步是繼長增高、繼往開來的、是「理智生命的發育」、是「發育的」。為此理由，研究科學，不須研究科學史。古代的舊科學，不是新科學缺之不得的資料。推翻了的錯誤學說，不是新科學所必知的知識。研究哲學不然。哲學家必須學貫古今中外，承前啟後、繼往開來：心同，理同；不分時間空間。觀摩參考，積累匯合，以求理智日漸開明：上自原始神話，中歷中古哲學神學，下至近今學術百科，哲學家都能隨事體察，即物窮理，領略理智的成分。哲學以內，不必有神話、神學，和科學。但神話、神學，和科學是理智的學術或產品，都包含許多理智的成分。聖多瑪斯說：甚至錯誤的謬論中，也常包含一些哲理。科學變動不居，不是常真的哲理。但研究科學的本質，說明其價值和效能並明瞭其變動不居的所以然，卻是哲學的任務，叫做自然科學的哲學或認識論。在聖多瑪斯的問題辯論集中，本處星體氣體兩問題，是學術史中極有意義的標本問題：明示吾人，舊天文學的辯論，切磋琢磨，啟發了常真的哲理：並且哲學的原理，足以證明星體氣體必不如何，成理應如何。

四、星體運行——在亞里和聖多瑪斯書中，星體和天體不常相同。天上形體能指天體或星體。天體，是諸層高天的廣大形體。古代，有人說天有三層，有人說天有十層。亞里根據當代天文學推算，曾說天有五十五層，或多至七十多層。每一層天是一個球體。球體的周圍嵌鑲著星體。天的球體旋轉不停，產生星體運行、升降等等現象。為什麼星體旋轉?有人說天主派天神轉運日月星辰。有人說天主造物自然如此，如火就上，水就下，星體便按軌道，依時序運行旋轉，亙古如斯。亞里斯多德說：天球運行，星體隨著運行。天球為什麼運行?他說：每一個天球，有一個「不動的推動者」或「引動者」，轉運天的球體。運行是方位的移動。物性好靜，動必有因。天球旋轉，常動不靜，必有原因，最高原因，自己不再被動。天球運行的原因：彷彿是「目的」，吸引天球追慕。天球，以常動不息的旋轉，模擬最高原因：效法「常動常靜」的美善。五十五，或七十層天，每一層有一個「常動常靜」的最高原因。最高一層天的最高原因。是絕對最高的第一原因，每層天的最高原因，是靈智自覺的實體：不含物質，不含潛能，生活美滿，常靈常覺，是常靜常動的「盈極」。純粹盈極，不含虧虛：是純粹的神體。這樣的神體，每一層天有一個，亞里估計、共有五十五個，或七十多個，彼此有高下大小的分別。最高的一個，是無上的第一原因。聖多瑪斯認為，天體數目可疑。天神數目過少。天體的物質和旋轉，可能是永遠的，但不必定是永遠的。天主能造世滅世；世界能有時間的始終。但不論天有多少層，星有多少個。它們的恒久運行，需要「天神轉運」，只靠天體內在的力量是不夠的。

聖多瑪斯時代，學界爭辯的問題，是神體和天體的關係。天神的神體，轉運天體，是天體運行的原因。必須接觸天體，和天體結合。結合的方式有兩種：一是外在的原因，動轉天球，或推動，或引動，或催動（激動），以動力結合天球。一是內在原因，結合天球，給天球灌注生活和知覺，作天球的靈魂。如此，歸結到最後，問題的核心是：神體能不能作天體的靈魂？天體是不是有靈魂的活體。此類問題，古今人類不停的追問：天上、太空之內，星體有沒有生命，有沒有靈智？或聰明？像人一樣？或比人更聰明？星體如無聰明，星體上，有沒有聰明的生物居住？現代這些問題，和舊時代的問題大同小異。從此看來，切莫以今人笑古人，古今人類同此心！

五、天地英華——根據因果律，和目的律以觀察物類品級，可以看到，物類各級，各有恆性，各有定位，定職。各級原因，排成系統，班級固定，連環銜接，不相乖亂，不相代替。下不躐等淩上。上不越級侵下。上級必因中級、調動下級，完成高級所計畫的效果和目的。最後的成績，是各級原因合力達成的效果。各依定性，定位，各有各的職務和供獻。同時，高級原因的效力，深入最低效果，程度甚於中間各級原因。高級的目的，是將自己的德能效力，充分實現在各級效果中：令各級效果，各盡其能，用模仿擬似的方法，接近高級原因、生存的盈極和美滿。質實看去：天體運行，產生晝夜寒暑，四時循環。產生形體物類的生死變化。生死變化，循環代興，促成物類的新陳代謝，數量繁殖增多，品質提高，因此，進一步，產生物類中的優秀和精萃。物類中最優秀的是人類。人類中最優秀的是聖賢。聖賢是天地的英華。一言以蔽之，天體運行，產生天地的英華。人類優秀，因為人有理性的靈智。聖賢優秀，出類拔萃，因為聖賢的靈智，和第一原因、天主的靈智，神契妙合：動靜合一，合於天主的神性：都是天主，最高原因，以智以仁所造成的奇功妙化：表現天主仁智的盛德：明證天主對人類的鍾愛：天主鍾愛人類，召選優秀，簡拔聖賢；凡是聖賢，都是天主優選的義人，天體運行的目的，是繁殖聖人，達到天主造世，救世所預定的數額。

人生人，馬生馬。種類界限嚴明，倫類不相乖亂。但聖多瑪斯屢次說：「**人和太陽生人**」，現代科學倡明，遠勝中世，化驗日光，不但不否認，並且更精確的證驗了這個事實。

六、「無種自生」的生物——星體論、問題正文、乙丁兩欄、十一、十二兩號，談及「無種自生」的生物。其過程如下：造物者，最高的第一原因，經過各級天神，推動各級天體，特別用太陽光和熱，興雲施雨，蒸熱地上，火、氣、水、土等原素；配合寒熱燥濕，程度適當，發酵腐化，產生「無種自生」的低級生物。生物的性理，即是生魂覺魂，是造物者，經天神和天體的工作，特別用太陽的化工，從腐化的原素潛能中，引入現實。物實的潛能，彷彿是虧虛無限的「谷壑」。造物者，用太陽的化工，從物質的虛壑中，抽出各級有形物類的性理。先從第一物質，配合原素，再從原素的化合，產生礦屬。然後精練礦質，配合適度，由礦質的潛能，產生植物的生魂，再從進步的植物潛能中，產生動物的覺魂。生魂覺魂是造化力量，從物質潛能和虧虛中，引出的「現實」和「盈極」。某些低級生物，不是生自父母，不是生自種籽，而是直接生自物質原素，這樣的「無種自生」，只需要，下有物質原素，上有太陽的動力，加上天體的運行，和造物者的造化。造物者、造生物質原素，賦予性理的潛能，用各級天神和天體作工具，配合物質原素，將物類性理，由潛能引入現實：因性理而授生存。生物的無種自生，便是這樣從天主領受生存。無種自生的生物，是品級最低的生物，例如，黴菌、蛆蟲，還有一些生物，生自母體，母體折裂，每一片段，長成一個新生物，仍是沒有種籽。高級生物，不但生自母體，而且有父體的種籽。中世及古代希臘認為，母體的雌卵，是潛能適當的物質，父體的雄精，種籽，彷彿是太陽，施展動力，從母卵中引出生魂，產生子體。人在母胎中，先是植物，只有生魂。發育適度後，生魂退走，覺魂出生，形成動物；再發育到相當程度，才變成人；就是領受靈魂。生魂生自母卵的潛能。覺魂生自植性幼胎的潛能。動物性的幼胎，潛能程度合格以後，從天主造物者手中，直接領受靈魂，及靈性的生存。靈魂的靈性是神智的，超越物質潛能。故不能來自物質潛能（參考《性體因素論》）。

比較上述各類生物產生的形式：「無種自生」的形式最卑陋。植物的形式較比尊高，動物更尊高，人的產生形式，在有形世界中是最尊高的：但各級生物的生育，都需要太陽的動力，兼有各級天體和天神的工作：各級動力都是來自造物者，作造物者的工具，服務造物者的奇工妙化：這是聖多瑪斯「物化論」的大概。

諸如上述，聖多瑪斯的「物化論」解釋生物的產生，比達爾文的「進化論」更符合宇宙實況。「物化論」，從物質潛能，用天然工具。循序漸進。逐步化生各級生物：物化漸進的邏輯和次第，和進化論相同。但本質上，物化和進化不全相同。唯物的進化論違反因果律，否認超物的各級原因，卻說人類是獸類直系傳生的子孫：怪胎亂類，不近情理與生理。

物化論的形上原理：一、有形世界內，物類化生，生自物質潛能：各級性理，從物質潛能中，循序漸生。如同數目，由一以上，逐一遞進。二、物質虧虛，容受性理。性理盈極，充實物質。每級性理充實物質，提高其潛能，準備它領受更高一級的性理和生存。得一進二，上進不停。三、物質潛能提高。化生萬物，不是自己提高，而是受外在因素的動力，促其提高。物不自舉，動必有因。最高原因是天主，中間各級原因，是天主造成的各級物體：天神，天體，日月星辰，人物等等。四、天主是第一原因，其餘是第二原因，第二原因是第一原因的工具。工具的任務，是調理物質，引出性理。第一原因的任務，是賦予性理，授與生存：「生存」是第一效果。物質因性理領受生存：領自生存之原：天主。五、自然界的第二原因所能作的工作，人的科學技術都能觀摩效法。人工的技術，能調理物質，產生植物，和動物：將植物和動物的性理，從物質潛能中，引導出來。人工的效力，是天主的工具，最後來自天主。

根據以上五個原理，生物實驗室裡，將來要有人造的植物、動物，不是不可能的。依同理，宇宙許多部分也可能有植物和動物，只需有適當的物質條件。人造的動物，潛能提高到相當程度，便有資格領受神智性的靈魂，但需有天主的同意。天主造物的意志，是永遠的：超時超空。是不是天主在造物之初，就已同意，給人造的高等動物賦予靈智，賦予什麼樣的靈智？這樣的問題只有生物學家到實驗室去，實驗以後才能有答案。人的靈智高於有形世界的一切物類，靈智的技術，「巧奪天工」，也高於天然界的一切形體。天然的形體，可以調製原素、化育生命。人工技術將更能「參天化育」，不難推想。

聖多瑪斯及古代人，所見到的「無種自生」的生物，依現代科學，不都是「無種自生」的；但現代科學承認「生物的原始初生」在某些原生質上，必是無種自生的。這一點，適足以證明科學的錯誤能啟發哲學的真理。哲學的真理，反回去，鼓勵科學的試驗，並指出可能的去路。人造生物、植物、動物，和靈明的動物。惟需記得：人是第二原因，天主是第一原因：人是天主的工具。人造生物和人造桌椅是一樣：是天主用人造桌椅，人用天主賦予的技能造桌椅：「繼善成性，開務成物。天功人其代之！」惟需明辨：天主造生是從無中造生。人工造生卻只是爕理陰陽，調製物質原素。

七、天體和星體都無靈魂——天體運行的目的，是產生天地英華、生聖、生賢。

這樣的目的是精神目的，超越物質和形體，是「抽象的」。天體和星體，光明尊高，勝於人物的形體，又能產生物類精華，和人中的聖賢。為此理由，古代有些人以為天體和星體必有人所有的一切。人有靈魂，天體和日月彷彿是人的父母，都有靈魂。同時，又有許多人說：天體和星體沒有知覺，故無靈魂。兩方說有說無，各執一端，理由眾多，詳見本問題正文。聖多瑪斯的答案決定兩點：第一、兩方的意見，都有一些積極的理由，同時都不是有把握的定論。因為兩方的理由都不充足。第二、肯定方面的理由，僅能證明天體和星體的運行有神體或神力的主宰、推動，或引動，不足以證明神體是天體的靈魂。否定方面的理由只能證明天體和星體沒有靈魂，但不能證明它們運行的原因不是神體。假設神體只是主宰、推動，或引動，已足以解釋「天地英華」和「天體運行」的現象，那麼，就不需要給宇宙畫蛇添足，贅說天體必有靈魂。「強說莫須有的事必有」，言過其辭，是不邏輯的。

果如上述，聖多瑪斯討論本問題全篇各欄理由，正說反說，都是為證明：如同人類，每人有天神護守；同樣，天上形體個個有天神轉運。護守天神不是人的靈魂，轉運天神也不是天體的靈魂。哲學方面有一些理由證明天體，除內在運行力以外，還有天神轉運，因為物性求靜，動必有因。最高原因，崇高無限，神體至純，發出動力，轉運天體，必定經過許多中級神體。同時，為達到最高原因，轉運天體，造生天地英華，生聖生賢等等精神目的，天體只有物質的內在動劑，仍是不足，必須有神力主宰、維持。「天何不墜？地何不傾？」古今追問，並非杞人憂天！而是邏輯的需要。許多古人曾有此問，管仲名言答曰：「必有維繫之者」。既知物質內在的機械力和物理不足以充足解釋天體人物的現象，又知最高原因、必經過中級原因、調動低級原因，產生最高原因所規定的精神目的，那麼，「人物有守護天神，天體有轉運天神」，便不難被人的理智認定合理的結論。理智的邏輯推證，是理智所能明瞭，但非形下科學儀器所能察驗。哲學形上理智的推證，非形下科學所能解釋。理智形上的結論，不是形下科學的答案：為得到科學的答案。需要用形下的器具和方法。哲學形上的結論，無益於科學，但大有益於人理智的精神生活。信人有靈魂、有理智，又信人物有天神護守的人能富貴不驕，安樂不淫，貧賤不媚；憂患不怨，遇難不辭，臨危不懼；生樂死安，大小事情仰賴天神護佑，聽天命，盡人力，心安理得：「百世以俟聖人而不惑，質諸鬼神而不疑；放之四海而皆準。」加之，依理智的證明，既知天上形體沒有靈魂，人將不復陷溺於古代迷信：不再崇拜蒼天黃地；不再敬拜日月星辰。與其禱日月，勿寧求天神。惟有邏輯清醒的理智，可以打破不理智的迷信。科學用形下的儀器和方法，無力證驗某物有靈無靈：故無力打破迷信。人生今日，欲鍛鍊理智的銳敏，長養形上的覺悟，不精究聖多瑪斯的邏輯方法，無異於抱餅忘食！聖多瑪斯怎樣用形上的理由，證明天體和星體沒有靈魂？換句話說，怎樣證明天體和星體的「轉運天神」，不是天體和星體的靈魂？最大理由是「目的律」和「理由充足律」。天體運行的內在目的是循軌旋轉，不需有靈魂的知覺和理智。天神的神性精純，高於人靈。人靈為達成其神性目的：「知理」；需要肉身的器官和知覺。故此肉身從靈魂領受器官的知覺力，服務靈魂，給靈魂供應形體界的知識，引薦理智的知識。天神為達成其神性目的，維繫天界，轉運天體，並發出其他神性動作。不需要天體有器官的知覺。「天神不給天體裝備知覺的能力和器官」，這句話就是「天神不作天體的靈魂」的意思。自然界的物類公律是：「物體有贏餘，物力不虛設。」「天神轉運」，和天體「被轉運」，這兩個目的在動作上是一個目的：都不需要天體有靈魂，故此天體無靈魂。必說其有，則是無目的的虛設。以上簡指要點；正文內、討論詳細。惟需體味其邏輯思路及規律，免受文辭事物等形下成分的眩惑。本問題是篇史料。研讀史料的目的，首在體察往哲本義。觀察古書，猶如欣賞圖畫，旨趣所在，不在內容事物，惟在神采格律。神既悟其理，目可忘其形。僅可使「理因形見」，不可「拘形昧理」。豈可食不知味乎？

八、氣體無靈魂——氣體不是有靈魂的神物！古代有人、信魔鬼的神體是清氣。近代大科學家牛頓，和他同時的許多人，還相信氣體充塞宇宙是天主無限全能的屬性。為證明氣體無靈魂、打破崇拜「氣神」的迷信，聖多瑪斯就氣體的本質，舉出與「矛盾律」、「目的律」和「理由充足律」有關的許多理由，說明氣體不適於結合神體。氣體不能用神體作靈魂。

天體有無靈魂，和氣體有無靈魂，是兩個問題，都是形上哲學和形下科學兩相交界的問題。歷史意義，和學術分量，相同。研讀時應有的準備，和應抱的態度，相同。旨在觀察人的理智怎樣漸漸開明進步。鑑往知來，正可以書為鏡。謹將兩題正文，逐句直解如下：

正文 問題六：星體論

甲、問題：神靈實體，是否能結合天上的形體？

乙、肯定的意見

乙一、狄耀尼，《天主諸名論》，章七：天主的上智「結合了上級的底和下級的巔」。這句話的意思是說：下級物類的本性，在其美善的最高峰，接觸上級物類，本性美善的最低部分。有形物類的本性界，最高峰上，是天上的形體。神靈類的本性界，最低的一部分是靈魂。所以靈魂結合天體。

乙二、優越的形體，有優越的性理。天體是最優越最高貴的形體，故有最高貴的性理。性理高貴，莫過於靈魂。故天體的性理是靈魂，有許多下級形體都有靈魂。天上形體，更不消說，必有靈魂。

有人曾說：即便天體沒有靈魂，天體（所以然是形體必備）的性理，仍優於人身（所以然是形體，必備）的性理。人身的形體性理，是形體之所以然，不必是靈魂。故天體不必有靈魂。這樣說不大適合。理由如下：

乙三、人身內，除理智的靈性以外，有無另一實體性理，這是問題。假設沒有，只剩靈性是人身體的生存因素。它將實體生存，授與人的身體，它就是人身所以是形體的理由。它叫作靈魂。靈魂是最高貴的性理。足見人身形體的性理，比較天上形體的性理更為高貴。因為方才說了，天上形體的性理，不是有理智的靈魂。假設人身內，除靈魂以外，另有一實體性理，是人身形體生存的內在因素，它將生存授與形體，作人所以然是形體的理由，那麼，顯然人的身體，必是藉它接受靈魂。它是人接受「至善」所依仰的憑藉。這樣的形體性理仍是比天體的性理更為高貴，因為天體的性理，依論者此處的假設，只是形體的性理，不是靈魂，也不是天體接受靈魂可依據的憑藉。無論如何，天上形體的性理，不如人身形體的性理，更是高貴。這樣的主張，似是與理不合的（天上形體高於人身。它的性理也是高於人體的性理，才對）。故此，天上形體，必有靈魂。

乙四、實有物，總體的完善，需要每物滿足它本性的傾向。本性自然之所需物，必全備無缺。凡是形體，都有本性自然的傾向：追求其本性行動所需要的一切。天體本性固有的行動，是順著圓周線的軌道旋轉、運行。為完成這樣的行動，它需要有神靈的實體。因為圓周的旋轉，不是任何形體性理可以促成的行動。形體性理，是形體本性行動的內在因素。形體的本性行動，是重者下沉，輕者上昇，都是直線的升降，並有固定的止點和處所。升降到一定的處所，行動自然終止。天體的性理，如果是形體的普通性理，它的行動也要直線升降，並且要到達某固定的處所，到達以後，便停止行動。這顯然是錯誤的。因為天界的形體，旋轉運行，周而復始，永不終止於一處。足證它不是輕升重沉的形體。從此可見，必有神靈的實體，和天體相結合（作天體運行的內在因素：即是作天體的靈魂；靈魂是神靈類的性理）。

乙五、凡是物體處在某種狀態中，自然發出行動，在同一狀態中，不能自行停止，除非被外力所迫。例如形體，離開本性固有的處所，重者下沉，輕者上升，自己不會停止。假設它中途停止，必是被外力強制的停止。今如假設天體運行，是它本性自然的運行，發自它本性固有的性理，那麼，不論它在什麼處所，它必須依其本性的自然不停運行，不停旋轉。為此，不論把它置放在什麼處所，它的靜止，不是它本性自然的靜止，而是違反本性，受外力強迫的靜止。但是需知，任何強迫的行動或靜止絕不會持久：「暴則不久。」所以，公審判日以後，即是世界末日以後，天體的靜止，也不會是永久的。這是錯誤的，因為不合乎信德的知識。根據信德道理，公審判之日以後，天靜地止，是永遠靜止：永遠安息。為此理由，似乎是必須說：天體運行，不是物性自然的運行，而是靈性自決自願的運行。自決自願的運行，發自靈性的自由意力。靈性就是靈魂，故此天體是有靈魂的活體。這個結論似甚合理。

乙六、任何物類中，有首次位之分：本體類性全備者居首位。類性不全備，仰賴外力之補充者，居次位（例如熱類中，火居首位，它的本體熱性全備。餘者居次位，例如水熱，不是本體性熱，必須仰賴外在的火力燃燒、烹煮，水才發熱）。運行旋轉的物類中，天體居首位。這是舉世公認的事實。故此，天體運行，是本體自動的運行：自己運轉自己，不仰賴外力的推轉。但是需知，凡是自動的物體，都在本體內分兩部分：一部分用意力或其他類似的動力發動，如同人的靈魂；另一部分被動，如同人的身體。如此說來，天上的形體內必有靈魂。

乙七、完全被外力推動的物體，沒有本性自然的運行。天體運行是受神體的推動。聖奧斯定，《聖三論》，卷三、章四，主張天主藉神體主宰，並治理形體。那麼，假設神體不結合天體，完全站在天體外面，天體被動而有的運行，必不是本性自然的運行。這個結論是必然的，但是錯誤的，因為它違反大哲，《天體論》，卷一，章八（頁二七六，右欄），證明了的定論（故此，前提裡必有了錯誤。前提說神體不結合形體。此說即錯，則矛盾之說必真，即是：神體結合形體）。

乙八、假設運轉天體的神體，只站在天體外面，則不能說它只用意力推動天體。

因為，從外面只用意力推動另一物體，這個意志行動便成了動力的行動。簡言之：意動即是行動。這樣，「願意」與「行動」的合一，是造物者天主獨自能有的特性，非其他神體所能有。另一方面觀察，外在的神體必須發出某些動力，將動力深入天體以內，始能推動天體。同時，這樣的神體不是天主，力量不是無限的，結果，日久天長以後，力盡氣竭，必要感到疲乏，甚至停止推動。這是不適宜的。並且對主張天體運行、永世不息的人，這是極不適宜的。總結起來說；神靈實體推動天體，必須結合天體。

乙九、大哲，《物理學》，卷四，章八：下級天體的推動者，被動，不是本體被動，而是因外在的聯繫，連帶被動。高級天體的推動者，不是如此，它結合自己推動的天體，只是作它的推動者（不作它的性理）。如此比較，可知下級天體的推動者，給自己的天體，不但是作它們的推動者，而且是作它們的性理，即是作它們本體構造中的盈極因素，並作它們生存和行動的內在原因。這樣的性理是靈魂。如此說來，至少下級天體是有靈魂的形體。

乙十、大註解家，《形上學註解》，卷十二（註解四八），曾說「絕離實體」是和物質絕異而分離的神體。它們的本體和生存的條件，優良至極，不能再好。正適合它們每個推動天體所有的需要，就是作推動天體的施動者，又作吸引天體的目的。但為發出施動和目的，兩個原因的作用，方才說的絕離實體，不得不在某種方式限度下結合天體，故此無形質的神體結合天上的形體。如此說來，天上諸形體似乎都是有靈魂的活體。

乙十一、大註解家，同書，註解二五，明說天上諸形體是有靈魂的。

乙十二、施動因素的行動、及其效用的範圍，無一能超越種類的界限。效果優越，超不過原因，有生活的實體、優於無生活的死物。證自聖奧斯定，《真教論》，章四、天上諸形體是生活的原因。至少由物質腐化而自生的生物，是從天體的生育力領受生命。從此可見，天體既能產生生命，自身必是有靈魂的生物。

乙十三、大註解家，《天球實體論》，章二，曾說：循圓周線的軌道、運行旋轉，是靈魂特性固有的行動。本性最宜旋轉的形體、最宜有靈魂，這樣的形體是天體。故天體有靈魂。

乙十四、讚頌、述說、歌唱舞蹈等等行動，只能發自有靈魂，有知識的物體。《聖經》上記載，天體曾發生那些行動：《聖詠》，一四八，節四：「諸天讚頌主！」《聖詠》十八，節一：「諸天誦主榮！」誦即是敘述。《聖若望啟示錄》，章十四：「天體為她舞蹈！」舞蹈就是歡欣踴躍。足見諸天體都有靈魂。

丙、否定的意見

丙一、達瑪森，《正信本義》，卷二，章六（《希臘教父文庫》，卷九四，欄八八六）：無人認為諸天或日月星辰能有靈魂，它們都是無靈魂，無知覺的。

丙二、靈魂結合肉身以後，不會和肉身分離，除非肉身死亡。但是天上諸形體不會死亡，因為它們不會朽腐，不會破滅。假設神體結合天體，作天體的靈魂，必定永遠和它們糾纏不離，這是不適宜的。因為神體如同天神，被委任結合形體，永無解脫之日，最不合神體的本性。

丙三、天神和人靈組成天上真福的團體。然而，諸天體的靈魂（假設諸天有靈魂的話），既不屬於天神之類，又不屬於人靈之類，故不能參加天上真福的團體，這不是適宜的。因為這是說：某些有靈性又有理智的實體，受天主造生，但沒有天堂真福的分子，不會合理（就如同是說：天主造魚游水，又說有些魚不屬於水族）。

丙四、凡是有理智的受造物，都能犯罪，依照它們的本性去觀察，確是如此。那麼，假設某些有理智的受造物神體結合了天上的形體，就難免有幾個要犯罪。由此必生的結果是：某些天體要受惡神的主宰、推動和運轉。這是荒誕不經的（因為天主委派了天神治理天上諸星體。天神不是魔鬼，不會犯罪）。

丙五、我們常需要呼求善神的保佑，假設某些神體結合了天體，既不得是惡神，故是善神，如同是服務天主、治理有形宇宙的天神。如此想來，我們就應在禱文裡，呼求眾天體的保佑：「太陽啊！」或「月亮啊！我求你轉求天主保佑我！」這樣的呼禱顯似荒謬狂妄。故此，不應主張有任何神體結合天上形體。

丙六、依照大哲，《靈魂論》，卷一，章五，頁四二，右七所說：靈魂結合肉身，則範圍肉身（範圍是控制的意思）。假設天上諸形體有了靈魂，結果必是某神體受造後，範圍整個天體。這是怪誕不經的，因為《聖經》記載只有天主的上智可以範圍，或圍繞整個天體，〈德訓篇〉，章二四，節八，曾記載天主上智，自己聲明說：「我獨自一個圍著天體的圓周，繞了一圈。」

丙七、**答案**——定論：

關於本問題，意見分歧，古哲如此，教會名師亦然。古哲，亞納撒（詳名亞納克撒哥拉斯）認為天上諸形體沒有靈魂。為此主張，他曾被雅典人處於死刑，因為他曾說：「太陽沒有靈魂，只是一塊烈火烘烘的石頭。」柏拉圖、亞里，及兩家的學派，卻主張天體都有靈魂。教會方面的名師奧理真主張天體都有靈魂。聖師熱羅慕附和他的主張，旁註〈訓道篇〉，章一，節六，曾說：神體環繞遊行，照臨宇宙萬物（這個神體似是指示太陽）。達瑪森卻斷定說：天上諸形體沒有靈魂。回憶上面丙一引據的名言，足資明證。聖奧斯定將問題留為懸案。詳見《創世紀字解》，卷二，章十八，彙集（教義提綱），章五八。

兩方面的意見互相矛盾，但都有大約可信的理由（同時都不是確實無疑的）。

觀察天上諸形體的優越和高貴，引人認為它們有靈魂，因為在宇宙物類中，有生命的活物優於一切無生命的死物。但是觀察神體的優越和高貴，適足引吾人推出相反的結論。因為高貴的神體，除與靈智有關的動作以外，不能有其他靈魂的動作。因為在其他動作上，靈魂的任務和普通物的性理完全相同，就是和生死變化的形體內所有的性理完全相同：那些動作都含有形體的變化，或實體變化，或品質變化。另一方面，高級實體的靈智似乎不需要從覺性的知識，採取智性可知的事理。高級的靈智，高於我們人類的靈智。如果它們只有智性的意力和知識，此外沒有別的生命與動作，這樣的智性動作，不需要形體的器官。由此觀之，它們本體的優越和高貴，明似超過結合形體所能有的美好。

以上兩種觀察，第二種理由強於第一種。因為靈魂結合形體的目的，是謀求靈魂的福利，不是謀求形體的福利，就是說：不是為提高形體優美高貴的程度（彷彿是用神體作形體的健美劑或美飾品）。反之，靈魂需要形體，補足靈魂自己的完善和美滿。這是靈魂結合肉身的目的（這個目的引形體服務靈魂，比上面的目的，引神體服務形體，更是合理：提卑事尊，尊卑兩得。降尊事卑，必有一失。何者更為合理，明察即可易見），前者已有說明（見人本體的靈智問題，丁五及甲五）。

更加仔細觀察，也可看到兩方的意見，外表矛盾，實際互無分別，或分別不大。理由如下：有人主張，天體的運行來自某種形體內在的性理，如同上升的行動來自火體本性具有的物理。這個主張是不能成立的。因為一個本性的物理只有一個固定的傾向，這是顯明的事實。「運行」的本質和定義（即是說運行之理），和「傾向一」之理，彼此相反。運行是一種變動，因為它是地方的移動。凡是變動，依其本質必備之理，指示某某物體，在不同時間內，呈現前後不同的生存狀況，或實體改變，或品質改變，或處所改變，或其他任何類的情況改變。改變即是變異，內含分異之理。「分多互異」之理，和「傾向專一」之理，兩種互相衝突。為此理由，形體自然的性理，傾向變動的目的不是變動自身，而是改變某生存狀況。移動處所的目的，從形體性理方面說，不是移動自身，而是為達到某某處所：到達以後，即停止移動。假設天體的運行是形體自然的性理、傾向所致，那麼，天體運行達到某某處所或地點以後，即應停止運行，這是不可能的。因為天體運行是旋轉，週而復始，永久如斯。證自大哲及《物理學》家之公論。那麼，天體運行，既非生自形體自然的性理，必定是生自某靈智的實體。從目的論方面的理由，也可推證這個主張、大約真實：因為天體運行只能是為追求某某靈智界、超越物質、絕離物質的目的。為得此目的，某某靈智的實體推動天體的旋轉，使它在行動上接近那個神性目的所有的美善；並現實模仿那個神性目的德能裡所蘊藏的美善。這樣超越物質形體的靈智目的有許多。其中主要的一個是繁殖人類，填足人類史中優秀人才的名額。宇宙萬物包括天體，主要目的似乎都是為增殖人間的英雄豪傑和聖賢：增殖天主造物所預定簡選的菁華（物類繁殖的目的，是為產生「出類拔萃」的天地英華。天體運行的目的，分寒暑、定季節，如鴻爐如大冶，生育物類。生死變化，翻新物類，促成物類的進步：擬似天主的無上美善）。

如此說來，神靈實體眾多，分歸兩類。第一類是某些天體的推動者。它們結合天上諸形體，彼此發生推動者和被動者之間的關係。如同聖奧斯定，《聖三論》，卷三，章四，曾說：天主委任有理智生活的神體，宰制一切有形的物體。額我略，《對話集》，卷四，章六（《拉丁教父文庫》，卷七七，欄三二九），也說過同樣的話。第二類，是某些神體，完全超絕形體，不與形體結合：它們是第一類神體所追慕的目的。優越美善的程度，高於第一類。因為第一類結合形體，和形體發生推動和被動的關係，以上兩個等級的分別，似能滿足柏拉圖和亞里學說的要求和宗旨。柏拉圖主張凡是靈魂，連人靈包括在內，和形體的關係只是推動者和被動者之間的關係，參看前文。亞里主張天體內靈魂似的行動德能，只是智性能力。智力的本質，不是充實任何形體的盈極因素（即是不必作形體本質內需要具備的性理或靈魂）。如此說來，顯然的，兩家學說主旨都可並存。

更極端一些的主張說：天上諸形體有下級形體，即植物和動物之類的生魂和靈魂，有營養、生育、發育、知覺、喜怒等等生活。這樣的學說不能成立，因為它和「天體的物質沒有生死變滅」之說，互不相容。為此，必須否定天體有生魂、覺魂。但是不必主張天體必無靈魂，假設「天體有靈魂」的意義，只是說天體運行是由神來推動，神或靈魂只作它的推動者。天體和靈魂的結合，只是動者和被動者施動受動時所呈現的結合。聖奧斯定，《創世紀字解》（卷二，章十八），似乎是提到了本處所作的分析。他在那裡曾說：「人往往問：天上這些光明閃爍的日月星辰，是否只是形體？或在形體以外，又有某些神體作它們的主宰？又假設它們各有各的主宰，是否它們從那些主宰領取生氣的灌注，如同肉體因動物的靈魂而得生命？」以上問題的答案有是非兩端，察其書中下文，可以明見聖奧斯定將此問題存為懸案，沒有抉擇答案。根據本文上面方才指明的前提，結論應主張天體有神體作其主宰，但不是作其靈魂。天體和神體的結合，不是像下界動物和靈魂的結合一樣（至多是被動者和推動者在施動受動時所呈現的結合）。

丁、解難（解破乙欄肯定意見的疑難）

丁一、天上形體接觸神靈實體，是上級神靈實體和天上形體發生推動者和被動者在施動受動時所有的結合。

丁一根據亞維羅的意見，上界的天體是物質與性理兩內在原素的組合，如同下界的動物一樣。惟需注意，兩界的物質名同實異，因為上界的物質只有處所移動的潛能，不是生死變化的潛能。下界的物質不但是處所的潛能，而且是生死變化的潛能。為此，生存圓滿、現實存在的天上形體，是物質，叫作物質，但常有生存的盈極，故不需要另有性理來結合它，授與它生存；惟需另一性理來結合它，只授與它運動。這樣的性理，不是內在的生存因素，而只是運動的因素（彷彿鐘錶，或自動車裡面的彈簧，或引力發動機）。如此說來，天神的性理，優越高貴，超過人的身體。但優越的方式不同。假設，根據另一些人的學說，主張天體是物質與形體性理之合，則仍能說它那形體性理優美至極，因為性理是充實物質潛能與虧虛的盈極因素、充實其潛能與虧虛的全部，絲毫沒有餘剩。如此充實飽滿的物質，再無能力容受任何其他性理，因此它美滿至極，恒久堅固，不會受變化或破滅。

丁二、答覆同上，理由明顯。

丁三、天體被動於神體，故傾向神體。如同是受神體的牽引。傾向追隨的方法或樣式，只是如此（彷彿鐵受磁石的吸引）。

丁四，丁五，同上。

丁六、推動或引動天體的神靈，為轉運天體，有本性固有的能力。同樣，相對的，天體被動的能力，也是本性固有的。如此說來，天體運行是本性自然的運行，雖然被動於靈智的實體。

丁七、有人主張神靈的實體，用意志的命令轉運天體。這個主張有大概可信的真實性。理由如下：比較生存變化和處所的變化，可以看到形體界的物質，在生存變化和處所的移動上，不聽受造神體的命令，只聽造物者天主的命令。聖奧斯定曾論及此點（參看《聖三論》，卷三，章八）。但是在處所的移動上，形體能聽神的意旨。反觀吾人自身也可以明見，身體的許多肢體執行我們意志的命令，命令一發，則立刻奉行迅速。我們的意志是我們靈魂的神力。此外，假設在意志的命令以上，增加上動力的影響，不但用意力，而且用動力，甚至有動力的消耗，但因此不得結論說它們的動力有限，必將疲乏。這樣的結論沒有充足的理由：因為上級實體的動力，雖然本身是有限的，對於更高的上級相比，也是有限的，但是對於比自己較低的下級相比，卻是無限的。「對上有限，對下無限」，是性理與能力品級系統的公律。例如太陽的的動力（暖熱、普育、光照），對於下界生死變化的萬種形體，是無限無量的：取之不盡，用之不竭。萬物生生，增殖無窮，消耗的額數增加，增至無限，太陽的德能，不為之減少。同樣、智力能夠認識「覺性界」可知的萬事萬物的性理。智力的領悟和容受的能力，是無限的，不論有形事物的數量增至多少，性理如何千奇萬妙，廣大高深，都填不滿智鑒的空虛。同樣，轉運天體的神靈動力，對於天上形體的運行說，也是無限無量的，故此不致因久勞而疲乏。

丁八、靈魂運動有生死變化的動物，和動物結合。是生存的結合。他方面，神體轉運天體，和天體結合，只是在運動上施動受動的結合。故此，動物的靈魂，本性有連帶被動的可能，因為它和動物的結合，是本體生存上的結合。動物的身體變動了處所，靈魂受身體的連帶，不得不隨著變動，這樣的變動是附性變動，更好叫作附帶的變動。它的可能性來自靈魂的本性。低級天體的轉運者也能連帶受動，因為它結合了天體。天體運行時，變動處所，轉運者，神體也就隨著移動。神體在這裡附帶受動的可能性，不是來自神體的本質，而是來自它與天體的結合，及轉運天體的任務。低級天體既能本體轉動，又能附帶轉動，本體轉動時，是被動於轉運者。附帶轉動時，是被高級天體擎引。高級天體的轉運者，不受任何樣式的附帶變動，因為它的天體不受擎引，但擎引下級的天體。

譯者贅筆：本段原文歷代抄本，印本頗欠明確，故甚難解。主要數點如下：

一、只有物質的形體有「本體移動」的可能。同時也有「連帶被移動」的可能：人坐車中，隨車移動。

二、性理，靈魂，低級神體，無本體移動的可能。只有附帶移動的可能。理性的靈魂，當著所在的形體，移動時，便被連帶隨著變動處所。因為它們和它們的形體有生存上的結合。低級神體，當其天體運行時，便受連帶隨著運行，因為它和宰制的天體有施動受動的結合。

三、天體，能是天上日月星辰的形體，也能是天形圓穹的球體。球的外周線上，或面積上，懸綴著日月星辰。天體能本體被動，也能附帶被動。天體被動時，它的轉運者，神體，也隨著附帶移動，高級神體引動下級，自己常靜不動。下級神體，既被引動，乃轉運自己負責應轉運的天體。這個被轉運的上級天體，擎引下級天體，下級天體受擎引，隨著運行。各自的神體便也隨著運行。

四、高級神體，至高無上，引動各下級，如同目的因素之吸引，是天下萬動的動因，但自己常靜不動，不能本體被動，也不能連帶被動。（贅筆終）

丁九、關於此點，亞維羅屢次討論，前後所言，不常一致。《天球實體論》書中曾說：轉運天上諸形體的施動因素和目的因素，是相同的一個因素。亞維羅此處的主張極為錯誤。因為，他還有一個意見，主張第一原因和轉運第一天體的那些實體是平等的：結論是：天主竟成了第一天體的靈魂，意思是說：轉運第一天體的神靈是一實體，又是一施動因素，並且是靈魂。他的這個意見所根據的理由，極不充足：在與物質絕異並分離的實體中，「靈智知理」和「理之被知」是一個現實，在此現實裡，知者和被知者，是一個。由此理由，他推想「願望者」與「所願望的目的」，也是一個。殊不知，「知識」和「願望」，兩者全無相似之點，故不得以前例後。因為兩者動向相反，彼此不成比例。某物被知，是在現實被知之時，被收容在知者的心境中，知識的動向是由外向內。某物為人所願望或追求時，是願望者傾心追求所願望的事物。事物是在心外。願望的動向是由內向外。假設願望者自身現實擁有所願望的事物，它就無理由發出行動追求那個事物（騎驢覓驢，那能合理！）。為此，不能主張所願望的事物和願望者前後兩者相同：前者目的因素以其美善引動願望者。後者（願望者）是施動因素，發出行動，追求目的。故此，施動因素和目的因素，如果同是一體，則行動不會發生。大註解家，在另一處也曾有過同樣的主張：在《形上學註解》，卷十一（新版十，註三八至四一），他就主張「推動者」分兩種，一種是「合交動者」，叫作靈魂。另一種是「距離動者」，即是「不交動者」，叫作目的。目的是「距離動者」，因為它從遠處引動「施動者」，不必和它交結成一體。靈魂是合交動者，因為，它是生物的內在因素，必須和生物交結成一體，作生物生存和行動的內在理由。但無論怎樣說，從他的主張裡所能推出的結論至多是：神靈的實體，結合天上形體，只是作其「推動者」，或「引動者」（對天體的行動說，神體只是施動因素，和目的因素都是外在因素，不是像靈魂和性理那樣的內在因素）。

丁十、他在那裡說天體都有靈魂，即是說，都有生物似的活動。他的意思是說：它們結合神體受神體的推動，或引動，以神體作內在動因。不作性理之類的內在因素。為此，《形上學》，註解，卷七，註三一，曾說：精蟲或種籽裡面的生育能力，和胚胎能力，藉種籽內的熱力發出動作。這樣的能力，固然是在種籽裡面蘊藏著，但它不是種籽的靈魂，不像靈魂寓存在本性天然的形體中那樣，和其形體結成生存單位的一體。反之，生育胚胎的能力儲藏在種籽裡，就如同靈魂（神體）儲藏在天上諸形體內一樣」（這些話裡面，明示「靈魂寓存在生物內」和「靈魂寓存在天體內」，寓存的方式和結合的方式等等都不相同。天體內的靈魂，只是施動因素之類的「推動者」。它和天體結合，只是動力和被動者結合，不是性理之類的因素和其主體的結合。性理結合主體，授與主體生存，共同結成一個本體。動力即便深入主體內部，甚至施動者，全部隱藏在被動的物體內，它和被動者結合，不是授與生存，而是產生運動。兩者合一，只是運動上合一，不是本體生存的內在合一。明白的說：「只是以動力結合形體的靈魂」，不是性理之類的內在因素。「以授與生存結合形體的靈魂」，不是性理之類的內在因素。這樣的兩種「靈魂」都被亞維羅叫作「靈魂」，名詞相同，實義大不相同（天體的「靈魂」，只不過是施動之類的外在因素而已）。

丁十一、天上形體被動於神體，作神體的工具；因神體的動力運動下界的生物，是這些生物產生和生活的原因（生活包括生死變化等等生物界所呈現的生活現象）。就如同，刀鉅之類。是藝人的工具，因藝人的動力，製造藝術品，例如櫥櫃等等。工具是藝術品產生的原因。天體是下界生物生活的原因。

丁十二、那裡的理由至多只能證明、天上諸形體的運行是以神靈性的許多實體，作外在的推動者，或引動者。

丁十三、聖若望達瑪森說：諸天揚主榮，歌讚、頌揚、舞蹈、踴躍等等，話內的意思是說：「諸天」是我們歌讚舞蹈的物質材料。我們人、手舞足蹈、歌讚天主造物的奇工妙化，是以「諸天」及天上地下的萬物作讚揚稱頌的材料（如說「諸天歌唱舞蹈」，是說吾人因諸天的奇妙偉大，而歌唱舞蹈，讚揚造物的全能全智，不是說諸天自己歌唱舞蹈起來。這不過是將人的感情移置到外物的「移情描寫法」），同樣語法，在《聖經》裡面屢見不鮮，或描寫山嶽，或描寫丘陵，或描寫其他無生命的自然物。從這樣的描寫作前提，只能推證吾人有靈魂，不能證明諸天或無生命的形體有靈魂。

戊、解釋丙一至丙六的疑難

戊一、聖若望達瑪森說：天上諸形體，沒有靈魂，意思是說：神體結合形體，不是如同性理之類的內在因素一樣，例如靈魂結合下界有生死變化的生物（不是否認天體運行有神作原因）。

戊二、每人有一「護守天神」。天神受天主委任，保護人在人生存期間，從生至死不停保護。依同理，每個天體有一「轉運天神」，祂受天主委任，轉運天體，在天體運行期間，從始至終不停轉運。人既有「護守天神」，天體就能有「轉運天神」，以彼例此，沒有不適之處。

戊三、假設天上諸形體有靈魂作它們的主宰。那麼，這些主宰天體的神體都有資格，算作天神團體中的一分子。為此聖奧斯定，《教義提綱》，章五十八（《拉丁教父文庫》，卷四〇，欄二六〇）曾說：「日月星辰，雖然有人說，它們都是發光體，但它們好像是沒有知覺或靈智。它們是否屬於天神的團體，我不能有確實無疑的斷定。」

戊四、此點沒有疑惑。根據達瑪森的意見，管理有生死變化的天神當中，有一些犯了罪。根據聖額我略的定論，高級的天神當中，也有一些犯了罪。為此結論應是：天主保護有此委任和職務的天神，不使祂們失足墮落。許多別的天神也受同樣的保護。

戊五、我們在禱文裡，不採以「太陽，為我等祈」之類的禱句，有兩個理由：

第一因為太陽本身不是神體，它結合神體，不是以神體為靈魂，只是以神體為外在的動原。第二為避免偶像崇拜的危險和機會（太陽教崇拜太陽，是崇拜邪神偶像）。

戊六、根據大哲《物理學》，卷四（卷八，章十，頁二六七，右欄行七）：天體的轉運者，位置在天體的一部分，不是它的全體。如此說來，祂不環繞天體的圓周全部。靈魂不是如此。它給形體授與生存。它充滿形體全部，同時（又以自己的全體）充滿形體的每一部分。「在授與生存，構成性體本體的作用上，確是如此，詳見靈魂充滿肉身的問題，（第四問）。

正文　問題七　氣體論

甲、神靈實體是否結合氣體？

乙、肯定的意見

乙一、聖奧斯定，《創世紀字解》，卷三，章十；《神國論》，卷四，卷八章十六，卷十五，章二十三曾說：魔鬼的身體是空氣的氣體。魔鬼都是神體。故此神體結合氣體。

乙二、聖奧斯定，《占卜魔鬼論》，章三（《拉丁教父文庫》，卷四〇，欄五八四）：魔鬼，在其氣體的輕微稀薄上，超越人知覺力所能知覺的範圍。這就是言外承認，魔鬼的神體結合氣體，有本性自然，本體統一的結合。結論是：有些神體結合氣體。

乙三、中間部分與兩端部分沒有間隔，這是幾何學的定律。宇宙的整體三部分，中間部分是氣層。兩端有上下兩部，上有天，下有地。三界都有生命。天界有天體，天體有靈魂，故有生命，許多人抱這樣的主張。地界，即是地球上有動物植物，故有生命。中間的氣界，照上下兩界的公例，也必定有生命。證自幾何學上面方才引據的定律。中間部分和兩端部分沒有間隔。兩端有生命，中間也有生命，否則便和兩端發生間隔。兩端所有的生命，因此間隔，不能分佈到中間的部分去。中間的氣層有生命。不能是說只有飛禽的生命。因為飛禽離地上升，高度甚有限，不占領多少氣層。飛禽飛不到的高空，仍有廣大的氣層，完全真空，沒有任何生命，不大適合。如此看去，必須主張，氣層到處都有以氣為體的生物。這些生物都有靈魂。靈魂是神體。故此有些神體結合氣體（並且是氣體的靈魂）。

乙四、優越的形體有優越的性理。氣和土相比，氣更優越。因為氣體輕清稀薄，別於粗糙的物質，近似無物質的性理，勝於土。土雖粗糙卑劣，仍有神體與之結合，例如人的靈魂是神體，結合了人的肉身。人的肉身是生於塵土的形體。塵土的形體能結合神體，何況氣體呢？

乙五、兩物，性情越相適合，交結也越容易。氣體和靈魂，比較肉體和靈魂，性情更相適合。因為靈魂藉氣體宰制肉身。這是聖奧斯定的主張，見《創世紀字解》，卷七（章十五及十九）。足見靈魂的本性，天生更適於結合氣體，其次，才適於結合原素複雜的形體，例如人的肉體。

乙六、《天球實體論》，章二，亞維羅主張：「旋轉是靈魂特性固有的運動。理由是因為靈魂就其本體而論，不論方所，能向任何方面，無可無不可的任意運動。

氣體似乎也適於如此運動，因為氣體隨著輕物輕昇，隨著重物重沉，物體不分輕重，一有運動，常有氣隨。足見靈魂最適宜結合氣體。

丙、否定的意見

丙一、靈魂是有機體的盈極因素。氣體不能是有機體，因為它自身沒有固定的邊界（面積體積的界限等等）。只能受外物的邊界來限止它。同時，它沒有固定的狀貌形象。從此看來，神體不能結合氣體作它的靈魂（靈魂是盈極因素授與生存，實現身體的生存潛能，充實它生命和能力的虧虛和它結成本體完善的生物）。

丙二、答案——定論：神靈性的實體不能結合氣體。理由顯明，共有三點：第一：各種形體，美善的程度，高下不齊，單純元素的形體，程度最低，極不完善，是上級一切形體共有的基層質料，最近似第一物質。根據物質品級的自然邏輯，不適宜元素的單純形體（越級躐等），結合超越有形世界以上的神體，並用神體作其內在的性理，或性理之類的因素（氣體是單純元素之一。故不適宜結合神體）。第二：氣體的全體，和每一部分，本性完全相同。氣體的本性以其全體充滿氣的全體，並以其全體充滿其每一部分（氣體的全部是氣體，它的每一部分也各自是氣體。量數不分大少，都有同樣的性體：都是氣）。從此說去：假設神體結合一部分氣體，依同理，無理由不結合氣的每一部，同時又結合氣的全部。氣體能如此，其餘各元素既然都是元素，也都是全部與每部本性相同，則都應全部與每部都有神體結合（就是都有靈魂，都有生命，統體是一個大動物，每一部分是一個小動物，既是一個本體，又是許多本體），這樣的主張甚是荒謬。第三：神靈實體結合形體有兩個方式：或是給形體供給動力，促其運動，例如上面說的「轉運天神」，結合天上形體，旋轉日月星辰等等；或是運用形體，輔助神體完成神靈性的動作，例如智力的領悟事理。人的靈魂是一神體，結合肉身的目的，是運用覺性器官的知識，領略並增長理智的知識。以上兩種方式都不適合氣體。因為，一方面，氣體有本性固有的運動，是由其本性固有的性理所使然。遍察氣體，全部與每部各處的運動（流蕩，吹噓等等），無一不可由某本性自然的物質因素所促成。為此，氣體無理由去結合神體，用神體作其運動的動原。所以從運動方面說，氣體無理由結合神體。另一方面，為完成靈智動作，神體無理由去結合氣體。因為氣體是單純的元素，不足以作知覺的器官或工具。氣體不會有感官的知覺。證自大哲，《靈魂論》，卷三（章十二，頁四三四右十）。兩種結合的方式都行不通。那麼，只剩一個結論，就是：神靈性的實體無法結合氣體（也無法結合任何其他單純的元素：水、火、土）。

丁、解釋疑難

丁一、聖奧斯定，不論在什麼地方，說魔鬼有氣體時，不是肯定自己的定論，而是引據別人的意見。為此，《神國論》，卷廿一，章十，聖人曾說：「依照多位學人的意見，魔鬼也有自己特有的某種形體，由粗糙氣體和濕氣所構成……如果有人主張魔鬼全無任何形體，不必勞費心力，深追窮究，也不必爭辯計較」。

丁二、答案明顯易見，理由同上。

丁三、在下界，即是在地面上，各種元素有混合的地方。混合的均調程度越高，混合而成的形體，越減少各極端之間的衝突，因而更近似天上的形體。天上形體內沒有成分的互相衝突，或生死變滅的現象。由此觀之，可以明見（生物生活的條件有兩個：一是原素眾多，互相混合，一是配合均調，寒熱濕燥，適中：無過無不及。為此理由）。上下兩界更適合生物的生活，勝於中間的氣層（氣層裡只有氣，並且稀薄至極，不適合生命的需要）。特需注意，在此下界，身體內原素配合越均調適中，越適合生命的健全。

丁四、單獨的說，氣體優於塵土。原素配合，均調適中的形體優於水土兩者：因為更少內在成分間的衝突。只有這樣的形體，有結合神體的可能。在這樣的形體內，低級原素，物質方面，為達到均調適中的程度，數目必須眾多，為抵抗上級原素性情和動力的強烈過度（例如人的身體內，水土兩原素的數量遠多於氣與火）。

丁五、為施展動力，靈魂用氣體宰制肉身，因為氣更容易調遣、容易運動，勝於其他粗重的物體（例如：怒氣、力氣、喜氣等等）。

丁六、氣體不是隨便接受各種運動。有相當的限制，對於某些物體，氣體較輕，輕必飛揚上升。對於另某些物體，氣體較重，重必沉落下降。為此，氣體並不易受靈魂的充實（不較他物更適於結合靈魂）。

第八問　分類邏輯和宇宙觀

「生存」與無形實體間的分異問題

甲、矛盾二分法的辯證性——正文原題，討論：天神分類，是不是「一體一種」，或「多體一種」？意思是說：是不是天神一種之內有許多「個體」？或只是每種天神只有一個，每個天神自成一個單立體，自成一個獨立種？這樣的問體，顯然是一個「分類法」問題。廣泛的說：有形實體，和無形實體，分類的邏輯規律不能相同，本體的分異因素也不相同，分別在那裡？有形實體之所特有，屬於形體，必非無形實體之所可兼有。「有形無形」，互相矛盾，互相對立，根據矛盾對立的推證法，由一端可以推知另一端：知其一，可以知其二。就此廣義而論，本問題是一個「關鍵問題」：緊握神形兩界，宇宙全體的樞紐。這個樞紐，就是「生存」和「生存的界限」。全篇辯論的思路，主要是：「分類邏輯」中「二分法」的彈性和辯證性。

宇宙觀是物體分類，系統完整的全面觀。一隅之見，偏而不全，不足為宇宙觀。人生宇宙間，需有宇宙觀。沒有宇宙觀，醉生夢死，無異於禽獸。人獸之別在於理智。理智的本性，會用「二分法」的辯證，追究理性知識，精察其涵蘊的深奧，窮盡其推衍的廣遠：證知宇宙物類的全體。「二分法」是什麼？簡略言之，「二分法」是將任何公名，或類名，所指的範圍，用適當的「分異因素」分成互相矛盾的兩類，或兩種。矛盾的對立，只分「有無兩端」，沒有第三可能。是非之間，沒有中立可能。「矛盾律」和「排中律」，車輻相依，不能分離。至少在聖多瑪斯系統內是如此。研究起來，需要假設如此。準此，「二分法」就是「矛盾分類法」；反之，「矛盾分類法」就是「二分法」，兩者，名異實同。

「二分法」，的邏輯特性，主要有二：一是「分盡全體」，二是「對立推衍」。主辭是「一類公名」時，二分法分盡一類全體。例如：「動物分有靈、無靈」、分盡了動物一類的總體。主辭是「超類公名」時，二分法分盡宇宙萬物的總體。例如：「物體分有靈、無靈」。分盡了宇宙萬物的總體。上面兩例的主辭，一是「動物」類名。一是「物體」公名。「靈智」是分異因素。「有、無」，是矛盾對立的邏輯符號，也叫「邏輯虛字」。分異因素依類級系統，分高廣低狹。本文最高廣的分異因素是「生存」，其次是「自立」，再下是「形」，然後是「生」、「覺」、「靈」等等……，逐級下降。先將「物」大公名的主辭虛位，放在前面：代表任何可思的事物；然後分成「有生存或無生存」。無生存者，是「虛無」。有生存者，是「物體」。自立的物體是實體。不自立的物體，是附性：依附實體。有形實體分植物、礦物、動物、人類。無形實體分天神諸級。惟獨人類是「神形之合」：最高的形體，結合最低的神體。物類品級，系統一貫，巔底銜接，如鏈如梯。各級分異因素，上覆下載，互相承接貫通，形成宇宙全體：是用「二分法」分類排列所得。回憶《十範疇》、五賓類、性體品級等等，都是用「二分法」。二分法，無物不分，分盡全體。理性知識，首在「識別」：分同異、知上下、別善惡、定尊卑等等，凡有分異，必有對立，對立之母，首在矛盾。如此說來，「二分法」的邏輯是人理智的天性。「矛盾律」和「排中律」是理智思想，最高和最基本的規律。「二分法」是最基本的理智工作：「知是非」、「知有無」、「別同異」。從而分辨，比較，推衍，發生議論，悟證真理。二、「對立推衍」——推衍也叫推演，演繹，或衍繹，都是推廣引申，或推論的意思。亞里的全部邏輯，首重直言論法，次及假言論法，均可約歸四字：「對立推衍」。詳見亞里《邏輯學》。恕不贅陳。此處，惟就聖多瑪斯的原文，略指「二分法」的推衍實例。藉以明示文內的邏輯思路：

「推衍定義」——二分法分矛盾兩端。既知一端的定義，便能推知另一端的定義：惟在存其類性之所同，而去其矛盾之所不相容。例如：實體分有形、無形。「有形實體」，是「性理結合物質而成性體，並有自立生存」。這是已知的定義。用矛盾對立的推演法，不難推知「無形實體」的定義：即是：「性理有自立生存，而無物質。」此即神體的定義。客觀上，有無「神體」存在，是另一問題。假設，客觀上有神體，神體的構造和定義必須如此。同時，有這樣構造的實體，必是神體。矛盾名辭是直接相關的對立辭。就其分異因素，肯定一方，就是否定對方；否定一方，便是肯定另一方。這樣的推演法，遵守「排異分接詞的規律」，可以簡稱「排異分接律」，有人也叫它作「狹義析取律」。中文，邏輯虛字，「或」字，是典型的「排異分接符號」。或甲，或乙、甲乙矛盾，不可得兼，又無中立可能。遵守矛盾律和排中律。非乙，則是甲。是乙，則非甲。用數理符號計算。是非只有兩端：一端積極，一端消極。分別擇取，也是只有「取、捨」兩事：或取，或捨，取是肯定，捨是否定。今有甲乙兩端，「排異分接」，不得同取甲乙，也不得同捨甲乙，必須取一捨一，取甲則捨乙，取乙則捨甲。用數理格式列表如下：

表一

甲			
捨	取	或	
是	非	取	乙
非	是	捨	

0	1	或
1	0	1
0	1	0

表二

二	三	一
乙	或	甲
取	非	取
捨	是	取
取	是	捨
捨	非	捨

乙	或	甲
1	0	1
0	1	1
1	1	0
0	0	0

表三

3	2	1
或	乙	甲
非	取	取
是	捨	取
是	取	捨
非	捨	捨

0	0	1	1	甲
0	1	0	1	乙
0	1	1	0	或

解釋以上三表的符號及邏輯意義：

一、「或」字是「分接詞」：排異分接。矛盾兩端，一甲一乙。可取一捨一。如是則是。不如是則非。同取或同捨，皆非。「或」字是一符號。

二、「取」是積極符號，代表肯定，或取納：也代表真

三、「捨」是消極符號，代表否定，或捨棄：也代表假。

四、「是」是肯定符號：肯定合於「排異分接律」。

五、「非」是否定符號：否定合於「排異分接律」。

六、「甲」是一符號，代表任何賓辭，或論句。

七、「乙」是一符號，代表任何甲以外的賓辭，或論句，甲乙，在此處是矛盾的兩端。

八、「一」是一積極符號，代表「取」，「是」，「真」之類。不代表數目的「一」字。

九、「〇」是一消極符號，代表「捨」、「非」、「假」之類。不代表數目的「零」，但和「零」相似。

十、意義：以上三表，意義相同。都是代表「排異或字」的邏輯規律和用法。表三讀法，先讀第一行，後讀第二行，最後讀第三行。和四規算術相比較。第三行是總數，或所得數。第一行和第二行，是相加數。總數得「一」時，零加一，得一。頗似「加法」。

十一、「排異或字」，和「相容或子」不同。「相容或字」，兼取甲乙、甲乙相容，可同取，或分取其一，但不可兼捨。例如張三或高，或瘦，（可同時又高又瘦）。全似「加法」。

高	瘦	或
1	1	1
1	0	1
0	1	1
0	0	0

十二、矛盾兩端，「甲、乙」數二。「取捨」兩事，也是數二。「二二得四」是乘法的定律。如此，配數計算，數理準確至極，共有四案。判決案件只有「是、非」兩狀。到「排異或字」的法廳去告狀。必得的判決書：「兩案是」、「兩案非」，到「兼容或字」的衙門裡去，必得的判決書共有「三案是」、「一案非」，均如前列數表。四案的數目，不多不少。判決的是非，規律嚴明。數理化，符號化的邏輯優點，就是在此。周詳、明確、簡易。

用「矛盾對立推衍法」，不但可以推知定義，而且可以品定優劣，可以推知情況，可以測量多寡，可以推測有無。從此可見，矛盾推衍法，極富彈性：助人開拓知識。極富辯證性：助人推證是非。知其一，即知其二。直接開拓知識。經其二，證其三，間接推證結論。「一生二，二生三，三生萬理」。「生」字的邏輯意義是「推衍」。由一知萬，惟在推衍。矛盾推衍，是必然的：宛如光必有影，聲必有響；有前提必有結論。矛盾推衍，是準確無疑的：甚於耳聞目睹：有邏輯和數理的精確牢穩。但矛盾推衍，不是無限的，必須先知一端：已知的知識程度，涵蘊深邃；彈性廣遠，潛能雄厚，但非無限。故此，由已知推衍未知，常受已有知識程度的限制：推衍得來的知識，總不如矛盾兩端，同是已知，萬理現前，全體光明。無奈，人生此世，只知一端，不是兩端同知。只知有形世界，不知無形世界。欲知無形世界，必須由有形推知無形，可幸，有無矛盾，推衍出於必然。直知有形，推衍無形。反回來，悟證有形世界的真諦和神妙。如此，下學上達，上下反覆，咀嚼玩味，是人理性知識的本然。思之！思之！思則得之，神以通之。神通智達，知在妙悟。

格物致知，惟在即物窮理。即有形之物，窮無形之理，深思窮索，路在矛盾推衍。由有形實體，推知無形實體：知其定義，知其本體，知其優劣，知其生存情況，證其有無；量其多寡；斷定其同異程度：釐定其本體品級，及其宇宙間的位置。分類的邏輯，用矛盾二分法的辯證，貫通形上形下，滿足理性需要，助人認識，全面的宇宙觀：關鍵何在！在「學究天人」。欲知天，不得不知天之神！樂學眾士，博通古今，奚為乎，不問津「天神博士」，天神博士的主要論題之一，就是本問題：「神體二種一體」，及其中所用的分類法。

乙、宇宙觀生存與生存之流——一、人，「心物初接」之時，第一個印象，第一個經驗，第一個反省的自覺：是「物」，或複稱「物體」，泛指任何可思的「事體」和「物體」。即是：事事物物，兼指事事物物的情況。「物體」大公名，是至高無上的「賓辭虛位」：實際無所專指，同時能作任何實名的賓辭。凡是主辭、賓辭、人心可以設想者，都包括在「物體」大公名的廣大範圍內。「物外無物」，不但不可有，而且不可思。凡是現有、已有、將有、能有的事事物物，都是「物」。

甚至消極名辭所指的名理，「虛無」，「殘缺」之類，既有名理可思，便都可以說是「物」。在這廣泛的意義下，「物體」大公名，統指「有」、「無」；遍指萬類：超類、超形。和這個「物體」概念，不能分離的另一概念，便是「生存」。物是生存的主體。「虛無」、「殘缺」之類的名理，是心際事物，在人心中有其生存。在人心以外，有生存的物體，是「實有物」；無生存的物體是「實有」的否定：即是「虛無」。將「物體」用「二分法」分成「實有」和「虛無」、兩個大範圍用「生存」作「分異因素」。「生存」二字的第一個邏輯作用（理性知識的作用），是分別「虛實」，或「有無」。凡是物體，或是「實有」或是「虛無」。猶如數目，凡是數目，或正或負，零以上，從一加至無限止，都是正數。零以下，從減一遞進，以至減千減萬，成減無限，都是負數，正負兩類數目組成數目系統的全體。同樣，「實有」和「虛無」兩類「物體」，組成物類系統的全體。論物，只論無則概念無由形成。論物，只論有，則「有」之真義不全。既知其有，便知其非無。「有、無」不辨，「有」義未全明瞭。「有、無」是矛盾兩端，知一必須知二，始得意義的真全。肯定其一，正是否定其二。否定其一，正是肯定其二。二者不知，則肯定否定，俱失所云：不堪謂真知「物」之所謂。「實有物」，是人心外、有生存的物體：生存又分自立或不自立。自立者，是實體。不自立者，是附性。附性依附實體。以實體為主體。轉進、比較優劣：「實有」優於「虛無」。分優劣，必知善惡。善的概念，以「實有」為基礎。「實有物」是「在實有界，有生存的物體」。從此可見，「生存」之理，是「實有」的成因，兼含「美善」之理。「物體實有」，或多或少：即是或一或不一。一是單位，多是許多單位。單位成於生存，物無生存，不足成為單位。單位之理，兼含「獨立統一」之理，都涵蘊在生存之理中。其餘種種形上概念，凡是積極意義者，都建立在「生存」之理上。生存之理，兼涵萬善之理。例如：真實、美善、尊貴、崇高、生命、能力、聰明靈智、行動等等，都以「生存」為先備條件。「生存」之理，是萬善眾理的總匯和根源。生存之善，是萬善中的至善。生存之理，是萬理中的至真和至全。果有生存，物物皆實，去掉生存，萬事皆虛，物歸無有。人心與物接，一般先知生存之實有。但，先愚後知，先無後有，有無相生，因有知無，因無知有。有人說：人究竟先知無之為無，後與物接，始知有之異於無，遂知有之為有。老子：「萬物生於有，有生於無」。生存如是，知識亦然。普通經驗：人先知有，然後，因有知無。先知「生存」，後知「亡失」。仔細思想，人心經驗，最始之時，是否先知無，而後知有，哲學家，意見不一。聖多瑪斯認為：凡有矛盾兩端，必分「有、無、虛、實」。實有者，積極。虛無者消極。一肯定，一否定：人先知肯定，後因肯定以知否定。例如，人先知眼有視覺，後因眼目失明，始知瞎人盲目。果如此，人先知「實有」和「生存」，後因生存之否定，始知「無生存」，即是始知「無有」。

二、生存界限與物類品級——繼續上文，用「二分法」，「實體」分為有形、無形。有形實體之間，「生存」界限有二，一是個體界限，一是性體界限。同種之下，劃分個體。個體生存的界限，限於物質塊然的積量。同類之下，劃分種界，種性的界限，定於性理。性理結合物質，彼此互相限制，構成性體。凡是有形物體，既有生存，必有性體，並有性體的界限。火有火性，水有水性，獸有獸性，人有人性。各物有界限明確的性體。各物因其性體固有的界限，領受生存。分析言之：物質因其虧虛之容量及潛能的程度，領受性理，構成性體；性體，按其理性的定分，領受生存。性體之生存，又按個體的物質條件，分賦於個體。每個單立物體的生存，既受物質積量塊然的界限，又受性理的界限。物類的品級，便是因性體界限、或生存程度而定。例如無生命的物質元素，是第一級，無機化合的礦類是第二級，植物是第三級，動物是第四級，人是第五級。聖多瑪新和許多人認為，天上形體是第六級。無形的神體是第七級等等。各級的分類都是用二分法。

無形實體，是人類直接所不知。但用矛盾推衍法，既知有形，即可以推知無形。有形在於有物質。無形者必無物質，也無物質的長寬高厚等等積量。為此理由，無形實體的生存界限只有一種，即是性理的界限，它們的實體，是有自立生存的性理，而沒有物質。它們的性體，不是物質與性理之合。只是性理。它們的性理就是它們的性體。普通說來，在無形實體內，性理就是性體。每個有形實體是因其性理的定分，領受生存。有自立生存的性理（沒有物質），便是「神體」。這樣的性理能有許許多多，故宇宙間，能有許多神體。這些神體的生存，只有性理界限，沒有物質積量的界限。每一個神體自成一種。同種之內，獨立無偶。為什麼？有兩個理由：第一，方才說了，神體沒有物質，更沒有物質塊然的積量，故無法在同種之下，劃分個體。天神的個體生存，只好以種界為限：一種一體。第二，天神每個既然只有性體界限，沒有物質塊然的界限，故此，每個神體一身兼備本種性體，所能有的一切美善。故，依「目的律」論之，不需要分別許多個體。個體分多個目的，是用許多個體連合承載，一個物體無力承載的本種性體所能有的美善。神體性理，竭其所有美善，匯聚於惟一神體，故一種一體。不是一種多體。假設神體實有，神體分種，必是如此。這一點是本問題的焦點。這裡所說的「神體」，是「天神」。

三、生存之源——凡是有形無形的實體，都是因其性體的界限，領受生存。將「生存」和「性體」相較，性體有虧虛的容量，又有性理的定分。

它的容量是有限的。「生存」充實性體虧虛的容量，不超過性理的定分：生存是「盈極因素」，充滿性體的虧虛，實現它生存的潛能，達到盈滿至極的程度。性體是虧虛的領受者，領受自己所無的「生存」。領自何方？領自本身以外！有形無形的實體，是宇宙的全體。宇宙全體，自宇宙外面領受「生存」的賦予。領自誰？領自「生存之源」。領受時，性體與生存同時俱來，並出於「生存之源。」

「生存之源」，純是「無限生存」——生存之源，是生存之流的矛盾。生存之源，施與生存。生存的川流，領受生存。「施者、受者」，是矛盾的兩端，又是一個二分法的自然資料。生存之源，不是生存虧虛的性體：既無物質界限，又無性體界限。它是「無限的生存自身」：生存純粹無限。凡生存之理，所能涵蘊的萬善萬美，都匯聚於「生存之源」，匯合於純一，純淨澄澈，獨一無二，至高無上。萬物主存之源，名造物者，又名：「天主」。「造物者」和「受造物」，又是一對矛盾的兩端。比較推衍：既知受造之物，必能推知造物之主，方法有三。一是否定法：萬物的缺點，天主都無。萬物的缺點，或來自物質的虧虛，又來自形體塊然的限量，和性體之界限，或只是來自性理界限。天主，無物質，無虧虛，無形體，無性體。萬物有性體，故有定義，定義就是界限。天主無性體，故無定義，無界限。萬物可名可言，故可思議。天主無名可名，無言可言，不可思議。二是肯定法：萬物的美善，天主都有。每物的一切美善、不但是來自生存，而且是生存的引申。生存來自生存之源，萬善來自天主。這個肯定法，也叫「類推法」。假設「生存」是類名：分成「有限」、「無限」兩種。無限者是「源」，有限者是「流」。兩者就其種別特性而論，固然互相矛盾，但類名，「生存」之理，卻是兩者所共有。就其共同之點，自然由一端可以推知另一端。三是超越法：凡是美善，萬物所有，都是有限；天主都有，並且都是無限。天主超越萬物無限倍，萬善之理，匯聚歸一：歸於「生存」，「生存自立，至一至純，盈極無限，純粹盈極，不含虧虛」。柏拉圖說：無上實體、至一、至善、至美」。亞里說天主是「純粹盈極，生活飽滿，靈智自覺，常動常靜，常動以動萬物。常靜自不受動」。聖多瑪斯說：天主是「生存自立的純粹盈極」，又簡說：是「純粹的生存」，或更簡說是「生存益極」。往代眾哲都知天主不堪思議，或強為其難，狀之曰：「無限福美的大光明海」（參考明儒金正希，《應事》）。如此，下知形界，上知天主，中知天神：推證法，大同小異，都用肯定、否定、超越三法。最後，始自二分法，及矛盾對立的推衍（回閱前第五問序文）。

四、「才說性，便言天」——性者，生也，天主所賦。「性」統指「性理」與「性體」。在形體內，性體是物質與性理之合。在神體（天神）內，性體只是性理而無物質。在天主，性體與生存無別。天主是「生存」：純粹絕對無限的「生存」。天主的性體和實體「純是生存」，是「生存自身」。簡單說：天主是「生存」。天主以下，性體與生存無別。性體以其虧虛，領受生存；又以其性理的定分，限制生存。生存無限，個體無由分。個體眾多，生存必有限。每個物體，除非天主，都是「主體分賦生存」：各自分取有限的一部分，取自生存之源，是「天主的恩典」。注意：生存是天主賞賜的恩典，彷彿是一件東西，或實體，但又有比實體更深更高的意義，它是實體內在的盈極因素。性體是天主給所賜生存，規定的界限。猶如工匠、製杯、酌酒。工匠，代表天主。杯代表性體。酒代表「生存」。性體的杯，以其虧虛的容量，並以其長短方圓的條理，分取一部分生存的美酒：杯裡的酒，是工匠的禮品；表示其酌酒待客的情誼。惟需理會到以下這個分別：人間的工匠，不是酒。天主、造生萬物，卻是「生存無限的純酒」：將自己「生存的美酒」，分別斟滿每物性體的杯。天主無限生存的酒，流布於萬物，而自身常是盈滿無限，猶如日光、照明萬物，每物領受一部分光明，反照他物：日光不為稍減。那麼：每物分領的光、和日光自身的光、有什麼分別？有什麼關係？這個問題，為確定「生存」的真義，極關重要。簡答如下：

萬物反映日光、而發出的光明，是每物自己的光。不是日光的自身。日光白亮，樹葉鮮綠。葉光、日光，顯然不同，但樹葉鮮綠，全是來自日光的化學作用。鮮綠有光可見，也都是反映日光。同例：每物所有的生存，都是來自天主的生存：如杯之有酒，葉之有光；又如河之有水：來自固有的泉源。萬物的「造化生生」，是「天主生存的流傳」。**源流相接，貫通無間。但，有限與無限，相差無限。**知其相差無限，則知天主和萬物有別。知其貫通無間，則知天主和萬物，生機相通，困果關係、相結。天主以其生存，以其實體，以其「生之存之」的能力，遍在萬物，並且深在萬物內部。以深入實體的程度而論，性體深，性理更深，「生存」最深：直通生存的源頭。在此源頭上，留神觀察每物的生存，直從「生存之源」中湧流出來：「物心天心」，親密脗合。生機交流。「性體」無「生存」，不成實體。生存充實性體：建立實體。生存是天主賦予的。性體的容量和界限，是天主制定的。為此，必須說：性體是天生的：「才說性，便言天」。「物性」是物的天性。人性是人的天性。物的「本性」就是物的「天性」，為什麼理由：因為「生存」來自天主。生存的界限，也是天主所定。「性體」或「性理」的意義，本身曖昧不明，是潛能，是虧虛。必須先明瞭「生存」的實義，和它與性體的關係，然後，才能確定「性」字的意義。哲學，果欲盡性窮理，明體達用；必須明瞭性理，性體，和生存，三者的同異和關係，主要在認清「生存」的形上意義和任務：「生存」從內部深處，充實性體，建立實體。實體的價值，才能，功用，行動，和一切美善，都是「生存」的「流行」；最後淵源來自天主。「性者，生也。生者，有也……性出於天」（清儒王船山，《內篇》）。

丙、必要的兩個假設：第一、「生存」和「存在」不同。——「生存」和「存在」，在日常用語上，往往混而不分；但畢竟有些分別。例如說：「維持生存」，不說：「維持存在」。又說「謀求生存的幸福」、「提高生存的程度」、「改善生存的條件」、「保衛生存」等等……不說：「謀求存在的幸福」……因為「存在的幸福」，好像是說：「現前實有的幸福」。已經實福在握，就不需謀求了。「謀求」，是謀求「現前尚不存在，將來可能得到的生存條件」。適意的生存條件，是生存的幸福，現不存在，故需謀求以得之。再例如說：「生存」二字，能是動詞，並且能是施動的動詞，也能是受動的動詞。「生存保養」是說：「生存之，保養之」。或分析說：「生之存之，保護之，養育之」。在以上這許多語法中，用「生存」二字，意思通暢。改用「存在」二字，則意思不順。可見「生存」和「存在」在日常用語上，不是完全相同。又例：活人生存，並存在。死人的屍首只存在，不生存。

在哲學術語，至少在聖多瑪斯字彙中，必須假設「生存」和「存在」不同。「生存」是形上的。「存在」是形下的。形下物體存在，可以眼見手摸。假設眼見手摸的某物是存在；同物，在眼不得見，手摸不著的時候，就可以說是不存在了，但它仍能在眼見手摸的範圍以外，繼續生存，只是改變了存在的處所。無論如何，以思想的次第去比較：物先有生存，而後有存在。歷史上，曾有「一個人，有一個生存，但同時有兩處存在」的奇蹟：「分身存在」，有兩處的存在，卻仍舊有同一的實體和生存。足見生存和存在，不相同。確切言之：「生存從性體內部的深處，充實性體，建立實體」。另一方面，「存在，只是已有生存的實體，占領實有界的一個位置」，或「占領時間、空間的一部分」。如此分別比較，顯然，物先有生存，而後始能占領位置。「占領位置」，不必同時是「有生存」；因為物在未有生存以前，仍可預占空位。「虛無」占領位置：是空位，或缺席，漏洞……。「虛無」，能占領位置：真實存在。宇宙間，真有「虛無」但「虛無」沒有生存。換言之，「實有物」，有生存，並有存在。存在是生存的第一效果，和生存不能完全分離。但「虛無」，只有存在，沒有生存。例如空洞無物的處所。從此看來，「生存」和「存在」

不全相同。

再進一步，「生存」指示兩個關係：第一是「生存充實性體」。「生存和性體」的關係，是「盈極與虧虛」的關係，猶如酒與酒杯的關係，兩相矛盾。同時「盈虛配偶」，結合一體；矛盾的兩個成分，結合如一。「物體領受生存」、是矛盾的兩個事物：一個是空虛，另一個是盈極。一個容納另一個。「**物體和存在**」，不能有這樣的關係，「存在」是浮面的效果，以「生存」為原因。「存在」，不是物本體內部的盈極因素，不從物體內部性體的深處建立實體。說：「某某物和存在」有矛盾的關係，有「某某物不能存在」的意思。說：「某某物和生存」，有矛盾的關係，卻是說：「某某物，沒有生存，但能領受生存，如同酒杯沒酒，但能盛酒」。易言之，矛盾關係分兩種：一是矛盾配合，一是矛盾不相容。說：「物體與生存，互相矛盾」，是矛盾配合：盈虛配合。說「物體與存在，互相矛盾」，是矛盾不相容，等於說：「某某物體，不能存在」。對於有生存的同某物體，可以說它和生存矛盾，不可同時說它和存在矛盾。猶如「酒滿的杯」，仍有「杯酒」之間的矛盾關係，但

「杯和存在」沒有矛盾關係。「杯和滿」也沒有矛盾關係。換言之，酒杯和酒有矛盾關係。杯是虧虛的容器，酒是盈極因素。酒杯和存在沒有任何矛盾關係：同樣，「物體和生存」有必然的矛盾關係。「物體和存在」，沒有任何矛盾關係。假設，必說：某物體和存在，有矛盾關係，那就是說，它不會存在。猶如說：某某酒杯不會斟滿（杯代表物體，酒代表生存。「滿」，代表「存在」。「生存」不是「存在」，猶如「酒」不是「滿」）。以上是「生存與存在和性體」的關係。足證「生存」不是「存在」。

第二個關係，是「生存和生存之源」的關係，即是：「生存和造物者」的關係。物體，用性體虧虛的容量，從「生存之源」領受「生存」。每個物體的生存，是從生存之源湧溢出來的「生存之流」。「生存」，是天主賞賜的秉賦：指示萬物和天主的關係：「受造物」和「造物者」的關係：「受造物」仰賴造物者而得生存，息息相關，如水流之仰賴水源。「生存」二字，指示這樣的形上關係。「存在」二字，是這個關係所產的效果；並且是「在實有界占領位置」，是「已有生存的物體」和

「實有界」發生的關係：這個關係，是實體外在的附性，不是「從實體內部，建立實體」的內在因素。「存在」二字所指的這個關係，和「生存」二字所指的關係完全不同：「存在」往往是形下的，常是附性的。「生存」，常是形上的、本體的，永不是附性的：「生存」建立實體。「存在」依隨實體。

此外，許多事物只有「存在」，沒有「生存」。「死亡」的事實有存在，沒有生存。「罪惡」有存在，也是沒有生存。如說天主是「存在之源」，萬物，凡有「存在」，都是「存在不流」，那麼，死亡和罪惡有存在，也是天主存在之流！「萬善真源」竟和「死亡與罪惡之源」同流合污了！豈不大錯？！名辭，選擇失當，便生出這樣的錯誤。果欲避免錯誤，「必也正名乎！」何況「生存之流」，可以言之成理，「存在之流」，壓根不像話，因為辭理矛盾：「生存」，兼指動靜，超越動靜：它指形上的「造化流行」，能流動分佈，也能長安靜止。實際說：它超越形下的動靜。實體內的生存，來自天主，像似天主，生存盈極：常動常靜。「存在」卻是「靜而不動」：只指靜止的現有，沒有任何流動的涵意。在哲學的運用上，可以說：性體和生存有矛盾的分別，因為性體是靜的：不受變化，恒常如斯。「生存」兼指動靜，能有始終，能受變化。人在母胎中，經過各級物類的生存階段和變化。聖多瑪斯和許多人，主張如此。性體是虧虛的容器，生存是盈極因素。但如說：「性體和存在」互有矛盾的分別，便不適宜：因為兩者都是「靜」的。另一方面，生存圓滿的實體和它的存在，沒有本體矛盾的分別，只有「實體和附性關係」的分別（前者已有說明）。「生存」，建立實體，不是附性。

「生存」的涵意，不但兼指動靜，而且兼指萬善。「存在」二字，不但靜止，而且浮淺，不能涵蘊萬善。說「天主存在」和說「萬物存在」，兩次所說的旨意，都是浮淺的說出「占領實有界某某位置」。是附性的外在關係和狀況；不指實體深處，活潑雄厚的生存動力，也不指「生生不息」，浩浩蕩蕩，澎湃湧溢的「生存之流」，只指示「呆板靜止，浮淺空洞的位置之占領」。和「涵蘊萬善，內容豐富的生存」，全不相同。思想方面，思萬善，不得不思生存。思生存，必思生存盈極，兼涵萬善。反之，思「存在」，只思無善無惡的靜止現實，並思「實有界某位置之占領」。是一個附性的關係辭，沒有生動力和本體萬善的含蓄。單看字面，「生、存」兩字互訓，「存，在」兩字互訓，意思顯然不同：一指動，一指靜。「生存」是「活潑生動」的！但不是生活，也不是生物的行動。

二、第二個假設：「生存和生活不同」——「生存」的範圍寬廣，「生活」的範圍狹小。地生礦物，例如金石，也生植物動物。植物、動物、有生存，並有生活。金石只有生存，沒有生活。但在生物的實體以內，生存和生活是一回事：聖多瑪斯說：「生活就是生物的生存」。如此，「生活」二字能指「物體的生存」，也能指「生活行動」。「生活」指「生存」，是指「生物的生存」：它從實體內部建立實體。「生活」指「行動」，是指「生存圓滿的生物，發出的行動」：它是實體生存的效果，從實體生存的盈極中湧溢出來，依附實體，屬於實體，不建立實體。依次第相較：「建立實體的生存」，是第一生存。「工作行動」是第二生存。第一生存是本體生存。第二生存是附性生存（原是「附性」）。就源流而論，每物實體的第二生存，是它第一生存的「流行」。換言之，附性行動是本體生存之流。萬物的本體生存，個個是「天主生存」之流。「存在」呢？「存在」和「行動」，都是「本體生存」的效果；並且「存在」是一個「靜止」的形容辭：描寫「占領位置」的靜止狀況，非常廣泛，甚至也可形容「行動」，作「行動」的賓辭。例如說：「某某行動存在」：「火燒樹林的事實存在」。故需注意：用「存在」作「行動」的賓辭。辭理適宜；但如用「生存」作「行動」的賓辭，說「行動生存」，便不適宜。「生存」是建立實體的內中成因。「生活」是建立生物的原因。「存在」是已經建立的生物或實體，在實有界，占領一個位置：前面說明了：這樣的「占領」，是實體對外發生關係：是從外面依附實體的一個附性，不會從實體內部建立實體，或充實實體，不會如酒充滿酒杯。總而言之：「生存」或「存在」，兩者互有的分別是「原因」和「效果」；「內中成因」和「外部關係」；「本體」和「附性」；「兼指動靜」和「單指靜止」：深厚生動」和「淺薄呆板」之間的分別，生物的生活，和其存在，有同樣的分別。

三、附錄：「生存」與「實有」——「實有」的意義，更接近「存在」。「真實存在」，叫作「實有」，也是「在實有界，占領位置」的意思。物，先有生存，而後「實有」。思想的次第，分別明顯。先有「生存」建立實體，然後，實體才可以說「實有」。惟需記得，思想的先後，不是時間的先後。「生存和實有」，一時俱來。「生存」是「物本體的豐富內容」。「實有」，即是「存在」，是「此內容的持續保留」，是「在實有界，占領位置，停留不去」。是「空洞的附性關係」。如說：「天主是生存自身」，或說：「天主是無限生存」，都有「實體自立」的意義，是正確的。但如說：「天主是實有自身」，或說：「天主是無限實有」，等於說：「天主是存在自身」，或「天主是無限存在」。意思是說：「天主是一附性的空洞關係自身」，或是說：「天主是一無限空洞的附性關係」（即是說：天主是「某某位置之占領，或空洞的停留」；都是毫無意義，而且是荒謬至極的。同樣說：「性體與生存」互有「盈虛配合」的矛盾關係，是有意義的（詳解見前），但如說：「性體與實有」，互有矛盾關係，等於說：「性體和存在」有矛盾關係：這個關係，不是兩個本體因素、盈虛配合的關係，而是實體與「附性關係」之間的關係。強說：

「實有」，是實體（天主），或說「實有」是自立實體的內在因素，便是違犯了名辭的真義。「附性關係」依附實體，不會建立實體。實體，先有「生存」，而後始堪稱為「實有」，或存在。「有」或「在」都是對外的附性關係辭。「生存」卻指示絕對的意義：從物體內部，建立其實體。

「生存」是一「盈極因素」，從「生存之源」注入性體的虛懷中，從內部充實性體建成實體，「生存」不是實體，而是實體內在的成因。它的意義，超越實體、超越性體，和性理。它是實體欲實有於自然界，必須先備的條件；它是「天主生存的流行」，是造物者的第一效果：深在實體的根底。實體，有了生存，始有資格在實有界占領位置。就是說：始能存在，始能說是「實有而非無」。果然如此，可見「實有」，或「存在」，等於說「立足於實有界」，不是建立實體的內在成因，而是實體，既有生存以後，和實有界發生的關係：並且是「實體」的附性效果，不是實體的內在成因。「生存」是「盈極因素」。「存在」或「實有」，是「盈極現狀」，是「生存盈極」的效果。「生存」是大公名。萬物化生，是天主的造化生生，都有生存。凡真實存在的實有物，都有生存，礦物，金石之類，也有生存，但無生活。

丁、**總結上文**：將「生存，生活，行動，存在，實有」等等名辭的同異，確定清楚，將「生存和性體」的關係，以及「性理與物質」的關係，認識準確；始可明瞭「物類品級整個系統」的本體分類法」。它是「矛盾的二分法」，遵守「排異分接律」，劃分生存的界限。根據矛盾對立的推衍法，可以推知：天主是「生存自身」，既無物質界限，又無性理界限。超越物類，超越宇宙。天神是「生存目立的性理」，只有性理界限，沒有物質界限，一種一體，不是同種多體，並且不能是同種多體，天神是無形實體。分類分種，每種一體。宇宙間所餘的「有形實體」，是「生存自立的形體」。它們的生存，既有性理界限，又有物質界限：不但類下分種，而且種下分別許多塊然的個體。根據這樣的分類法，自可找到必然的理由，去證明「天神一種一體」的結論，這是本問題的答案。

「生存」是「從實體內部建立實體」的「盈極因素」。「生存」和「存在」的意思不同。和生活行動的意思也不相同，這是必須有的假設。只是在這個假設之下，去研究聖多瑪斯的思想體系，始能提綱挈領，頭緒分明，免墮迷霧。「生存」和「盈極」兩個名辭的重要，理由尚多，難以盡述。上文簡陋，粗指要目而已。惟求滿足本問題的最低需要。問題是「生存的界限，和個體分異」。

然則，以上這些假設，只是研究工作的先備條件，不必定是登峰造極後的歸宿。因為，關於聖多瑪斯筆口不離的「生存」二字，歷代哲人意見頗不一致。將來排紛解難、發明真理，尚待有志學人，尤有待於漢語哲士。漢語固有的邏輯特點，將有助於思想的分析。漢語條分縷析，審思明辨，精深研幾，周詳細緻，不是繁亂瑣碎，最適合分類邏輯的哲學方法，超越現有各種語言。

宇宙間的靈智問體，是《神學大全》的縮型和路線圖（回憶第一問）。本節，「神體，每種一體」問體，是「宇宙全面觀」的關鍵，是「有形」和「無形」矛盾對立的接衝點：矛盾兩端，互相推衍，有助於明瞭「形體」分類的深意，不獨有助於上知無形神體。哲學窮理盡性，事在格物致知，法在對立推衍。一物不備，不足謂物格。一理未窮，不足謂盡性。萬里匯合，咸聚於「生存」。「生存」之理明，「性體」之理乃盡。每物生存，是天主無限生存的流行。每物性體是生存之流的容器。生存界限，劃分實體，釐定物類品級，構成宇宙總體。本問題推證天神無形實體，每種只有一種是「天神博士」，窮理之極致。故逐句直解正文，臚列於下：幸見聖多瑪斯，「有話說與知人」，存讀者，可以備忘焉。

正文：分類邏輯和宇宙觀

甲、問題

問題是：眾天神彼此間，是否都有種別？

乙、否定的意見

乙一、聖奧斯定，《教義提綱》，章二十九，曾說：「物類繁多，天主所造。惟人類具有理智，受造以後，屢次犯罪受罰，全類頻於喪亡。只有一部分，功德聖善，幸得天主救贖」。從此推論下去，可知：假設眾天神，個個（自成一種）彼此間都有種性的分別；同時假設，許多天神墮落，不可挽回，必致許多種（天神）的性體，盡歸喪亡，無可挽救。理智的性體，全種滅絕，非天主上智之所可容忍。明證於上面引據的名言。從此可見，眾天神彼此之間，不是個個都有種別。

乙二、天主純一，不含分異。物體越近似天主，越少分異。依物性品級，天神近似天主，勝於人類。物彼此分異，種異數異者，甚於種同數異。眾人彼此分異，只是數異，不是種異，如此比較，可以想見，天神彼此間的分異（是數目上分異），不能是種性上分異。

乙三、某些物體，性理相同，是它們種有性體相同的原因：性理相同者，種必相同。物質的因素不同，只會是許多物體，分別個體數目不同的原因。物質的積量不同，故數不同。天神的實體內，生存與性體之關係，乃是性理與物質之關係。所有一總天神，各個彼此間在生存上沒有分別，在性體上互不相同（但性體對生存的關係，即是物質對於性理的關係，物質不同，只是數目不同），從此可見，天神彼此間的分別，只是數目的分別，不是種性的分別：天神都是數異種同的。

乙四、每個生存自立的實體，受天主造生以後，都是單立體，包括在某個全種公有的性體範圍內。如果某單立體是物質與性理的組合，種名所指的性體作它的賓辭時，指示它組合的全體。如果某單立體沒有物質之組合，只是單純的實體，即是有獨立生存的純理；它的種有性體給它作賓辭時，指示它實體的純理。天神，是天主造生的，又是自立的實體，不論是物質與性理之合，或是不含物質的純理，都不能不屬於某個「種有性體」的範圍以內。然則，凡是「種有性體」（都是大公的），都不拒絕為許多個分立的主體所公有。同樣，個體既然只是物質積量塊然劃分所產生的數目上的分立；故此，也不拒絕有另某個體和它共有同樣的種性。從此看來，可見同種之內能有許多天神：種同而數異。「在永遠常存的物體內，沒有生存現實與生存潛能的分別」。此說見於大哲《物理學》，卷三，章四（頁二〇三右三〇）。意思是說：沒有現實與可能的分別，可能有者現實必有。那麼，天神彼此可能是種同數異。故此，現實必是種同數異。

乙五、天神彼此間有完善的愛情。凡完善愛情之所有，無不應有盡有。吾人學說不可強加折扣。愛情的美滿，需要同種之內分許多個體。試觀各種動物都是同種者，自然互相親愛。《聖經上》，〈德訓篇〉，章十四（章十五，節十九），說：「凡是動物，莫不同類相親」。從此看來，天神們，也有許多是數異而種同（否則，彼此間的愛情，不能盡善盡美，既多缺憾，必多苦惱，不合天神的體統）。

乙六、根據鮑也西的《邏輯名論》，只是種名有定義。故此，定義相同者，種不能不相同。凡是天神都有同樣的定義：「天神是智性的實體，常動常靜，意志有自主自由，沒有物質形體，輔佐天主，因有聖寵，故有常生（常生不死，世是天神的本性）」。以上是達瑪森給天神擬定的定義，見於《正信本義》，卷三（卷二，章三，《希臘教父文庫》，卷九四，欄，八六六）。由此觀之，凡是天神都屬同種。

乙七、觀察物類性體的品級，天神比人更接近天主。但天主性體，數一而位三：同一性體，為三位所公有。人類也是許多位人物共有同種的一個性體，每個人是一位。天神近於天主，高於人，更需是位分許多，共有一性一體：共有同種的性體。

乙八、聖師額我略（《勸言》三四，《福音註解》，十四、《拉丁教父文庫》，卷七六，欄一二五五丙），曾說：在那天上的祖國，福善全備，凡所配給，縱甚卓絕，絕非一人獨得；萬善萬美，眾人均享；程度有異，福類相同；人人得無盡藏。人果如此，天神更是如此。故天神與天神相比，只是程度高下互異。但程度的差別，不劃分種界。故天神都屬同種，彼此沒有種別。

乙九、至貴相同者，種必相同。種徵貴於類徵。種徵是種別因素。類徵是類別因素。類與種別之關係同於物質與性理之關係。在性理的價值上作比較，種別貴於類。換言之，種別名之所指，貴於類名之所指。所有一總天神，各個彼此都同於至貴，即是同於智性的本體。故此凡是天神都是同種（都是神體之種）。

乙十、「矛盾二分法」用兩個種別名，一肯定，一否定，將某類分成兩種。肯定者，優越、積極。否定者，卑劣、消極。卑劣消極的種，可以再分成許多低狹的種。它的可分性，比（優越積極的）對立種，範圍更為廣大。分出的低級種，數目更為繁多。例如動物分有理性和無理性。無理性的這一種，比有理性的那一種，更能分出許多範圍低狹的種（這是萬物分類的邏輯定律：積極肯定者，範圍確定，界限劃一。消極而否定者，更義含渾，範圍不確定，界限不分明。固然兩者都可分，但消極的可分性，大於積極者。消極名詞，往往叫作「無限定名詞」，積極名詞是「有限定名詞」。察其名理之自然，即可知何者更為可分）。然則，神靈之類的實體用二分法，可以分作「可合」與「不可合」兩種：「可合者」，可以結合形體；「不可合者」，不可結合形體。「可合者」，例如人的靈魂是神體中較為卑劣者。（雖然「可合者」，是一積極名辭，它的積極性，只在言辭的外表，不在意義的實質）。人的靈魂，事實上，不能再分成許多性體不同的種。另一方面，「不可合者」，例如天神，實質優越，名理明確，勝於人的靈魂。這樣比較起來，足以明見：靈魂卑劣，尚不可分成許多種，何況天神呢？（故天神，都是同種，不分許多種）

乙十一、教宗玻尼（詳名玻尼法爵），曾說：戰鬪的聖教會中，聖職的敘品系統，擬似天朝軍伍的系統。所謂「天朝軍伍」，便是天神眾多所組成的系統：品級、職權，上下分明，秩序固定（如網在綱，條理一貫）。然則，戰鬪的教會中，眾人品級和職權的分別，並不是產生種有性體上的分別：職別不是種別。依同理，眾天神雖然品級不同，或系統的支脈不同，但在「天朝軍伍」的總體內，所有一總天神也不是種類不同。天朝軍伍，既是戰鬥教會的模範，以此可以例彼（戰鬥的教會，是現世人類所組成的教會，是人人可以觀察得知的，知此證彼，結論必然：一總天神都屬同種）。

乙十二、下方，物質原素的世界上，點綴著動物植物。高空的星天上，點綴著日月星辰。依同樣的比例，太上方的「神國天界」，即是「純火天上」，點綴著天神的神體。下界的動植，許多是數異種同的。星天的日月星辰，共有同樣的「至貴性理」，都是性體光明閃爍的星球。星球所以然是星球，本體內在的性理，便是星球的「光耀力」。它們的性理既同，故此是同種。以同樣的比例，天神也能屬於同種，或總體一種，或至少有某些同屬一種。

乙十三、假設許多天神彼此種不相同，其原因只能是因為它們的本體不含物質。既無物質，不但必不能分別「個體」，而且物體本身必因而失掉單一和統一。因為物質是「個體劃分」的因素，故此個體只能藉物質之寄託，而屬於某種，假設必主張天神是許多「個體」，以同理、可主張許多天神、同屬一種。

乙十四、和物質絕異而分離的、實體內，智性知識的主體、和被知對象的客體，在現實的知識內，同是一個物體。這是大哲亞里的名論（《靈魂論》，卷三，章四，四三〇左二）。假設天神本體不含物質，有智性知識的天神，和另一個被知的天神，必同是一個現實物體。但凡是天神，個個都彼此認識。結論必然，宇宙間，只能有一個現實的天神。這是錯誤的。故此不應主張天神本體不含物質，也不應主張天神彼此的分別都是種別。

乙十五、數目是量數的一種。量數，不能不含物質。假設天神不含物質，天神則不能有數目眾多之可言。這是錯誤的。結論同上（必有物質，並有同種的許多個體）。

乙十六、本體不含物質的實體，彼此的分異和增多，只能是原因和效果間的分異。經師梅義思，曾有如此主張，見《迷津指南》，卷一，章七九。假設天神本體不含物質，天神彼此之間，或是必無數目的眾多，或是只有因果的分別。這裡或然的兩端，都是錯誤的，結論同上。

乙十七、受造物，是天主所造，目的是表現天主的美善。一種天神，表現天主美善，優於全個人類。人類同是一種，足以代表天主美善。天神同是一種，更足以代表天主美善，故此不需要主張天神分許多種。

乙十八、許多種，彼此分別的因素和根據，是種別特徵。凡是種別特徵，都是互相對立的，或矛盾，或衝突。種別特徵的數目，不能和天神的數目一樣眾多。因為不能有那樣多的性理，彼此矛盾對立，或衝突對立。足見一總天神，各個互有種別，是不可能的。

丙、否定的意見

丙一、假設有些天神，種別相同，用最合理的看法看去，品級相同的天神，更能是同種。但在實際上，品級相同的天神不必定同種：因為有時在一個品級中，依狄耀尼的意見，仍有上中下的分別，見《天神品級論》，章十（參考章四，《希臘教父文庫》，卷一，欄一九四甲）。種名作賓辭，稱指同種的個體，一律平等，不分上下先後等等差別。此說見於大哲《形上學》，卷三（章三，頁九九九左六）。可見、不是許多天神種性相同。

丙二、種同數異的物體，必是有死有壞的。同種的性體，不能久存於一個主體中，故求保存在許多主體中。主體分多的目的、是為避免因某主體的死亡，而全體同遭滅絕。事無充足目的，便無理由發生。然則，天神實體不會死亡，不受敗壞，故無理由，同種之下，分別許多個體。

丙三、同種之內的個體，是因物質的分裂而分多，天神本體不含物質，因為聖奧斯定，《懺悔錄》卷十三，（卷十二，章七），曾說：「物質近於虛無，天神近於天主」。故此，天神同種之下，無理由分別許多個體。

丙四、答案——定論

為此問題，許多人立論分歧。有人主張，一總神靈實體，同屬一種。有人主張，同系或同品的天神都屬同種，又有人說：凡是天神，各個自成一種，彼此都不同種。

我的意見，認為最後一說不錯。理由有三：

第一個理由取自神靈實體的構造。神靈實體，或只是（生存自立的）單純性理，沒有物質，一如前者方曾論及；或者是不純的性理，卻是物質與性理的組合。以上或字兩端的分別，是必然正確的（因為是矛盾的二分法，沒有第三可能）。假設天神純是性理，與物質絕異而分離，則無法設想許多天神同屬一種：因為凡是性理，不論多麼卑下，也不論多麼深陷於物質中，甚至簡直是物質性的性理；假設它們或在生存的實際上，或在智力的思想中，脫離了物質的主體，所餘的只是它們的純理，那麼，它們是一理一種，不能不是一理一種（既不能一種兩理，更不能兩種一理）。舉例，試想「白色」，脫離任何主體，自立生存，只是白的純理，便無法假設「白的純理」，能分許多；因為吾人共見的事實，同一純理，不能有彼此的分別，如有分別，只是來自主體，在此例內，就是來自「白色之白」所寄存的主體。白的主體不同，許多「白色」才有彼此的不同。同樣，假設「人性」脫離了主體，只剩人的純理，只會是一個，不會有許多。凡是抽象的純理都是如此。天神是（不含物質而有自立生存的）純理。故此每個天神（純理）自成一種一體，不會同種多體。

假設天神的實體是物質與性理之合，必須說：不同天神的物質，彼此之間有某種分別。物質與物質間的分別只有兩種。一種分別來自物質本身。物質本身是潛能與虧虛，領受性理，以性理為盈極因素，因以得到現實的圓滿。它和盈極因素有本體相對的關係；對於不同的盈極因素，有不同的關係和勢態。此種種關係和勢態的不同，便分別出物質與物質間的不同。這樣的分別，全以它和不同盈極盈素所有的不同關係和勢態為基礎。簡言之：物質與物質的分別，分自盈極素的差異。物質如此，一切潛能或能力無不如此。例如：下界形體的物質是生存的潛能，天界形體的物質是處所的潛能。兩個潛能不同，因為各自所對待的盈極因素不同：一是「生存」，一是「處所」。故此兩界的物質，彼此不能沒有分別。這是物質與物質第一種分別。

物質與物質的第二種分別來自數量。數量分體積、面積，長寬高厚等度量。數量可以分成許多。物質因此分成許多塊。各自的積量不同，故彼此有了分別。

第一種分別分出許多物類。物的類別以性理的分別為基礎。證自大哲《形上學》，卷五（章二十八，頁一〇二四右十）。第二種分別，在同種之下分別出許多不同的個體。這第二種分別不能用去分別天神，因為天神沒有形體，完全沒數量、長寬高厚等等體積和面積。

如此說來，假設有許多天神是物質與性理、合構的實體，祂們彼此間的物質分別只是第一種，不是第二種。結果，祂們的分別不是個體的分別，而是類的分別，尤甚於種的分別。每個天神自成一類，各個之間類性互異，種性更不能相同了（例如火類、水類、土類的物質分界。天界、塵界……）。

第二個理由取自實有界的秩序。顯然，實有界的美善分兩種：一是絕異而分離的美善只有一個，它是實有界總體的來源：萬有真源，此即天主。天主統御萬有，如同元帥統領軍隊。一是實有界內在的美善。這便是全宇宙、各部分間的秩序。就如同軍隊各部分編排的秩序，是軍隊內部的美善。為此大宗徒，《致羅馬書》，章十三，（節一）曾說：「事事物物出自天主者，都是秩然有序」。宇宙上級部分秉受全體的美善，呈現秩序的精明，勝於其他部分。秉賦優厚者，秩序備於本體；較次者，秩序定於附性。同種個體間的秩序，只是定於附性，不是出自本體。這是顯然的事實：因為種有本性本體，大家相同，既無大小先後的分別，故無秩序之可言，它們的分別，來自劃分個體的因素及種種互不相同的附性。這些因素和附性都是種性本體的附屬品。它們所促成的分別和秩序，不深觸本體。種性的分別，以種別因素為來源，因種別而有的分別與秩序，是本體及本體因素必備的分別和秩序。物的總類分許多種系統，如梯，如網，一種高於一種，品級越高，範圍越廣，如同數目，由一以上，逐一遞進，增至億萬，秩序不紊，證自大哲《形上學》，卷八（章三，頁一〇四三右三六）。下界物體有生死變化，能敗亡腐化，是宇宙間最卑下的一級，秉受的秩和美善，程度最低。一種物體，彼此雖然不同，不是都在本體上彼此分別品級和秩序，許多物體間的品級和秩序，只是根據附性；例如同種之下的個體。宇宙內較高的一部分裡，即是在天上諸形體間正是相反，在那裡只有以本體為基礎的品級和秩序，沒有以附性為基礎的品級和秩序。因為天上的形體各自都有種性的分別，同種之下不分許多個體。例如：只有一個太陽，只有一個月亮，其他一切星辰也是各自獨立一種，彼此都有本體上的分別，依此類推，天界以上宇宙最高的那一部分裡，更是不能以附性作分別品級與秩序的基礎了。在那裡，凡是分異與秩序，都是建立在有關各物的本體上。比較宇宙各界，這是理所當然的。由此觀之，可知最後的結論只剩一個：即是一總天神各個互有的分別都是種別，基於種性的本體，根據它們單純性理間，美善程度的大小，最後根源來自它們距離天主的遠近，近者優越，遠者次之。距離最近者，美善至大：因為天主是精純盈極，現實圓滿，美善無限（是萬美萬善的最高來源和標準，又是萬善仿效的模範，和希求接近的目的）。

第三個理由取自天神性體的優越。「完善」或「完美」的意思是說：「萬般美善，應有盡有，一無缺欠」。美善的程度分許多等級，各級有各級固有的「全美全善」。從高低兩個極端，逐級評量，即可看得明白。天主，全善全美，程度至高無上。「生存之理」，竭盡全量所能有的一切美善，天主都有，絲毫不缺。萬物所有各樣美善，天主本體，一身兼備，精純粹美，優異超絕。證自狄耀尼，《天主諸名論》（章五，課一）。

宇宙最低的部分，包括生死變化的物體。「最低種」的主體是個體。個體美善全備，只是以個體分異之理為標準，範圍小於種有性體之理，更小於「生存之理」。凡個體分異之理所應有的一切，個體件件齊備，一無所缺時，那個物體的美善，就是它的「全美全善」：範圍與內容，均極有限。它連其本種性體之理所能有的美善，都不能一身兼備，因為全種公有的性體有許多個體作主體，這個性體的美善，以不同的程度和限量，分別賦予許多主體，不是某個主體所能獨有或兼備。這樣個體的限制，明是美善不全備的表現。不但有生死變化的動物是如此，儘將範圍放寬，凡是有生死變化的各種形體，植物、生物，和無生物也都是如此。動物分雌雄，兩性相需，否則不能傳種。其他形體也需要同種以內繁殖或分多個體。同種的性體只靠一個主體，不能永存，故需有許多主體，一個喪亡，餘者尚在，免使全種滅絕。

在生死變化的世界上面，有高級的天界。那裡「美善的程度」較高。一個單立的主體，包含本種能有的一切美善，應有盡有，一無所缺。全種的性理和物質，都集中匯聚在惟一的主體內。同種之內，不分許多主體，例如太陽、月亮，和其他許多天上的星體，或任何形體，如此逐級推想，推到宇宙的最高峰，那裡距離天主最近，美善的程度，在天主以下，至高無比。那裡所有的實體，純是本體、不含物質、自立生存的性理，即是神靈性的實體：「天神」。這樣的實體，比日月等等形體，更能一個主體包含本種全體所能有的一切美善，一無遺漏。為此，凡是天神都是一體一種，不是同種數體。最後推到超越宇宙及萬有的天主：萬有真原，至高無上，獨一無二，全無倫比，既超種界，又超類界，並且超越任何同名同指的賓辭範圍。凡大公名，「生存」二字所指之理，兼統萬善萬美，廣大無限，天主一身具備。

丁、解釋疑難（丁乙號數相對）

丁一、聖奧斯定，在那裡，論天神和人的性體，專就真福境界立論，不是分析自然界、實際的生存和本體。對真福境界說話，有些天神和許多人失掉了真福的生命，故此說是喪亡了。針對著同一境界，去觀察人類的性體和天神全類的性體，有顯著的分別。每個天神，以其天生自然的本性，既得真福，則一得不失，如失真福，則永不復得，抉擇的時機，只在霎時之間，平生只有一次，並是在初生之頃。人的本性，正是相反，得失抉擇，不在霎時之間（也不只一次，但經多次反悔），並且最後抉擇、能經過長時期的流轉。所有一總天神，永福永禍，得時抉擇的方式，相同，以此為分類標準，凡是天神同屬一類。聖奧斯定以「天神性體」四字，稱指天神總類全體，只有這番意思，並不是否認天神彼此各自互有的種別是自然本體上的種別。（自然本體的種別基於本體的生存和性理，是絕對的。永福得失、方式相同，是對外的關係相同，是附性的，又是相對的，不涉及絕對的本體。站在吾人的觀察點，去觀察附性關係的同異，可以用作思想裡分別物類的標準。這樣純邏輯的分類，只涉及附性，不涉及本體）。

丁二、考察種的同異，需觀察物體天生自然的本體本性。針對自然界的物性本體而論，不可說一總天神共是距離天主最近的一個性體；只可說惟有第一天神是這樣的一個性體。在這性體的範圍內，分異現象極少：既無種別的分異，又無數目或個體的分異（但第一、第二和以下，各級天神彼此都是數異種異的）。

丁三、不論性體是組合，或是單純，生存對於性體所有的關係，是盈極與虧虛、現實與潛能的關係。性體的種別因素不是「生存」，而是「性理」。種名作賓辭指示主體的性體，即是指示「它是什麼」。「生存」及「生存」之類的賓辭，指示主體「有無」（從無入有，現有仍有，未亡未去，謂之「生存」）。「生存和存在往往通用，但意思大有不同，依理而論，先有生存，而後有存在。存在是生存的效果。本性本體以潛能與虧虛領受生存，受到充實，立足於實有之界，始謂之「存在」。存在，可以說是占領位置的意思，物有生存，始有占領位置的可能。故「生存之理」比「存在之理」更深入本體）。方才說：性體的種別因素是性理，不是生存。形體界，物質與性理組合而成的性體是如此。神體界也如此，神體無物質，只是單純性理名所指的性體。給天神實體劃分種別的因素，也不是「生存」，而是祂們「自立生存的純粹性理」。這樣的性理，彼此的分別，基於美善的品級。詳論見前。

丁四、生存於主體或物質中的性理，因所在的主體不同，故此分別成不同的個體。和主體或物質絕異而分離，自立生存的性理，因其本性天生不生存在任何主體或物質內，故此，每個自成一獨立的個體。前者的個體化，以其主體或物質為原因。後者的個體化，以「無主體」、「無物質」為原因。「有主體的生存」，受主體的專有和限制，排除賓辭稱指許多主體時所有的全稱作用和大公性（例如張某人、李某人，雖然都是人，但都是個體化的人，不復能作許多人的公名和賓辭）。同樣不能有主體的性理，無主體而獨立生存，是它個體化的原因。為此同一原因，它也失掉大公性和賓辭的全稱作用。舉例說明如下：白色之白，是種名，有種名的指義作用，指示種有的性理，不阻礙白色寄存於許多主體中。但是此某主體的此某白色，是個體化了的白色。「它有此主體」，是它的個體化：阻礙它同時有別的主體。廣泛說去：「此某性理，能有主體，現實有此某主體」，是此某性理的「個體化」。依同理，反比例說去：「此某性理，如果本性天生，不能有主體，現實無主體，而獨立生存」，也是此某性理的「個體化」（換言簡譯之：天生結合物質的性理，現實結合此某物質，是此性理的個體化：或同種一體，或同種數體。天生不結合物質的性理，現實在物質以外獨立生存，是此某性理的個體化：只能是同種一體，即是一體一種。每個天神都是如此）。為此理由，「此某天神的性體」，有兩種意義。第一、它是此某神類或此某品級的性體，有「全種公有性體」的義意。依此意義，它無妨有許多主體。第二、此某天神的性體天生不收容在任何主體中，有脫開主體、自立生存的現實，有「單立個體」的意義。依此意義，它是個體化了的：一種一體，不能一種數體。

丁五、情隨識發：識別善惡，則愛憎之情應之而生。見識廣博，高深者知公理，則愛公益，大善。見識狹小，淺薄者知小善，私益，則愛小善私益。為此，吾人心中的私愛，生於小智。知識所見之小，莫過於覺性、見聞之知。愛絕對公益和至善的心情，惟能生於靈智的知識。靈智，知普遍的真理，和絕對的至善。天神本體是靈智，品級越高，知識越廣、愛憎之情，越關注於公益和至善。天神的互相親愛，互相欣賞，全是愛賞「各自因互有種別，而對宇宙公有的美善」，各自所有的惟一價值，公益公善之愛，勝於同種私益小善之愛。故天神彼此相愛，尤愛其互有種別，以利公善，不愛其同屬一種，私情相親。愛情的殷切，必在共成公善，不在私情相投。參看，狄耀尼，《天神品級論》，章十二（《希臘教父文庫》。卷一，欄二九八）。

丁六、我們的靈魂，結合肉身，雖有靈智，仍無力認識天神的性體，即是說：無力認識祂們的本質是什麼。祂們是和物質絕異而分離的實體。祂們的性體超越覺性界的物類總體，和這些物類總體中的任何性體相比較，都是不成比例。我們的智力，是從覺性知識採取智性知識的材料。為此，無力認識天神的本質。關於天神的性體，我們沒有確當的定義。只是消極的知道祂們的本體，沒有形體，也沒有形體的種種缺點、限制等；積極的知識，僅限於知祂們的某種動作如何。聖達瑪森給天神下的定義就是如此，那個定義不是最低狹的種名定義，而是（矛盾二分法中）消極類名的定義這樣的類名，不是最低種名，而是（中級種名，對下級是）類名，同時（對上級）是種名。故此能有定義。但這樣的定義，不是明指性體的確切定義。

丁七、天主三位一體。有位的分別，不同時有體的分別。受造物不能有此情形。故不能引天主三位一體，來證明天神同一「性體」之下必有許多「位體」。

譯者註：體是性體，位是位體。理智性體的主體有本體獨立的生存，叫作「位體」。天主的一個本體有一個性體、有一個本體獨立的生存，但同時有三個位體：生自神性無限本體，反射回折，自相對立的關係：父位，子位，恩位。反射回折作用的起點，是父位，終點是子位。父愛子，「父與子受」的神恩，是「恩位」無限的神恩，是天主自身，就此而言，神恩叫作天主聖神。無限「新吾」是聖子，也是天主自身。無限「舊吾」是聖父，也是天主自身，故此是三個位體，同時是一個本體，一個性體，一個生存：無限奧妙，發自本體無限的神性所獨有的反射回折作用。天主以外，凡是理智的性體，如有獨立生存，都是一體一位，每個位體是一個單獨自立生存的實體，是自己性體個體化了以後所有的主體。每個位體擁有自己所秉賦的性體。同種性體、或自成一個位體，沒有物質作主體，例如天神；或有物質作主體，同種之下只有一個主體，例如日、月等等，或既有物質，又有許多「位體」：例如人。同種許多人，人人是人性的主體。有人性的生存、權利、智力與自由，故此是「理智的性體」個體化以後的主體。凡是這樣的主體，或人，或神，都有「某位，某位的尊稱」，叫作「位稱實體」，簡稱「位體」。天主一體三位，天主以外，都是一體一位，或數體數位：位同體必同。位分體必分。天主，體同位不同，位分體不分。

丁八、程度（多寡）的差別有兩種意義：一是同一性理分賦的程度不同。例如同是白物，有深白淺白的分別。這樣的分別，不是性理的分別，故不是「種」的分別，另一種意義：程度的分別，是許多不同性理彼此間本體美善品級不同的分別，這樣的分別是「種」的分別。例如說：白色光明易見，甚於紅色、綠色。意思是說：紅綠二色，深暗，是「深色」。白色，淺顯，是「淺色」，白色甲乙的深淺，是同種顏色的深淺。白色淺、綠色深的深淺，是兩種不同的顏色彼此間的深淺。天神彼此間靈智本性的秉賦，程度上，有深淺厚薄的分別，是「異種不同，程度自異」的分別：同時是種的分別。

丁九、種別因素，是種別名所指的內在因素和性理。類別因素，是類名所指的內在因素和性理。類別因素是類名所指的內在因素和性理。前者簡稱「種素」，後者簡稱「類素」，就是「種要素」和「類要素」的意思。前後相較：種素明確，界限固定；類素含渾，界限不明。兩相對立，有現實與潛能，即是：有盈極與虧虛的分別和關係。就價值而論，種素高貴，勝於類素。種素類素，合構性體。種素雖貴，和類素同屬一種性體。故此，種素不屬於比類素更高貴的另一性體，明證於各種無理智的禽獸，它們每種的種別因素不是在禽獸的覺性以上另加某更高貴的物性。而是確定覺性的各級程度。覺性，是無理智的禽獸最高的性體。依同比例，應說：眾天神公有的理智，也是天神們最高貴的性體。此同一性體程度的差別，是天神每個自成一種的內在因素。性體程度的差別，是天神的種別因素。

丁十、「矛盾二分法中，消極的類別更能分成許多種」。這個論句有時真實，但不是普遍常真的。例如，形體用二分法分成矛盾兩類，一有靈，一無靈。有靈積極，無靈消極。有靈的生物，種類繁多，似乎遠勝於無靈動物。植物、動物，分門別類，數目極多。假設天上所有形體、日月星辰，都是有靈的生物，數目更是多不勝數。另一方面，為追究此問題的真理，需注意狄耀尼和柏拉圖派的意見相反。柏拉圖派主張實體越接近「至一」，數目越稀少。狄耀尼，《天神品級論》，章十四，（《希臘教父文庫》，卷一，三二二）卻主張、天神的數目眾多，超越物質界的數目。如果有人認為上面這兩個意見彼此並不相反，觀察有形的事物，便可得到證明。物體越高貴，越少物質的成分，性理和種類的數量卻越廣大。數目是面積和體積的原因：有數目，然後有積量。積量積數而成，連合增長。單位成點。積點成線，累線成面，數面積累，乃成立體。立體高貴，數目廣大眾多。這是柏拉圖學派的老生長談。形體界是如此，整個的實有界，也是如此。物體品級越高貴，性理種類的數目越繁多，應驗了狄耀尼的名言；但是物質的成分和每種以內個體的數量，卻隨之減少：正與柏拉圖派的學說相合。論到有理智的動物，只有人類一種。理由是：理智動物的種別因素，是「形體天性的最高峰接觸神體天性的最底層」。任何物類天性的最高峰，縱使種類至為卑下，都是只能有一級：至高者，必無偶。但是假設主張天上諸形體都有理智的靈魂，那麼，理智動物，種類的數目也就大為增加。

丁十一、人類屬於有生死變化的物類。這一類占宇宙間最低的一層。在這一層裡，物體品級往往是附性的品級，不常是本體的品級，秩序也是如此。在此世戰鬪的教會裡，也是如此：能力、職權、品級等等分別，不是劃分種界的分別。天神不然，祂們占宇宙最高的一層，前已言及。人類間的品級和天神的品級，固然有些相似，但不是完全相似，只是事實湊巧，有時有偶似之處。前已言及。

丁十二、塵界和水界的物產，好像是宇宙的美飾品。同種之內有許多個體，理由是：因為它們是有生死變化的物體。詳論見前。天上諸形體也是種類萬殊，一如前言。光明，不是它們的實體或性理，不過只是覺性知識本性可知的一種品質或能力而已。這樣的品質不能作實體性理的賓辭。況且，光明之理不是眾星相同。星體既異，光線有別，效果亦不同，足以明證此點。

丁十三、天神個體化的原因，不是因為有物質，而是因為祂們是自立生存的性理，天生不寓存在主體或物質內。論如前文。

丁十四、古代有些哲人主張：知者和被知者，性體必須相同：恩培德（詳名恩培德克來斯）曾主張：「惟土知土，惟水知水」。亞里（詳名亞里斯多德），排拒此說，曾主張：吾人知識能力，既是虧虛性的容受力，本身空虛，全不預先已有被知諸物的性體，例如眼睛、眸子裡沒有顏色，但有視力，可以看到外界的顏色。至於說：知覺的現實是被知覺者的現實，這個話的意思，只不過是說：知覺的能力，由虧虛的潛能變為盈極的現實，是由於接到了知覺的印象，由無知覺變成了有（某物的）知覺。同理，智性的知識由潛能變成現實時，人的現實領悟是某物性理的現實被人領悟。人知物的現實，和物被人知的現實：兩個現實是一個現實，即是知識的現實。意思是說：人的智力接到可知的物性事理，心智中形成了某某概念。這個概念的現實，便是人知物、物被知的現實。為此大哲曾說：「人知石頭時，心智內所領受的不是石頭，而是石頭的意念。石頭的印象或意念在人心裡，不是石頭塊然的物體在人心裡。」（參看《靈魂論》，卷三，章八，頁四三一右二九；卷一，章二，頁四〇四，右一三，論恩培德；卷三，章四，頁四二九左二一，駁恩培德）某物現實受人智力之曉悟，是由於它被智力和物質分離辨別。為此，大哲又說：無物質的實體中，智性的知識內，知者和被知者是相同的。從此看來：天神彼此認識，不是知者和被知者是相同的一個實體，卻是知者的智力接到了被知者的印象，並受到了這個印象的充實。天神實體既是無物質的神體彼此認識，心智內所得的印象，也是智性的印象，代表天神的本體（天神的本體是自立生存的性理。此性理之被認識，即是天神本體之被認識。代表此性理的印象，在天神心智以內，便是此性理的認識，在知者心智以內。此一天神本體之被認識，現實存在於另一天神的心智以內，便是另一天神現實認識此一天神，但不是此一天神自身生存的本體，被另一天神活活吞入了心智的胸懷以內。譯者贅筆）。天神相知，不是實體合一。

丁十五、面積體積之類的積量分割，必產生數目的一二。這樣的數目是許多種數量中的一種：只有於物質的實體中。無物質的實體如有許多，其數目是超越物質的數目，並有形上的超類意義，例如說：「凡是實有物不是一個，便是許多，不是許多，便是一個」；簡言之：「一與多」，是用「或」字之類的分接詞，分別實有物的超類賓辭。更簡言之：「凡是實有物，或是一個，或是許多」。為此，哲界常說：「一與多，分萬物」。這樣的「多」，是超類超物質的「多」，是「性理之間，互有分別」，而產生的「多」。和物質積量分割而產生的「多」，大不相同。性理的區分，不是物質積量的分割。

丁十六、因果間的區分，有人主張，是天神實體分別成許多的理由。兩個天神，一因，一果，因果之理，互相不同，品級不同，因在上，果在下，實體不能相同，故此不是一個，遂有許多，為此，如果我們主張天神的實體，品級眾多，互不相同，來自天主上智造物時所遵循的秩序，那麼，天神間品級的分別和系統，和上面諸人之所主張，沒有分別：雖然我們不主張天神間，彼此有一因一果的關係。

丁十七、凡是受造物，不論那一個或那一種都是有限的，代表天主造物者的美善，不及宇宙萬物各種性體連合在一齊代表的那樣完善。天主無限美善非一物一性所能代表。故為表揚天主全善，統一匯聚在天主一身之內。許多物性分別包含的美善，宇宙間，必須有許多物體和物性。形體界如此，天神的神體界也是如此。

丁十八、分別天神種別因素彼此對立，有如「完善」之與「不完善」，又有如「多與少」，「有餘」與「不及」之間的對立：是「積極」和「消極」的對立。如同數目，逐級遞進，每級進一，每兩級緊接相較，必有奇偶之分，和大小之分；又如「矛盾二分法中」，積極類名和消極類名，同分總類時，所有的對立：例如形體分有靈，無靈；還有其他實例，可以類推。（參看亞里、《分析學前編》、註二〇〇：類譜）。

第九問 人的明悟——受動智力

甲、問題

問題是：人的明悟（即是受動智力），每人各有一個，或是全人類共有一個？

乙、肯定的意見主張全人類共有的明悟是一個。

乙一、聖奧斯定，《靈魂論》，章三一（拉丁教父庫，三二，一〇七三），說：我若說靈魂有許多，我就要自覺可笑。足見靈魂眾多說是可笑的。

乙二、沒有物質的物類中，每種之內只有一個主體。證明見前（第八問）。人的明悟，或人的靈魂，是一神體。祂的實體，不是物質與性理之合。證明見前（第一問）。故此人類全體，共同只有一個靈魂，或是說：只有一個明悟。

前面曾說：靈魂雖然沒有物質作自己的來源，但有物質作自己的主體，即是有肉身。人的肉身繁殖增多，人的靈魂也就隨著分多。故此，結論應是：人的靈魂，不是人類全體共有一個。但是不然。理由如下：

乙三、「無因，則無果」。假設肉身分多，是靈魂分多的原因，那麼，肉身死後，靈魂不死，不能仍是許多。

乙四、個體之成立，取決於本體因素。人的因素，是靈魂和肉身。人的靈肉相合，構成人的本體。蘇克的本體是蘇克的靈肉之合。明證見於大哲《形上學》，卷七（章十，頁一〇三五左二九行）。但，肉身不是靈魂的本體因素。故肉身分多以後，靈魂不隨著分多。

乙五、聖奧斯定《駁斐理謙書》（章十二、《拉丁教父文庫》四二，一一六七），曾說：「究察靈魂生命力的來源和傳播，可知靈魂先有於母親，然後再和子女一同，生自母親」。此處所說的靈魂，是母親賴以生活的靈魂。明證於緊接的下文。從此可見，聖人似是主張母親兒子共有一個靈魂。依同理，也主張一總的人共有一個靈魂。

乙六、假設人的明悟是每人一個：你的歸你，我的歸我；那麼，人所懂的事物，也應是每人一個，你的歸你，我的歸我：因為人所懂的事物，是懂在明悟裡面。如此，人的數目增多，人所懂的事物也隨著增多。數目眾多的事物，有同類共有的名理。名理也是人所懂的事物，也應是每人一個。如此遞進推算，類名的公理以上又有公理，推算至於無窮。這是不可能的。故此人的明悟，不是每人一個：不是你有你一個，我另有我的一個。

乙七、假設人的明悟，不是全人類共有一個，教授將知識教給學生，必應是一個知識，從教授的明悟灌輸到學生的明悟裡去，或是教授的知識產生學生的知識，如同火的熱產生木柴中的熱（將木燒熱，是將熱度由木的潛能引入現實）；或者是學生學會某某知識，只是回憶舊有的知識。假設學生未學以前，已有所學的知識，他學習這個知識，乃是溫習；即是回憶。假設他原先沒有這個知識，現今學而得之，或取得了教授原先固有的那個知識，攫為己有；或不是教授原有的那一個，而是自己明悟以內新生的一個：以教授的那個知識為原因。以上這三個或然的假設，都是不可能的。知識是一附性：數目相同的一個附性，不會從一個主體移入另一主體。證自鮑也西，《範疇解》，章一（《拉丁教父文庫》，六四，一七三）；附性可以毀壞，不可以遷移，或改易。教授的知識不會產生學生的知識；一方面，因為知識不是動力，而是靜止的品性之一，故無力作產生學生知識的原因；另一方面，教授講學所講出的言論，只是激動學生懂到某某真理；聖奧斯定，《教師論》，曾說明了這一點。至於說學習即是回憶，大哲，《分析學前編》（章一，頁七一左），已有名論批駁。（但教授將知識教給學生，是不能否認的事實）。故此（可以斷言），人的明悟是全人類共有一個，不是每人各有一個。

乙八、物質形體內的知識能力，都是只知道那些和自己的主體物質相接近的事物。例如視力只知顏色：因為顏色瞳仁相接近。瞳仁是透明的，故能領受顏色。反之，人的明悟不領受只和形體的全部或其一部分相接近的那些事物。足見人的明悟不是以物質形體為主體的知識能力。它的主體既不是形體的全部，又不是它的任何某一部。它不是物質形體以內的知識能力。從此可知，形體分多，它不隨著分多。

乙九、（需知人的靈魂，依許多名人主張，是物質與性理之合）在此條件下，假設人的靈魂，或是說人的明悟隨形體之分多而分多，它非是形體的性理不可。這個假設是不可能的，因為人的靈魂，自身既是物質與性理之合，不能又作另某形體的性理：一個性理，不能寓存於兩個物質的主體中，許多名人主張如此：因為物質與性理合成的物體，不能又是另某任何物體的性理（一個性理，只能賦於一物，不會賦於兩物）。從此可見，人的靈魂，或明悟，不能隨形體之分多而分多。

乙十、案聖祁波廉所說（《致馬諾書》、《拉丁教父文庫》、三、一一四三），吾主耶穌禁止諸徒進撒瑪里城，因為撒瑪里人是猶太十大氏族之一，脫離達味王國而獨立，自建王國，以撒瑪里城為首都，有叛離祖國的重罪。耶穌時代和撒瑪里叛離時代，是兩個古今懸殊的時代：撒瑪里人民卻是一個相同的人民，不分前代後代。人民之與人民，猶如個人之與個人，亦如靈魂之與靈魂，比例相同：可以前例後。足見人不分古今，共有一個靈魂。依同理，可以斷言，天下人人共有一個靈魂。

乙十一、附性依賴主體，甚於性理之依賴物質：因為性理簡單授物之本體生存於其物質。附性不簡單授物之本體生存於其主體。一個附性能在許多主體，猶如一個時間能在許多運動。聖安山曾有名論如此。（《真理對話集》、卷尾、《拉丁教父文庫》、一五八、四八〇）。比較起來，足見一個靈魂能作許多形體的靈魂。如此推論，則知人類的明悟不能是許多個。

乙十二、人靈魂的能力強大，勝於植物的生魂。植物的生魂作某植物的性理，有能力在此植物的身體以外，產生植物的生活。聖奧斯定，《音樂論》、卷六，章八，曾說：眼目射出的光芒，有得自靈魂的植物生活，射到遠方所見之物。足見人的靈魂更有能力在自己所在的形體以外，成全別的許多形體。

乙十三、假設人的明悟隨肉身之分多而分多，結果必是你和我明悟內所懂的物性事理，也隨肉身分多。從許多物質形體分別包含的性理中，常能用抽象的方法，抽出一個公有的意義或名理來。故此，從明悟所懂的性理中，也能抽出一個公有的意義來。依同理和假設，這個公有的意義隨著明悟之分多而分多；又有另一公有的意義可以抽取出來，如此，公理以上又有公理，逐級增加，增至無限，這是不可能的。所以人的明悟是一總的人，共有一個（不能是每人各有一個）。

乙十四、最高公理是眾人人心之所同。足見眾人共有一個能力藉以認識這些公理。這樣的知識能力就是人的明悟。故此，一總眾人所有的明悟只是一個。

乙十五、被物質分化成許多個體的性理，無一是明悟現實所懂的性理。現實懂理的明悟，是現實的明悟。現實懂理的明悟，也是現實被懂的理。兩者是合而為一的，證自大哲名論，《靈魂論》、卷三，章七（頁四三二左一），猶如現實的覺力，有所知覺，就是現實之所知覺（現實所懂的理，是眾物共有的一個公理）。足見人的明悟，不是被肉身的物質分成許多化成個體的知識能力。如此說來，人的明悟是一總的人，共有一個。

乙十六、容器依容器自身的方式（條件、度量、形狀等）收容物品。理，現實被懂之時，收容在明悟中：不是被物質個體化了的。足證明悟也不是被物質個體化了的。故此，也可以斷言：人的明悟不因肉身物質之分多而分多。

乙十七、即連蘇克、或柏拉圖各自分有的明悟，自己懂自己的本體：因為明悟有反觀內省的能力。當反觀內省之時，現實所懂的理，乃是明悟的本體自身。但請注意，現實被懂的理，無一能是被物質分成許多而結成個體的性理：無一是物質個體化了的。足證人的明悟不受肉身物質的劃分，不分成許多，也不分成個體。只好結論說：全人類共有一個明悟。

丙、否定的意見、主張不是全人類共有一個明悟

丙一、聖若望，《啟示錄》，章七（節九），說：「在此以後，我看見人叢廣眾，多不勝數」。那裡所見的，不是靈肉全備的活人，而是離開了肉身的靈魂：靈魂的群眾，多不勝數。足證，人的靈魂是許多。結合肉身的靈魂是許多。離開肉身的靈魂，也是許多。

丙二、聖奧斯定《駁斐理謙書》，章十二（《拉丁文教父文庫》四二、一一六六——一一六七）說：「按不少人的主張，我們可假設宇宙內的靈魂是萬物共有的。」下文接著說：「我們提出這樣的假設，聲明討伐它們的荒謬。」足證「萬物

一魂」之說是不可贊成的。

丙三、人的靈魂結合肉身，甚於天體的轉運者（天神）結合其天上形體之密切。大註解家，《靈魂論解》，卷三，說：天上形體可以運轉者，如果數目增加更多，那麼它們的轉運者（天神）的數目也就要增加更多。如此比較推論，人的靈魂更應得是許多，因為人的肉身也是數目眾多。這也就是說：人類的明悟不只是一個。

丁、答案、定論

為明瞭本問題，首宜懂清「明悟」和「靈明」兩個名辭的意義。需知亞里（《靈魂論》卷三，章四，頁四二九左十三行）進行研究人的靈智，是比較它和覺性、知識的相似處。覺性方面，我們發現我們自己有時有知覺的潛能，有時有知覺的現實：足證吾人有覺性的知識能力。因此能力，吾人有知覺的潛能：有能力覺知可以覺知的事形及物象。潛能的本身對於事形物象，沒有知覺的現實。它的本體內，不具備事形物象的現實。假設，它具備事形物象可知的現實，吾人隨之便常應有知覺的現實。古代確有許多哲學家，曾主張吾人知覺的能力中，萬物具備。這樣的主張和我們經驗的事實不相合。因為，方才指明了，我們不常有知覺萬物的現實。

同樣，在靈智方面，我們發現我們自己也是不常有知識的現實。靈智懂理，有時有懂理的現實，有時沒有現實，只有潛能能懂某理。必須承認我們有此某能力。因此能力，我們有懂理的潛能。這個能力在自己的本性和本體中，不包含我們能懂的形界任何物性或物理。它卻有領悟那一切物理的潛能：能明白曉悟眾理。故此叫作明悟。猶如覺性知識，有知覺形界諸物的潛能，故此叫作感覺。感是感受，悟是悟受，都是潛能虧虛而能領受的意思。明悟是靈智懂理的潛能。猶如感覺是覺性覺物的潛能。都是領受性的、被動的。明悟也叫作受動靈智，或受動智力。感覺依同例，也可以叫作受動的覺性，或受動覺力。

覺性潛能接觸現實感覺的事物，因而變為感覺的現實。現實感覺的事物，現實存在於吾人心外。不需要人有「施動的覺力」，將潛能中可感覺的事物，由可感覺的潛能引入可感覺的事實。故此，受動覺力的對面，沒有施動覺力與之相對。但「受動智力」的對面，有沒有「施動智力」與之相對呢？柏拉圖答應主張沒有。亞里卻主張不能沒有。柏拉圖主張現實可懂的理，是普遍的公理，在吾人心外有現實自立的生存。在此假設之下，不需要另有某「施動智力」來施展動作，將事物的理從可懂的潛能引入可懂的現實。

亞里不然。他主張事物的理在有形事物的主體蘊藏著，在事物以外沒有自立的生存。有形的事物，不是現實可懂的理，有可懂的潛能，沒有可懂的現實。為能將可懂的理，由潛能引入現實，**必須有一個施動的能力發出動作，將事物的理，從事物的物質及個體條件中，識別抽取出來。這樣的能力叫作施動智力，也叫作靈明**（發出光明，照徹物理，驅除物質之黑暗）。人的靈智，有施動和受動的兩個智力，施動者，叫作靈明。受動者，叫作明悟。「靈明」和「明悟」兩個名辭的確切意義，就是如此。

說到這裡，話歸原題。討論人類有幾個明悟，大註解家亞維羅、《註解靈魂論》卷三（一六四頁），主張人的明悟，是在眾人肉身以外，在生存上離開物質的一個實體；但是借助於吾人心內所覺知的「物象」，作媒介，和吾人發生交接。於是他並且主張人的明悟是全人類共同只有一個。

亞維羅這樣的主張，和信德與哲學的真理都不相合。它相反信德。理由易見。它不能承認來世的賞罰。不待詳辯。我們此處所應證明的，是這樣的主張本身，用哲學裡的真理作前提，是不可能的（荒謬至極，永不會是真的）。

前者（第二問）討論人性本體是靈肉之合時，已經證明了，這個主張必生的後果，是否定任何此某人懂曉任何事理：即是否定個體獨立的人有懂理的可能。即便，為展開議論，退一步假定個體獨立的此某人，用離世獨存的明悟，能懂事理；仍有三點不適宜的後果：

第一點：假設人類共有一個明悟，大家都用一個明悟，懂曉事理；那麼，一個能力對於一個事體同時必作出許多事情。這是不可能的。反之，兩個人同時一次懂一個理，共用一個明悟：兩個人作一件事情；比如兩人用一隻眼睛，看一個形象：也是兩個人作一件看的事情。這顯然也是完全不可能的。也不可說你懂和我懂，兩人的懂，分別不在事情，也不在事體；即是不在懂理，也不在所懂的物理；而在於物象不同。你我心內所感到的物象不同，故此你懂和我懂，便有了你我的分別。這樣的說法，不足以說明你懂和我懂的分別。因為心內所感覺的物象，不是現實所懂的理。明悟現實所懂的理，是從物象中曉辨出來的名理（抽取出來的理，可以用名辭傳達於言論之間）。那些物象的分別，是明悟懂理的事情以外的，不涉及事情的本體，故不能作那個事情的分異因素。

第二點：同種的許多個體，分取種有的本體所共依的種別因素，不能在數目上是唯一的。假設兩匹馬之所同，是種名「馬」字之定義所指的本體，它兩個所共依的種別因素，在數目上不能是一個；如果是一個，則結果必致兩匹馬同是一匹馬。這是不可能的。

為此理由，大哲《形上學》卷七（章十、頁一〇三五右三〇行），說：建立個體必須用的種名所指本體因素，應是數目確定的某某；例如種名「人」字所指的本體因素，是靈魂和肉身；私名「此某人」，所指的此人本體因素，是此某靈魂和此某肉身。從此可以斷言，任何種名所指的本體因素都應分成許多，分別存在於本種的許多個體中。

個體分取種性本體所依憑的種別因素，從本種必有的特徵動作上表現出來，受到吾人的認識。考察金銀的特徵動作，便可分辨金銀的真假。人的特徵動作是懂理。懂理是人靈智的動作。大哲、《道德論》，卷十，章七，為此理由，主張人生最後的幸福，是實現靈智動作的潛能。靈智動作的因素，不是腦力，也不是覺性的情慾。這些生力，雖然有一些理性的成分，但無力是人理性靈智的因素，因為它們的一切動作都不能不用肉體的器官。靈智的動作，懂理，卻不能用肉體的器官。腦力，也叫作思慮，近似智力，故此也叫作覺性界的智力（或覺性智力），以與靈性智力有別。因為它是動物之所公有，故此不是人的種別因素。亞維羅認它作人的種別因素，是他的幻想。參考他註解的《靈魂論》卷三、註廿。如此說來，最後能作人種別因素的，只剩是人的明悟（但種別因素是同種每個獨立體各自擁有一個）。故此，我們最後的結論，只剩是我們前面已指明的定論：一總人共有一個明悟、是不可能的。

第三點：假設現代和往代的一總人共有一個明悟；結果必是：人的明悟不是從

我們感覺所知的物象中曉悟抽象的性理；往代的許多人所懂的許多理，明悟已經現實存念心中，不需要又在我們現代到物象中去抽取。如此不但是相反我們現代每人經驗的事實，而且是違反一個哲學上（本體論）的定理：一個明悟，對於同一事理，同時有懂曉的現實，又有懂曉的潛能。等於說：同時又懂又不懂（這是違犯了矛盾律）。從此必生的另一結果是：我們現代用明悟懂曉或證知真理，不是認識新理，而是回憶往代人已知的舊理：知識便等於回憶（這是柏拉圖的舊說）。何況，依假設，明悟是脫物獨存的神體，受動於形界的物象，藉以成全自己神性動作的現實：屈尊就低，以上乞下；事情本身，不合體統。就如同是說：天上形體，為成全自己的現實美滿，必須仰賴下方塵界的形體，有所取資一樣。這是不可能的。依同理比較可知，任何一個神體，仰藉形界物象供應所需，以成全自己生存美滿的現實；更是不可能的（神體超越形體，甚於天界之超越塵界神體，也叫「絕離實體」，意指和物質絕異而分離的實體）。

（用哲學歷史方法，旁證我們的定論，）顯然對方的主張，違反了大哲亞里的明論。他著手研究明悟問題時，一開始立刻便指定「明悟是靈魂的一部分」（參考《靈魂論》、卷三，章四，頁四二九左十）。論題裡面，開明宗義就聲明：「論靈魂為知物、懂物所用的自身以內的那一部分。」他的宗旨是研究人的明悟問題。他預先提出的疑問也是：靈智這一部分，和靈魂的許多部分，固然是分離的，它分離的方式是如何的？是如柏拉圖所說，在主體上是分離的，或只是在定義上是分離的呢？他的原話答說：「或生存分離，或只是定義分離，體積上卻不分離。」從此看去，顯然前兩句中任何一句的肯定和解釋、都應符合末句的宗旨和名論：明悟的分離，不是在體積上的分離。前一句的肯定，依對方的主張及解釋和大哲的名論，不能並立。足見對方的意見不是亞里的主張。原卷後文，又說：「明悟是靈魂用以揣度事物，懂曉事理的（能力）。」還說了許多類此的話：明示吾人依他的見解，明悟是靈魂自己的一個東西（或能力），不是一個和靈魂分離的實體（人人各有一個，不是眾人共有一個）。

戊、答覆乙欄的疑難（戊乙兩欄號數相等）

戊一、聖奧斯定認為可笑的意見，只是主張許多人有許多靈魂，不但數目不同，而且種別互異；特別可笑的是柏拉圖派主張，同種的個體以上有某共有的（種別）因素：是超群獨立的一個實體。

戊二、天神沒有物質：既不用物質作（自己實體的）原料，又不用物質作（自己寓存所在的）主體。故此，一種之內不能有許多天神。人的靈魂在一種之內，卻能有許多。

戊三、肉身對於靈魂的生存和對於靈魂的個體化所發生的關係是相同的：因為每物的生存和個體化，有同樣的原因。物之所以為物，與物之所以為一的原因，是相同的一個原因。靈魂，因結合肉身而（從造物者手中）得生存，和肉身合結起來，構成人全整統一的性體。依同理，靈魂也是結合肉身，而成為個體。但需注意一點就是：人，智性的靈魂，是一個性理，和普通形體（所稟賦的）性理不同。靈魂是一個超越肉身容量的性理。靈魂自己所有的生存，高出肉身以上。肉身死亡敗壞以後，靈魂的生存常留不去如故。靈魂既不因失肉身而失生存；故依同理，也不因失肉身，而失其個體之統一與獨立。靈魂，隨肉身之分多而分多；離開肉身以後，仍舊不失其為眾多。

戊四、雖然肉身，不屬於靈魂的本體，但靈魂因自己的本體和肉身有關係。靈魂、充其本體全量之所是，惟乃肉身之性理。為此之故，靈魂的本體定義內，兼提肉身。泛指眾人的靈魂是肉身的性理（這是泛然的定義）；專指一人的此某靈魂是此某肉身的性理。此某靈魂充其為此某靈魂所是之全量，和此某肉身發生本體上的關係：物質與性理合構而成一物之本體時，所互有的關係。靈魂的定義，不分泛指、或專指，常需要指出肉身來。

戊五、奧斯定在那裡所說的話，是依假設提出某些人的意見，主張宇宙萬物共有一個靈魂。（物活論者，泛魂論者，有許多人抱這樣的主張。泛神論者所信的神，就無異是一個宇宙魂）。察閱同書上文，即可明見。

戊六、亞維羅學說的實力，主要似乎就是根據了這個理由（《註解靈魂論》，卷三，註五，一六六頁）、按他自己曾說：假設人的明悟不是一總人共有一個，結果則是明悟所懂的事體（名理），必因眾人生存的個體化和數目的單立化，而凝固成個體化和單立化的；如此，也就只有被懂的潛能，沒有被懂的現實（等於說：現實所懂的事不是現實被懂的事：言語自相矛盾。這是荒謬的。故此，人的明悟，不能不是一總人共有一個）。

為反駁他上面的理由，首先應說明：主張「明悟唯一」，所有結果之荒謬，不減於「明悟眾多」的主張。先說，關於個體化，寓存於個體以內的性理，或是一種之內只有一體、例如太陽；或是一種之內，包有眾體，例如珍珠；兩方面所有的光明（太陽光，和珍珠光），都是個體化了的；並且理由相同：都是因為寓存於某個體中。人的明悟，必須說是一個生存獨立的個體：**因為只有數目單一，獨立生存的個體，才能發出動作**。不分它是全種共有一個，或分有許多，它的生存既是個體化的，它所懂的事物，依同理，也必因收容在它以內，而凝固成個體化的。兩個主張不同，但這個結果，卻是兩家相同的。

再說，關於數目的分多，縱令人類以內沒有許多明悟，但在人類以外，顯然宇宙之中，尚有許多（實體有）明悟：並且也有許多明悟同時懂曉同一事物。所以，仍舊有同樣的疑難：在那不同的許多明悟內，現實所懂的那個事物，是一個或是許多？用亞維羅的主張，這個疑難，仍舊不得解除。足見這個理由不足以證明他的意見：因為採取了他的主張，仍舊不能免掉同樣荒謬的後果。

為此一切，解決上述的疑難，需要注意，討論靈智，應取它和覺性相似的地方作比較，依照亞里《靈魂論》卷三所用的議論程式，故應說定，被懂的事物，在它對於明悟發生的關係上，不可和「智像」混而為一。「智像」是明悟潛能進入現實必有的盈極因素：充實潛能的虧虛，形成現實的盈滿，明悟因之，而現實懂曉某物。現實被動的某物，不是智像，而是明悟依照智像製造出來的產品；這個產品是明悟用智像作模型所形成的觀念。這個觀念有時是名辭所傳達的簡單定義，指出事物的本性本體是什麼；有時是論句肯定，或否定所傳達的綜合判斷：指出兩個名辭所指名理之分合。這兩個動作，亞里《靈魂論》，卷三，章六，指定是靈魂的知識動作。前者，知定義，知「某物是什麼」。亞拉伯的眾哲士，給此知識，定名為「靈智的形容」，或「靈智的想像」。亞里本人，稱之為「極微物理之神悟」。所謂極微物理，乃是簡單至極，不可再分的單純概念所指的理。就言談而論，將論句分析成名辭：名辭是不可再分的極微部分。名辭的名理，廣義說，都是概念簡單的極微物理，指示某物是什麼，不加判斷。一加判斷，必有兩名理之綜合，就不是簡單不可分了。故此第二知識：知名理之分合。亞里斯多德給肯定的判斷，定名為「名理的聚合」，給否定的判斷定名為「名理的分離」。亞拉伯的哲學家給判斷、定公名，通稱之為「信念」，或「信條」。肯定判斷，信「某物是如何」；否定判斷，信「某物不是如何」。或知名理之定義，或知名理之分合，這兩個動作的形成，都需要有「智像」，作先備的盈極因素：充實明悟的虧虛，促使明悟由潛能變成現實，由虧虛變成盈滿。明悟，不用盈極因素充實其潛能的虧虛，便不能發出現實的動作；用比較法，證自覺性知識：例如眼睛的視覺，潛能虧虛，非受到可見的色相之充實，不能實有所見。眼睛視覺以內所收容的「色相」，例如梅花的色相，不是吾人身外所見的事物（例如梅花）；而是吾人眼睛所以然實見外物，必須先備的盈極因素：故眼因色相之所見，不是色相，而是外物（即是梅花）。依同例，比較可知：人的明悟，因有智像而有所懂曉，它所現實懂曉的事物不是智像，而是智像所代表的外物之物性：能是定義所指的本體或本性；也能是判斷外物所有的生存實況：是如何，或不是如何。明悟和視覺互有不同之處，只是在於明悟有反觀內省的能力，回觀內視，以回觀自己，也可以回觀自己所有的智像。眼睛的視力卻只會直視外物，不會回視自己：眼能見物，而不自見（也不會回看瞳仁內所收容的形象）。

如此比較可知，兩個明悟所懂的某某事物，在某一方面是同一事物；在另某一方面看，卻是許多事物；從事物方面看，兩個明悟共知的，是相同的一個事物；從知識方面，卻是兩者各自分立的兩個事物。猶如兩個人用眼睛觀看一個牆壁。牆壁的自身方面，是兩人共見的一個物體；但在人的視覺裡面，兩個人各自有一個不同的視覺。明悟懂曉事物，情形彷彿。學者意見又分兩派。柏拉圖派主張明悟所懂的事物，在吾人心外，有獨立的生存；和眼所見的事物一樣。本此意見，明悟懂物，和眼睛見物，情形完全相似。但依照亞里的意見，兩方的比例不是這樣簡易。雖然，正確觀察，仍見似點相同。

柏拉圖主張，明悟所懂的事物，在吾人心內和心外，存在的方式相同：抽象而大公。這就是說，吾人心內所知的抽象而大公的（普遍的）理，在心外有抽象而大公的實際存在。亞里主張事物在吾人心內和以外，存在的方式不相同：被懂曉的事物，在吾人心中的明悟以內，是抽象的、大公的；在心外存在於個體中，是具體的。但柏亞二人，都承認被懂的事物，在吾人心外有其存在；都不主張百科學術之所知，只是限於吾人心智以內的事物：例如吾人知實體。各種物類的實體，在吾人心外（和身外），有獨立的生存。普遍而抽象者，是性理。個立而具體者，是物體。心中抽象，心外具體者，是物之性體。為此。柏拉圖主張，學術百科之所知都是脫物離心、分別獨立的性理：純理。亞里卻主張，百科知識（是用心內抽象的理）懂曉具體事物以內寓存的性體。心內所知之理，抽象而大公的特性，不在外物；而在名理：生自明悟懂理之方式。吾人明悟，有能力用抽象而大公的方式，把握事物的本性本體。柏拉圖認為，理之抽象與大公，不僅是生自明悟所形成的名理（或意念）；而是生自性理脫物獨存的生存實況。為此，對於普遍而大公的理，在吾人心外，有無獨立生存的問題，柏拉圖說有。亞里說無。但無論其或有或無，都與此處定論無任何妨礙。兩個明悟共知的事物，或是脫物獨存的性理，或是物內稟賦的性體，心外是一個事物，卻受兩人心內明悟的共知共曉。如此說來，足證許多人有許多明悟這個事實，既無害於名理的大公性和普遍性，又無害於被懂事物的心外唯一。

戊七、教授在學生心內產生知識；不是如同火在木柴中產生熱度；而是如同醫生在病人體內產生健康。醫生治病，是對症下藥。病人服藥，提起本性固有的生力，產生健康。為此，醫生治病，模仿自然，採用自然的步驟和秩序。產生健康的主要原因是病人體內的本性之自然。依同理：產生知識的主因，也是人心內的本性之自然能力。這個能力是靈智的光明，簡稱靈明。吾人先用經驗領略特殊事件，發現某某特例，然後，加用普遍的原理，察明那個事例的所以然。理解適當，學說成立，即謂之知識。察驗理解的動作，全賴靈智的光明。同樣，教授給學生舉出普遍的原理，引領學生深入特殊的結論，明瞭特例事件的所以然。亞里《分析學後編》卷一

（章二、頁七一右），聲明說：「明證法是引人得到知識的三段論法。」這些話的意思明示吾人，知識產生的主因是人心內會明證真理的靈明。

戊八、從這個理論，亞維羅也引出了錯誤的見解。他以為亞里所說明悟是和肉身分離的這句話是指生存的分離，並結果抽出結論說：明悟不隨肉身的分多而分多。殊不知亞里斯多德的用意，不過是說明悟是靈魂的能力，但不是充實器官的能力，故此它的動作，不用肉身的器官，和眼睛的視力不成比例。視力是充實眼睛的能力，它的動作必須用血肉的眼睛作器官。明悟的動作懂理，不用任何身體器官，故此說是：和肉身分離的。惟因如此，明悟之所知，不應只限於那些接近肉身之整體、或肉身之某一部分的事物。

戊九、說「靈魂是物質與性理合構而成」的主張是完全錯誤，並且是無任何理由的。因為，假設它是物質與性理之合，它便不能作肉身內的性理。假設一個性理，既是靈魂物質以內的性理，又是肉身物質以內的性理，這樣假設必生的結果，是一個性理充實兩個類性不同的物質：靈魂神界的物質，和肉身形界的物質合有同樣的一個性理：這是不可能的。異類同性，萬無可能違反「盈虛同類」的（本體論）定理。性理充實物質潛能之虧虛，是它的盈極因素。「潛能與現實，虧虛與盈極」，衝突對立，同屬一類。本類潛能之虧虛，受本類盈極因素之充實。這個定律是不容違犯的。此外，還需理會到，那個物質與性理的合體已不是肉身的靈魂；真作肉身的靈魂者，乃是那個合體以內的性理。吾人所說的靈魂專指吾人肉身以內的性理。今假設靈魂以內的性理藉自己固有的物質，作肉身的性理；如同是顏色藉自己擴展的平面，塗染形體，這是不可能的。因為「物質」二字專指潛能與虧虛的主體：不能又作性理：去充實另某物質，或作其盈極因素。但假設有人用「物質」這個名辭，指示一種盈極因素，而不指示潛能的虧虛，吾人就可不去管他：同實異名，人間語言之所不免。同一實義，吾人呼之為盈極，別人稱之為物質；猶如同一物體，吾人名之為石，別人可呼之為驢。

戊十、**民族之自同**不在靈魂，也不在人民相同，**而是在居處相同**，或更好是說，**在於法制及生活方式相同**。亞里（斯多德）、《政治學》，卷三，章一，就是以法制與生活方式分別民族間的同異。可以取河為比。例如賽因河是這條河，不是因為它有一股水流，而是因為它有這個泉源，並有這條河漕。因此，雖然流水常變，賽因河常可以說是相同的一條河。以此例彼可知，河同水不同，族同民不同（族是群眾聚居）。

戊十一、時間計算，只用一個運動作標準，即是第一層天體的運行：彷彿是至高無上的鐘錶，作其他一切物體運動計算時間的標準。時間，只是對此運動有附性對主體的關係；對於其他運動所有的關係，不是附性對主體的關係，而是尺度對長度的關係。尺度是度量長度時所用的標準：例如尺度對木尺是尺度對主體；尺度對布匹，卻是尺度對長度的關係：即是標準對物類的關係（用某標本作準則，度量物類的異同，或同類物體的高低優劣等等）。標準的尺度，只有一個標準儀器作主體（用來測量許多物類和物體：為計算每類每物自有的程度）。從這樣的事實，推不出一個附性依附許多主體的結論來（只能說是「一個標準尺度，測量許多物的程度」。尺度與程度的關係：是以一對多；和附性與主體的關係不同：附性與主體，是以一對一）。

戊十二、根據事情的實況，視覺不是成於眼睛射到外方的光芒。奧斯定在此處，不是標明己意，而是傳述別人的意見。即便假設那是真的，結論不過是：靈魂就應給射出的目光、賦予植物性的生活：不論目光的那些光芒是射到多遠，仍不算與己身隔離的外物，還是和本來的身體相連接，並依照連接的密度，領受靈魂授與的生活。

戊十三、從前面的討論已可明見，被懂的事物，除非在靈智的動作方面，不會分多，也不會是個體化的。但從被懂的某事物，就其被懂而言，仍能用抽象的方法，抽取「被動事物」之公名所指的簡單意義。例如，既知「此某被懂事物」，便知「被動事物」。既知「此某物靈智」，便知簡單的「靈智」。這樣的抽象步驟不是不適宜的。事物之被懂曉是我個人的動作。這動作的個體化並無害於「被懂事物」——名理——的普遍性，或大公性。例如「人」的名理，或任何種名的定義，現實被我懂曉，是一個偶然的事件，是「人」名理或任何種名定義的對外遭遇：是它們本體定義以外的附性，不是它們定義以內的要素。「被我懂」，或「被別人懂」等等事件，不屬於「被懂事物」之本體：不可放到它的定義中去。

戊十四、「**人同此心，心同此理**」之類的名言，不是說一總的人用共有的一個明悟，領悟並同意最高公理；只不過是說，人的本性相同，故有同一的趨向。例如一總的羊，都同心認為狼是牠們的公敵。但無人因此就主張，那許多羊共有一顆心，和一個靈魂（在此類情況，「同心」二字只是說許多心有相同的本性和傾向，接觸相同的事物，便發生相同的感覺、同情，和同意。本性相同，不是數目同一）。

戊十五、有個體的生存，不妨礙任何事物之現實受懂。神體，和物質絕異而分離的實體，慣稱「絕離實體」，都受靈智現實的知曉，同時卻都是個體。那些所謂的「絕離實體」有許多動作。**凡是動作，都屬個體，非個體不能有**。神體既有動作，故是個體。有個體生存，不妨礙物體現實受靈智之知曉。但有物質生存，是物體被懂的阻礙。為此，凝結於物質內的個體之性理，只有可知的潛能，沒有可知的現實。抽象的性理，從物質的個體中抽取出來，始有可知的現實。人的靈魂個體化的因素，也是物質：結合此身之物質，便成為此人個體之靈魂，但不因此失去靈魂的超越性。就其靈智而言，靈魂超越肉身的物質，是人的靈智之性，不是物質之性：它的個體化，不是物質化，只不過是因為它的本體是作人身的性理，作此人身體生存的泉源：故此，和此人身體，有本體先天的關係。這個本體關係，是靈魂個體化的原因。這樣的個體化，不是物質化，故不至於阻止此人明悟，以及他領悟在心的一切事理，有自己被知和被懂的現實。

戊十六、容易解答，理由同上。

戊十七、同上。

第十問　人的靈明——施動智力

甲、問題

問題是：全人類是不是共有一個靈明、即是「施動智力」？

乙、肯定的意見

乙一、根據《若望福音》（章一、節九），照耀人心，是天主的本務。原文說：「天主是真光，照耀生入此世的每一個」。但這也是靈明的本務，明證於（大哲）《靈魂論》，卷三（章五、頁四三〇左十五行）。故此，靈明乃是天主。但天主是獨一無二的。所以靈明也是只有一個。

乙二、物，無形體，則不隨形體之分多而分多。靈明，無形體，是和形體絕異而分離的，證自《靈魂論》卷三（章五、頁四三〇左一七）。故此，靈明不隨形體之分多而分多，足證也不隨人類之繁殖而分多。

乙三、吾人靈魂以內，無任何部分或能力，有常醒不寐的靈覺。但靈明的昭明靈覺是常醒不寐的。證自《靈魂論》，卷三（章五，頁四三〇左二二）；原文說：「靈明常覺，不是時覺時不覺」。故此，靈明不是吾人靈魂以內的一部分或能力。足證它不隨人類及靈魂的分多而分多。

乙四、物由潛能移入現實，不是自動自移。猶言，物之空虛，不自充實。但明悟——受動智力移入現實，是被動於施動智力的靈明，明證於《靈魂論》卷三（章五、頁四三〇左一四行）。故此，靈明（施動智力）的根柢，不生長在靈魂的本體內（假設是，則靈魂將自動以移入現實，這是不可能的）。明悟（受動智力）的根柢卻生長在靈魂本體以內（施者，受者，互相矛盾，不能同根。靈魂有明悟，便不能又有靈明）。結論同上（靈明，不隨人類及靈魂之分多而分多）。

乙五、分多常是隨分異而生。但靈明的分異因素，不是物賓，因為它是和物質絕異而分離的；也不得是性理，因為性理的分異是種別的差異（此外，又無其他因素，以為分異之原因。無分異，則不分多）。足見靈明不在人類以內分成許多。

乙六、抽理離物的原因，離物最遠。靈明是抽理離物的原因，因為有抽象能力，將可懂的物性事理從物質中抽取出來：分離辨別。故此，它離物質最遠。足證，它不隨人類的繁殖而增多（從物質中抽取物理，是從物質的事物形象中，察尋並曉辨事物的性理。簡名抽象，實是離辨，即是抽離物像，以成智象，藉以離辨真性本體，供給明悟懂曉）。

乙七、越勞作，越增強的能力，勞作永不終止。靈明——施動智力，正是這樣的一個能力。因為，按《靈魂論》卷三（章四，頁四二九右二行）所說，吾人智力，在懂某大可懂的事物之際，力量不但消耗減少，反倒長養增強。足證，靈明的智力動作永無終止。然而需知，凡是受造物，能力都是有限的，故不能長作不息。足見，靈明不是受造物。故此它只得是獨一無二的（造物者）。

乙八、聖奧斯定，《問題集》（章九，《拉丁教父文庫》，四〇，一三）：「肉身的感覺，所接觸的一切，都是變化不停的……變化不停的事物（不是終古不變的真理），皆非智力所能領悟。故不可希望，從肉身的感覺得到信實可靠的真理」。隨後，下文接著說：「肉身感覺的事物，似真實假，真假難辨。真假莫辨的事物，非智力所能懂明。故此，真理的判斷，不可用肉身的感覺，作成立的憑藉」。這些話，明證我們不用肉身所感覺的事物作標準，去判斷真理，不但那些事物是變幻無常的，而且還因為它們有些和虛假相近似的地方。但請注意，凡是受造物，都是如此。故此我們判斷真理時，不可用任何受造物作憑據。受造物都是不足為憑的。但另一方面，事實上，我們判斷真理是用靈明作根據（靈明所照明的公理，是千真萬確的）。足證，靈明不是任何受造物；故此，結論同上。

乙九、聖奧斯定，《聖三論》，卷四（十四、十五、二一），曾說：不信教，或信教不誠的人，「在人類道德或風化上，多所指責和嘉獎，都未嘗不合正理。他們判斷那些問題，所根據的，除他們看到人類生活都應遵守的，他們自己生活卻不遵守的，原則以外，究竟還有什麼別的原則呢？他們看到了那些原則，是在什麼地方看到的呢？絕不是在他們的本性以內，因為他們（本性）的心智顯然是變化無常的。那些原則卻是常真不易的；也不是在他們自己心智的品德以內，因為那些原則是正義的，他們的心術或品德卻是不正義（不真誠）的。那些原則，載在那裡？除了名叫真理的那本光明的書（《若望福音》）中，還有那裡」？從這些話可以看到，判斷是非邪正，吾人宜用超越吾人心智的光明作根據。事實上，凡與理論和實踐有關的問題上，我們的判斷所宜用的根據是靈明（照察所得的公理）。故此，靈明乃是超越吾人心智以上的一個光明。所以，它不隨著人類及人靈的增多而增多（它是超越人類及人靈的天主真光）。

乙十、聖奧斯定，《真教論》（三一、二二），說：兩物之中，如都非至善，吾人便無從斷定，何者較優，除非用比它兩者更優越的一個作標準。但吾人判斷，認為天神優於人靈；雖然兩者都非至善。足見，這樣的判斷所依據的標準，應是比它兩者更優越的一個物體；除了天主以外，不會是別的。既然吾人判斷是用靈明，故此可見，靈明乃是天主。如此說來，結論同上。

乙十一、大哲《靈魂論》，卷三（章五，頁四三〇左一二），曾說：靈明和明悟有「藝術與原料」的關係。藝術之類，藝術與原料不同是一體。以大公的原理，普遍說來，作者和原料不會是數目相同的一個東西，證自大哲《物理學》卷二（章七，頁一九八左）。故此，靈魂的本體以內，既有明悟，便不能又有靈明。靈明既不屬於靈魂，故不隨人或人靈魂的數目之增多而增多。

乙十二、聖奧斯定，《自由論》，卷三（卷二、章八、號二〇。《拉丁教父文庫》，三二、一二五一），說：數目的定義和真理，是推理之理性所共知。但數目的定義和真理是一回事。故此，理性為知所共知任用的智力，也應是相同的一個事物。它乃是靈明：用它的力量，吾人從事物中抽取普遍的定義與公理，曉辨而領悟之。足見，靈明是大家共有一個。

乙十三、聖奧斯定，同書（章九，二七），又說：「至善，如是大眾共有一個，真理也就應是大眾共有一個。因為是在真理以內，即是在上智的知識以內，人能看到至善，並把握至善，固執不失」。但是吾人看到至善，固執不失，是用靈智，特別是用靈明。故此，靈明是大眾共有一個。

乙十四、同類生同類。這是物本性之自然。靈明生公理。公理是大眾共有一個。可見，靈明也是大眾共有一個。（大眾共有的一個明悟，生大眾共有的一個公理；猶如瓜生瓜，馬生馬。明悟生公理，是照明公理）。

乙十五、假設靈明屬於人靈，它就應是：或天生具備萬理，充滿萬理；並將萬理置放在明悟中，也就不需要從物象中抽取眾理；或天生赤裸，空虛，沒有眾理，並且因此也就無能力從物象中抽取眾理；因為它原先從來沒有過的事理，即使抽取得來，也不會認出那個理是所追尋的那個理或不是；猶如人追逃僕，除非預先認識過他，即便追到他，也不會辨認出來。故此，靈明不屬於人靈；也就不隨著人靈和人類增多（靈明在人靈以內不能存在；因為存在的方式只有兩個：或滿被眾理，或缺少眾理，都是不可能的）。

乙十六、有果必有因。既有一因已足，則不應贅加他因。但為照耀人的明悟，已經有一個外在的原因，效力又充足，乃是天主。故此不應贅加一個靈明，在靈魂以內，盡同樣的任務：即是照耀明悟。也就是因此，不應主張靈明隨人和人靈的數目增多。

乙十七、假設靈明是人靈魂的一部分或一能力，它就應對於人生實益增加一些貢獻。因為天主不在所造物內造些無作用和無目的的東西。但在光照明悟的任務上，靈明無益於人，因為明悟自身，受到了「智象」，或性理的充實，已足以完成自己的工作；猶如任何其他物體，性理全備，即能率性而動。同樣，為完成照明物象的任務，人也全用不著靈明。因為照明物象，乃是從感覺的事物印象中，用抽象的工夫，抽取普遍的「智像」，藉以懂明事物的性理。事物的印象，先受感官的感覺，隨即銘刻在心中的覺像力內，在那裡，神性提高，能力增強，超越物質形象，足以把自己的印象銘刻在更高的能力以內去，這個更高的能力就是明悟。明悟接觸那個印象，便藉它去曉悟事物的性理：外有感官，內有覺像力，便足以滿足明悟懂明事理的需要，用不著再贅添一個靈明。足證人的靈魂以內，沒有所謂的靈明這個東西：故此它也就不隨人類的繁殖增多。

丙、肯定的意見

丙一、大哲，《靈魂論》，卷三（章五，頁四三〇左一三），說：靈明是靈魂內的一個要素。故此，隨著靈魂的分多而分多。

丙二、聖奧斯定、《聖三論》，卷四（章十六，廿一），說：「許多哲學家，高明出眾，所教真理，史有明載，所有妙悟，並未借鏡於至高無上、永遠常真的原理（《聖經》的超性真理），故乃借鏡於本性與生俱有的光明。這樣的本性光明，是助人觀賞真理的明鏡，就是施動智力，簡稱靈明。故此，靈明確是靈魂以內本性具有的一個要素。足證結論同上。

丙三、聖奧斯定、《聖三論》，卷十二（章十五，號廿四），說：「吾人應當相信，吾人靈智本性的構造中，自然如此：具有一種非形體、非物質、類性特殊的光明，在此光明之中，能看到所接觸的事物之真理；猶如吾人肉體的眼睛，在有形體的光明之中，看見周圍的物體。吾人靈智為懂理所用的這個靈性的光明，乃是靈明（大哲名之曰施動智力：猶言施放光明，照徹物理之意）。足證靈明是屬於靈魂類性本體中的一個要素（凡是靈魂之類，有靈智之類性者，無不有之）。從此可見，靈明因人類繁殖及靈魂數目之增多，隨著也便增多。

丁、答案：定論

按前者已有的說明，亞里（斯多德）必須主張靈魂有靈明。因為他主張有形事物的性體，沒有脫開物質獨立的生存，故不是現實可受懂曉的名理，並為此應有一個能力來將物的性體從個體物質中抽取出來，使物的性體由可懂的潛能，移入可懂的現實：成為現實可懂的物理。**這個能力叫作靈明**。有些人主張靈明是一「絕離實體」，它有和物質絕異而分離的生存；不隨人數的眾多而分成許多。有些人卻主張靈明，是靈魂以內具有的一個能力，在人身內，隨人數的眾多而分多。兩個主張，在某些限制和觀點之下，都有一些真理。理由如下：

在人的靈魂上面，應有一個靈智作人為懂曉物理必須有的依憑。有三個理由足以明證此點：

第一個理由：某物分取另某物，分取之所得，必先有於另外某物作其所得，並是所得者之實體。例如鋼鐵被火燒熱，分取熱力。熱力應先有於自然界的另某物中，此即物質四元素之一：火。火是熱力的來源，並是熱力的本體。火的熱力，屬於火的本性本體。根據上面的比例推論：人的靈魂，分取靈智，本體不是靈智，因人靈魂的本體有許多部分；不是每個部分都能是智性動作的根據。只是最高一部分能是。靈魂所有這一部分智性動作的能力（既然不是來自靈魂的本體），故此是來自另一來源。這個智力之源是智力的本體。它的本性本體全部都是靈智。足見它高於靈魂，並是靈魂為能發生智性動作之所必依仰。

第二個理由：以動例懂。在某類變動上，既有某物被動，必先有某物主動。主動者，自己不被動。請看物體變質、寒熱燥濕等變動，所有的高級原因，不會有質的變化，例如，天體運行是形體變質的原因；天體自身不會變質。各類運動或變動，都有不被動的某物作主動的原因。人靈的智性動作，也有運動的一個形式。靈魂懂理是推論；或由效果推證原因；或由原因——推證效果；或由類似推證類似；或由對立推證對立：即是由一方推證相反的一方。故此，在靈魂以上，有某靈智，它的智性生活懂理，是固定、並且是寧靜的，用不著以上種種推論的步驟。

第三個理由：在同一物體內，潛能先有於現實：虧虛先有盈滿。但絕對說來，兩物相較，原因的現實，先有於效果的潛能。依思想的次第，這是必然的。同樣，各類物體間完善先於不完善；盈極先於虧虛。人的靈魂，在最初，有懂理的潛能，沒有懂理的現實。在懂理之類的智性生活上，靈魂是不完善的，常有虧缺：因為人的靈魂，在此世一生之久，永不會懂曉所有的萬事萬物可懂的真理。從此可以斷言，在靈智之類，既有不完善者，必有完善者。

以上三個理由，證明在靈魂以上，必有某一靈智，常有現實的生存，徹悟真理，完善無缺（這個靈智、是天主，詳見下文）。

但不可以說這個高級靈智在吾人心內，直接產生懂理的現實，不經過吾人靈魂從它那裡分取得來的某些能力。形界物類，公有的事實，明示物類分高低不齊的等級。較低物類為發出動作，產生固定的某些效果，除了所需高級主動的普遍動力以外，還需有下級因素的特殊動力，例如，高級動物不只是生自太陽的普育能力，而且同時是生自父母精血內，種籽裡，含有的特殊生力。縱令有某些低級動物，生自太陽的生力，不由種籽；但也不是沒有下級特殊因素，發出動力，改變物質，精煉物質，俾能生出那些低級生物。人的靈魂，在下級物類中是最完善的一個；為產生現實懂理的這個效果，也必定是，除了上級靈明普照的能力以外，尚需自己有一些固有的特殊能力，彷彿是自己神靈的目光，是從那上級靈明稟賦得來的一部分。實際的經驗明證每人確有這個特殊的能力。例如蘇克拉底或柏拉圖，或其他某某人願意的時候，便在自己心內想出現實可懂的理，產生知識，產生的方法，是用那個特殊的能力，從特殊事物中，領略普遍的真理（例如，為認識人的本性本體）就從許多人個個所有的特性裡，識別出全人類個個必有的共同點來（凡是人，個個是理性動物）。這個略取普遍真理的作用，是靈明的作用，是抽象作用，也是此某人的作用。猶如觀摩、欣賞、懂曉，或判斷某類公有的性體，是領略作用，是悟受作用，也是此某人的作用。凡是作者，既有作用，都在自身以內，具有發生那個作用的能力；以此能力為其作用所以生和所以然的理。動作之有能力，猶如生命之有性理類的內在因素：作動作的根源和規則。前者吾人已經證明了，明悟就是每人心內具有的這樣一個性理之類的因素，以人為依附所在的主體；依同理，靈明也必定是人心內具有的一個性理之類的因素，也是依附在人的實體上，以人為主體。靈明和明悟，一個施展動力，獵取真理；一個虛心領受，領悟真理：領受略取之所得。兩者，雖有一施一受之不同，但同是每人私有的能力：為完成每人自己現實懂理的工作。為完成這個工作，按亞維羅幻想的謬說，只需要人靈用心中的物象接觸身外的靈明。實際上，這是不夠的；證明見於前面論明悟時的所有討論。

上面的這個結論，依吾人看，顯然是亞里遺教中所包含的真意：《靈魂論》，卷三（章五、頁四三〇左十三）說：「靈魂以內，必須有這兩個分別。」即是明悟和靈明。明悟是受光照的智力。靈明是施光照耀的智力。下文又說：靈明是「和光明相似」，此處所說的光明，是本性稟賦分取得來的光明；和柏拉圖所說的靈明不同。按戴米斯悌《註解靈魂論》（卷三，章五）關於這一點，曾說：柏拉圖所注意的，不是人靈因本性稟賦分取得來的那個智力；而是和形體物質絕異而分離的那個靈智；柏拉圖拿這個靈智知太陽相比（太陽是光亮，獨一無二、高懸天際，普照萬物；不是每物受它照耀而收歸私有的光明）；它也叫作「絕離的靈明」。它是人靈懂理之所依賴。

（附誌：戴米斯悌，詳明戴米斯悌要斯，希臘人，生於紀元三一七年前後。）

那麼，這個所謂「絕離的靈明」是什麼？這是現在應考慮的問題。有些人主張這個靈明是所謂「絕離實體」中最低的一個；它用自己的光明照射吾人靈魂。這樣的主張和聖經的真理互相刺謬，有許多理由：這樣的靈智光明，既是屬於靈魂的本性，只能來自造生靈魂本性的造物者（依聖經的真理），靈魂的造者只是天主，不是一個絕離實體。天主以下的「絕離實體」，吾人名之曰「天神」。為此理由，《創世紀》，章一（章二，節七）就是本著這樣的意義，標明了天主自己「向著人的面孔，吹入了生命的氣息」。足見所謂「施動智力」的光明，生在靈魂以內，是直接生自天主，不是生自任何別的什麼絕離實體。這是第一個理由。下面是第二個理由：每個物體的動作，最後的至善是盡其可能，反本追源，上達自己的最高原因。按聖經的真理、並按大哲，《道德論》（《倫理學》），卷十（章七）所有定理，人根據智性動作所能達到的最後至善，即是人的真善和真福，是結合造物真主，不是交結受造的實體。今假設人類智性生活的原始和原因不是天主，而是其他某個所謂的絕離實體，結果必是：人的最後真福應是交結受造的實體。這一點顯然是那某些人的主張：事實上，他們說了人的最後福樂是交接那個靈明。方才指出了信德的正教，主張人的最後真福只是結合惟一無二的天主：有《若望福音》，章十七（節三）可以作證。耶穌說：「他們永遠的長生，乃是認識你、惟一無二的真天主」。又按《路加福音》，章二十（節三六）記載，足證人因分享這樣的真福，「和眾位天神是平等的」。第三個理由：假設人本性的稟賦所分取的靈性光明，是來自某某天神，結果必應主張，人根據其心靈，不復是天主的肖像，擬似天主；而是天神的肖像，擬似天神：這正是相反《創世紀》首章（節二六），天主造人時，所有的聲明；天主聲明的原話是說：「我們要按我們的肖像造人；並使人逼似我們的真像」。這些話的意思是說：天主造人時，所依照的圖案，是天主三位一體共有的真像，不是天神們的肖像。

上面的種種理由，足證我們的定論數點如下：亞里所談的「施動智力之光明」，是天主直接給吾人心中叩印所印上的光明。根據這個光明，我們分辨真假善惡。《聖詠》（第四，節六、七）所詠唱的明言，也是指的這個光明：「許多人問說：有誰來給我們指明善惡？主啊！我們的實體上，印上了你容顏的印號，是你的光明！」天主用這個光明，給人類指明善惡的分別。

如此說來：「靈明」有兩個意思，一是人心稟賦的靈明，如同分取所得的光明，在吾人心內，照明現實可懂的真理，它是靈魂的一股能力，並且隨著人數和靈魂的數目增多。一是天主的靈明：它是天主自身，獨一無二，絕離萬物以上，如同高高的太陽，光明四射，普照萬物。聖奧斯定，《獨言集》卷一（章六）所談的靈明，是天主。他說：「理性許諾給我的心靈，顯示天主，如同是太陽給我的眼睛，顯示美景。因為靈魂的知覺，如同是心智的眼睛。學術百科，各有公理，明確至極，如同白晝裡，太陽照明的形形色色，眼睛可以觀看清楚……天主是普照萬物的真光。」

大哲所談的靈明，不是天主，因為天主不是靈魂本性以內的任何要素，而是絕離萬物以上，惟一無二的，並是吾人知識的最高原因。但，按戴米斯悌（《註解靈魂論》，卷三，章五）所說，亞里所謂的「靈明」，叫作「施動智力」，專指吾人在靈魂內，從天主那裡領取得來的光明：是靈魂以內，生而具有的智力。根據人心靈明的本義，簡單說來，靈明是每人各有一個，不是全人類共有一個。

戊、答解乙號的疑難

戊一、天主本有的效能，是給人雕刻上光明的印章，先刻上本性的靈明，再刻上超性的寵光，最後刻上超性的榮光。賦給這三層光明，照耀眾人。人心靈明，如同是天主賦與的光明，照徹感覺外物所得的印象。

戊二、亞里，所說的「靈明之絕離」，不是說靈明是在身體以外獨立生存的一個實體；卻只是說，人心的靈明不是肉身任何部分的官能，不是充實器官的盈極因素，故此靈明的動作，不用肉身的任何器官；和明悟一樣。證明見前。

戊三、此處，亞里指的是「現實的靈智」，不是靈明。在那裡，他先討論明悟，後討論靈明，最後才談到了現實的靈智。原文《靈魂論》（卷三，章五，頁四三〇左二〇）說：「人知某物所得的知識之現實，和某物被人知的現實。是一個現實」。換言譯之：「在知識的現實上，知者與被知者是合一的」。他並且指出，現實中的靈智和潛能中的靈智，有三種分別：潛能中的靈智，不是潛能中可以被懂的某某事物；但現實中的靈智，實懂某某事物，是現實中被懂的某某事物。同樣情形可見之於覺性知識。按亞里的主張，潛能中的覺力和潛能中可以被覺知的事物，是彼此不同的事物（但在知覺的現實裡，覺者和被覺者彼此是相同的）。這是第一個分別。第二個分別如下：比較現實中的靈智，和潛能中的靈智，在相同的一個主體內，先有靈智的潛能，後有靈智的現實；時間的次第是如此：先有潛能，後有現實（先有童騃的愚蒙，後有聰智的開明）。但以性體的尊卑而論，現實先於潛能。簡單說來，就實體間生存次第而論，實體界，即便在時間上，也是先有現實中的靈智，後有潛能中的靈智。因為潛能中的靈智，由生存的潛能移入生存的現實（無力自己移動），必須被動於另某已有生存現實的靈智。大哲，下文所說，就是明指此意：「在一個主體內，潛能的時間在先。不加主體的限制，簡單說，潛能在時間上，也不先有」。這個先後的比較，也可見於《形上學》，卷九（章八，靈一〇四〇右），並見於別的許多處。第三個分別：潛能中的靈智，即是可能的靈智，事實明示它，有時懂一些理，有時卻不懂；有時思想，有時不思想。對於現實中的靈智，便不能說有此同樣情形。猶如眼睛的視力，有時看，有時不看；但現實中的視覺，是在觀看某物的現實中（談不到時看、時不看）。同樣：大哲又說：「現實中的靈智，實懂某物之時，不能又是時懂，時不懂」。在下文，又說：「只有這個真有生存的（靈智），是絕離形質的。」這句話的意思，既不指靈明，又不指明悟；因為上文說明了兩者都是絕離形質的，故此，必是指現實中的靈智，及其所需的一切：即是統指靈智的整體（兼含靈明與明悟）。故此，下文接著又說：「並且只有這個是長存不滅，長生不死的」。假設這些話，作專指靈明解釋，結果必應按亞歷山的解釋，說人的明悟是有死有壞的。但這樣的解釋，和亞里上面討論明悟時，所聲明的定論，適相悖謬。本段這樣解釋亞氏那些話是需要的，免得有人再犯錯誤。

戊四、兩物在不同的據點上，彼此相比，同時互有現實對現實，和潛能對潛能的關係；這是沒有任何妨礙的。例如火有冷的潛能，有熱的現實；水卻正是相反（有熱的潛能，有冷的現實）。也就是為此，自然界的物體同時一施動一受動發生交互的動作。依相同的比例，靈智對感覺的印象，在一個據點上，有潛能對潛能的關係；在另一個據點上，有現實對現實的關係。覺像力因所有的印象，現實認識固定某物的性體。同時，印象內含蘊的物性，有被靈智抽離物質條件（並受普遍化）的潛能。靈智方面卻適得其反。它現實沒有任何智性的印象以認識性理分明的事物；它只有形成智性印象的潛能；但它現實卻有非物質的光明，有抽象的能力，抽取可被抽取的物理。如此一個靈魂內，同時有明悟，又有靈明。沒有任何妨礙。明悟有懂理的潛能。靈明有抽象作用的現實：將物事的理從「覺像」中、抽取出來。類似的情形，也可以發現在物質界。例如，同一形體有透明的本質，有領受各種顏色的潛能；同時自身現實具有一種能照明各種頻色的光明。貓的眼睛，就彷彿是有這雙重能力。

戊五、靈明分多，其直接理由是靈魂的分多。靈魂（以本性的稟賦）分取一部分靈性的光明以為己有。故此，靈明隨靈魂分多，靈魂卻隨肉身分多。詳論見前。

戊六、靈明不是充實任何肉體器官的盈極因素，故此不是肉體器官的官能：在動作上，不用肉體器官。它和肉體的物質絕異而分離的這個程度，已足以保證它有資格和能力，去將「智像」從「覺像」內分離辨別出來。明悟以內所領受的「智像」，和物質絕異而分離的程度，並不高於靈明絕離的程度。

戊七、那個理由及其結論所討論的、與其說是靈明，勿寧說是明悟。大哲舉出了那個理由是為證明人的明悟，既已懂明了可懂的極大真理，將來對於極小真理不至於懂曉欠明。不論討論的是那一個，結論的涵意不是說吾人的智力是絕對無限的，卻不過是說，它相對某類事物是無限的。本身有限的某某能力，對上有限、對下無限，是全無妨礙的。它的力量達不到上級的物類，故是有限的。但在下級某某物類中，卻能達到無限多的事物，故是無限的。例如，顏色之類，包括無限多的形形色色，眼睛的視力都能識別。故在可見的顏色之類，眼睛的視力是沒有限止的。同樣，吾人智力，對於本性適宜的、或本性能懂的真理，是沒有限止的：它能從覺性所知的無限事物中，抽取本性能懂的無數真理。和它本性適合的真理，是從有形事物中，可以抽象識別的物性事理。但是關於高級真理，例如關於絕離（形質的）實體，吾人智力是有限的；不足以通達一切。高級真理本身明顯至極，勝於下級萬物；吾人智力薄弱，不堪瞻仰；猶如夜梟、目對日光（視而不見）。詳見大哲《形上學》，卷二（章一、頁九九三右九）。

戊八、那個理由和應討論的問題沒有關係。需知，根據某某知識，判斷事物的真假，有兩種意義。一是根據某某知識作前提的中辭，說出理由，證明結論的真假。一是根據某某知識作評量的準則，或尺度；判斷某類事物，是否符合規則；或比較起來，有什麼程度。聖奧斯定的理論、是本著這樣的兩種意義立說。變化無常的，或似是而非的事物，不能作確實無誤的真理之準則。但我們的問題，根本不是問：根據什麼知識去判斷事物的真假。卻只是問：用什麼能力去判斷事物的真假。依我們已證明了的定論，我們判斷真理時，所用的能力是靈明（另名「施動的智力」）。

但為深究聖奧斯定的宗旨，並為追求問題的真理，需知古代有些哲人不知覺性以外，還有另一種知識能力，也不知覺官可知的事物以外，還有任何別的物類，曾說：吾人對於真理，不能有確實的知識；理由有二：一是他們認為覺官可知的事物，流動變化，都無止息。二是人間意見紛歧，醒者、夢者各有所見；病者、健者所見不同：對於同一事物，判斷互異，找不到固定標準，足以釐定真假，及真假的程度：各人意見都好像有些真理。為此，古代的人嘗說真理非吾人類之所能確知。聖奧斯定所談到的理由，便是這兩個理由。史載，蘇克拉底失望能把握自然界事物的真理，遂全力專究道德的哲理，他的理由也是為此。但是他的弟子柏拉圖和古代哲人同意，認為形界事物變化無常，覺性的知識，對於事物的判斷都不準確，無力建定確實無疑的學識。他卻主張，另一方面實有恆常不變的純理，是和形界事物絕異而分離的；並是事物的種名所指的名理。關於這些事物的純理，柏拉圖主張吾人有確實無疑的知識；同時，在吾人方面，他主張，人的實體以內，在覺力以上還有更高的一種知識能力，就是心智，或靈智；並主張人的靈智以上，有一個更高的靈明：是靈智界的太陽，發出光明，照耀人的靈智；如同天上有形可見的太陽，照耀人眼目的視覺。

聖奧斯定，竭盡公教信仰之所能容納，追隨柏拉圖後塵；但未嘗主張事物類名所指的純理，有離物自立的生存；然而主張天主的心智以內，具備萬事萬物的理；並說吾人判斷事物，是用這些理作標準和根據，全依靠天主的光明，照耀我們的靈智；這不是說吾人洞見天主的本體，並在其中洞見那些理——這是不可能的——，卻只不過是說，那些至高無上的理（用天主的全能），將自己的印象印入吾人心智以內，猶如「面印萬鏡」：一個面貌，將自己的印象反照在許多明鏡裡面（猶言月印萬川一般）；如此，從一個至高的真理，反射出許多真理，投入吾人心智之中。聖奧斯定，註解（《聖詠》，第十一，節一），人類的子孫，真理的知識、「衰微」那句經文時，說過上面那樣的話，和柏拉圖的論調，有些符合之處：柏拉圖主張，人的知識和離物獨存的物理，不是直觀洞見；但因吾人心中（本性稟賦），分取些物理的（光明或作用），對於事物遂有相當的知識。亞里的思路，正是背道而趨。

（主要三點如下）：

第一、他用許多理由，指明有形事物內，變化無常之中，有常靜不動的成分。

第二、覺力的內外官能，判斷各自專知的物類，是真實無誤的。在專知以外，判斷許多官能之所共知，始能陷於錯誤；判斷可覺事物所依附的主體（例如，見某物有人的形象，遂斷定所見者是一個人），更能發生錯誤。

譯者贅加：又例如顏色是眼目視覺之所專知。見白知白，故無錯誤。色盲者，見綠說紅，雖有錯誤，但既患色盲，紅綠不分；說其所見，何錯可責？物體之大小、動靜，廣狹等等，眼能見、手能摸，非一覺之專司，乃數官之共覺；易生錯誤；眼遠看某物甚小，近而用手摸之則甚大。白人之白，是視覺之專知，白人之人，乃白色之主體。人之為人，無色、不可見：作主體，附有白色，則可見。見白物，說白人，往往說錯。白色，是本身可覺。人卻是附性可覺：凡附性可覺的實體，都是偶然可覺，不是本體必然。可覺，是物被人覺知。能覺，是人能覺物。對於人說如此；對於動物及其各種感覺說也是如此。

第三，人在覺力以上，尚有智力判斷事物的真假，不根據心外離物獨存的純理（或天主的神理）；卻只根據自己心內本性固有的靈明：即是另名所謂的「施動智力的靈性光明」。這個光明給人的明悟，照明可懂的物理。吾人如說：可懂的物理是由天主分賦於物體及人心；則和亞里所說的「靈明照明物理」，實際上沒有多大分別（因為靈明是天主分賦於人心的能力。物理是天主分賦於物體中的性理。性理可知所知屬實即是真理）。

戊九、教外賢達所見的那些原則，是道德行為的最高公理，猶如理論方面，學術百科的最高公理；人人有心內的靈明，都能共鑒；並且人心的靈明，即是「施動智力的光明」，是來自天主的賦畀。

戊十、吾人比較兩物，評定何者較優，所用的根據有兩個：一是標準的極則和尺度，一是判斷的能力。固然標準的極則和尺度在優越的程度上必應高於所比較的兩物。例如純白是評量其他程度不齊的各種白色應用的極則和尺度。同樣，天主，至真至善，是評定萬有真善的極則和尺度：每物的優越，距離標準的極峰越近，則程度越高。但是評量時，所用的判斷能力是一個知識能力，在本體上，不必超越所比較的事物。如此，吾人用智力的靈明，評量天神和靈魂，並斷定天神優越，高於靈魂（也高於靈魂所有的智力及其靈明）。

戊十一、此處的疑難，用前面數處舉出的理由，即可解釋明白：因為靈明對於明悟，有作者和動力對於物質原料所互有的比例；又如現實之對潛能，或盈極之對虧虛；靈明照徹物理，產生物理可懂的現實。明悟接受物理，用以充實自己潛能的虧虛：明悟有受靈明光照，並受物理充實的潛能。兩者的關係如此，可以同時並存於一個靈魂的實體內，用一個實體作共同生存所依的主體和根據，方式如何，前者已有說明。

戊十二、須知「心同理同」，是說一個理，在事物方面是一個同時受許多人的曉悟：在每人心智以內有相同的意義，在人心智的曉悟方面，不是一個。人心不是大家共有一個。人心內的智性動作，也不是大眾同時共同發出一個。大眾的心智，同心曉悟數目的定義和真理，所見的真理是一個真理、一個定義。又如同石頭的定義，也是大眾同心共有一個；事物方面的公名定義，確實只有一個。人心及心內曉悟定義時，所有的思想不是大眾同時共有一個。事物公名定義的唯一，不以大眾共有一個心和一個動作為成立必備的要素（否則，一人想石頭的定義，同時人人一心都想那個定義：顯非經驗事實之所容許）。故此，數目，或石頭，或任何每一事物，定義及真理的同一，和唯一，全無力證明人類明悟或靈明的唯一，詳見前者已有的講解（論明悟戊六）。

戊十三、「在真理以內把握至善，大眾萬心相同」：是說事物方面的唯一；或是說第一光明的唯一。第一光明，是天主的光明本體，放射光亮，射入大眾每人的心智以內（使人類領悟事物方面唯一的真理至善。「萬眾一心」的一只有這番意義：共知一理，共愛一善，不是共有一個靈魂或靈明的實體）。

戊十四：人心的靈明照耀事物，從許多事物中，抽取全類共有的物理。全類相同，共有一理：是類名所指的普遍的理。靈明不隨物理的分異，而自受分異；也不隨物理的唯一，而自成唯一；但隨人靈智的分異而分異：因為普遍的物理所有的統一和唯一，也不是來自你我的靈智及其動作方面。為此，人心內靈智各異，不阻礙物理普遍的大公和唯一。

戊十五、說靈明赤裸、空洞，或說它萬理具備，裝備萬理，或充滿眾理等等說法，都不適當。靈明發光，照明眾理，產生眾理可懂的現實，即是：產生種名或任何公名的名理。反之，明悟（有潛能的空虛和容量）始有（領受眾理或）充滿眾理之可言。也不可以說：人的靈明離開明悟，自己懂理。但應說：人用自己的靈明和明悟懂理，才是恰當。實際上，是人用自己的各種覺力，在特殊的事物中，認識自己用靈明照察抽取所得的物理（同時，同明悟在普遍的範圍中，認識那同樣的物理，以見其普遍常真）。

戊十六、天主造物，給每物賦予許多動作的能力，不是由於自己美善不足，卻是由於自己的美善豐滿至極，足以洋溢周流、普及萬物。

戊十七、覺象力中所形成的物像，和感官的覺力內所形成的物像，是同類的：因為兩者都是個體的，並且是物質的（代表物質個體所呈現的條理、紋理，形狀、等等）。靈智內所形成的物像，屬於不同的另一類：因為它是普遍的（代表普遍的物理、性理、定義等等）。就是因此，覺像力中所有的覺像，無力印出普遍的「智像」，並將它印入靈智裡去；雖然感官覺力以內所形成的物像，有能力印出覺像，並印到覺像力以內去。為此理由，為給明悟以內銘刻智像，需要有靈明——施動的智力；但為給覺像力銘刻覺像，不需要有什麼施動的覺力，只有感受的覺力就足夠了。

譯者贅釋：為代表同一個體事物的理，靈智以內有智像；感官覺力以內，有覺像；覺像力，將那個覺像收容在己力以內，並加以精煉，以備久存；並供給靈明，施光照耀，形成智像。覺像代表個體中的理。智像代表從個體中抽取出來的，普遍的理。智像、印在明悟內，充實明悟潛能的虧虛，使明悟藉以領悟外物的理：同一物理，在外物是個體化的、是物質的；在覺力和覺像力中，受覺像的代表仍是個體化的，已不是塊然物質的了：而是覺性化的、意識化的；及至進入靈智以內，受智像的代表，就脫離了物質和個體，只剩靈性化的、普遍化的理：虛靈無礙，可以遍附同名所指的萬物。能將物理普遍化的靈性意識，和覺性意識是類性不同的兩種意識。靈性的意識是明悟的昭明洞曉，及反省的自覺。覺性界的明覺和靈智的明覺，也是兩類不同的明覺。「覺」字有二用，一屬覺性界，一屬靈智界。覺性界超越塊然物質，不超越個體物質；靈智界既超越塊然物質，又超越個體物質，及個體的一切限制。

第十一問　人靈魂的能力與本體

甲、問題

問題：靈魂的能力是否和靈魂的本體相同？

乙、肯定的意見

乙一、奧斯定，《聖三論》，卷九（章四、節五），說：「吾人需要記得……這一切（即是心智、智識，和愛情）存在於靈魂以內……是靈魂的實體或本體之所有，不是附性偶然依附靈魂，作主體，如同顏色或形狀依附形體，以形體作主體，或如同任何其他附性、數量，或品質。」

乙二、《神體與靈魂論》（章十三，《拉丁教父文庫》四〇，七八九），有句話說：「天主所有的一切，是天主的本體，靈魂之所有，某些是其本體。」某些不是本體。前者是能力，後者是功德。

乙三、實體的分別，不取源於任何附性。覺性和理性是實體的分別，取源於覺力與理智。足見覺力與理智不是附性，依同理，靈魂所有的其他能力，也都不是附性。如此看來，他們屬於靈魂的本體。

但（有人）說：靈魂的能力，既不是附性，又不是本體，而是特性：是本性的稟賦，或是實體之所常有；如此，它們是主體與附性當中的一種中間物。但是不然。理由如下：

乙四、肯定與否定之間，沒有任何中間立場。實體與附性之分別，是以肯定與否定為分別的根據。附性是依附主體的事物。實體之為物，卻不依附主體。兩者互相矛盾，故無任何中間物之可言，任何事物的本體與其附性之關係，都是如此。但（有人）說：附性、生自實體之因素，但生自實體之因素者，不都是附性（又不是實體，故是半實體、半附性的中間物）。這樣說也不見得對，理由如下：

乙五、假設靈魂的種種能力，叫作本性天賦的特性，或本體常有的特性，理由只能有兩個：或是因為那些能力是一些本體的部分；或是因為它們是本體因素所產生的效果。本體的部分固然屬於本體：這是物之公律，物物如此，靈魂也不例外。但假設它們只是實體因素所產生的效果，並可以叫作本體之所常有的特性；那麼，便與附性無別。凡是附性，勢必都可以叫作是本體特性，因為都是本體因素所產生的效果。故此結論仍舊應是：靈魂的能力或屬於靈魂本體，或是附性。何況：

乙六、凡是中間物，都應有異於兩端。假設靈魂的能力是介於本體與附性的中間物，則必應有異於本體和附性。然而兩物相同的因素，不能又是兩物互異的因素。今，「生自實體因素」，是特性和附性所有的共同點，故不足以是兩者的區別點。說靈魂的能力是特性，和說它們是附性，實義上互無分別。特性附性既無以相異，附性本體之間則仍無中間物之可言。如有人說：靈魂的定義無附性，可以成立；無其能力，則不能成立，足見能力和附性有分別。但是不然。

乙七、定義指示本體。靈智專知本體。物無定義，則非靈智之所能知，此乃大哲定論，見於《靈魂論》，卷三（章四，頁四二九右十九行）。事物之知識，無之則不可的要素，都屬於事物之本體。如果靈魂的知識無其能力，則不能成立，足見它的能力乃是屬於其本體，不是它的附性。那麼，本體與附性之間，仍無中間物之可能有。

乙八、奧斯定，《聖三論》，卷十（章十一，號十八），說：「憶力、智力、意力，三者共是一個生命、一個心智、一個實體。」如此說來，可見靈魂的能力乃是靈魂的本體。

乙九、一部分靈魂對於一部分肉身，和整個靈魂對於整個肉身，在相互的關係上有對稱的比例。整個靈魂是整個肉身的實體性理。故此，依對稱的比例，一部分靈魂是一部分肉身的實體性理，例如靈魂的視力是眼睛的實體性理。但是需知，靈魂根據自己的本體，既是整個肉身的實體性理，又是肉身任何每部分的實體性理。足證，眼睛的視力和靈魂的主體，是相同的一個本體。依同理，其餘一切能力也都是如此（實體性理是實體本性必備的條理）。

乙十、靈魂本體優越，勝於附性。有動力的附性，本體是自己的能力，何況靈魂呢？靈魂的本體更是自己的能力了。

乙十一、聖安山，《獨論集》（章六七，《拉丁教父文庫》、卷一五八，欄二一三），有一段話，意思是說：靈魂從造物真主所得稟賦之中，最寶貴者，莫過於記憶力、智力、和意志。但靈魂所最宜寶貴者，莫過於自己的本體，故此，靈魂的能力和靈魂的本體是相同的。

乙十二、假設靈魂的能力和本體不相同，則必應生自靈魂的本體，如河水出自泉源，如效果生於原因。但這是不可能的。因為在超越物質的程度上，河水清於泉水，效果高於原因，是不可能的。靈智，是靈魂的智力，不是任何形體的盈極因素。靈魂依其本體之為物，乃是充實肉身潛能虧虛的盈極因素（作它的實體本性為成立起來必備的內在條理）。足證，主張靈魂的能力不是靈魂的本體，是一個不合理的學說。

乙十三、實體固有的最大特點，是作衝突事物的收容所。靈魂的能力都能收容衝突的事物，例如意志的美德和惡習、靈智的智愚或正錯。故此靈魂的能力都是一個實體。但它們和靈魂的實體沒有分別。足證它們和靈魂是相同的一個實體。

乙十四、靈魂結合肉身，是如同性理之結合物質：直接結合，用不著任何能力居間聯繫。靈魂充其能作肉身之性理的全量，將某現實的盈極授與肉身，充實肉身潛能的虧虛。那某現實的盈極，不是生存；因為在沒有靈魂、沒有生活的物體內，也有生存；也不是生活，因為在沒有理性靈魂的生物內，也有生活。所以最後只剩靈智的靈覺，是靈魂給肉身授與的盈極。盈極，是某美善現實的完滿無缺：盈滿至極。然則只有靈智的知識能力授與靈智靈覺的盈極。故此，人的智力和人靈魂的本體是相同的一個本體。

乙十五、靈魂的尊貴和美善超越第一物質。但是需知，第一物質的本體乃是自己的潛能。它的這個潛能不能說又是它的附性。因為假設它是附性，則此附性先實體性理而早有於物質主體以內。按《形上學》，卷九（章八、頁一〇四九右一九行）所說：在同一主體內，潛能先現實而有：早在未有盈極之前，先有虧虛。那個潛能也不可說是一實體性理，因為凡是性理都是現實和盈極：不能是與已正相反的潛能和虧虛。依同理，它也不得是性理與物質合成的實體：因為，假設它是，則應在未有性理以前，先有性理與物質之合體，那是不可能的。如此說來，只剩原有的結論合理，就是：物質的潛能是物質的本體。那麼，靈魂的能力更得是靈魂的本體了。

乙十六、附性不伸展到自己的主體以外去。但靈魂的能力，都伸展到靈魂本身以外去。因為靈魂不但靈覺自己，愛慕自己；而且靈覺外物，愛慕外物（靈覺，是智力的洞曉）。足證靈魂的能力不是附性。只剩是本體。

乙十七、按亞維新所說（《形上學》，卷八，章六），實體有靈智的原因，全是由於它不沾染物質。但靈魂的本體是沒有物質的；故此也是有靈智的；並且靈智是它的本體。智力，既是它的本體，依同等的理由，其餘各種能力也是它的本體。

乙十八、在現實無物質的物體內，智力與其所知同是一物；根據大哲，《靈魂論》，卷三（章四、頁四三〇左二）。然而靈魂本體是其智力之所知。故此，靈魂的本體是有自知之明的靈智。那麼智力既是本體，其餘一切能力亦然。

乙十九、物體的部分，屬於其實體本身。靈魂的能力，叫作靈魂的部分。所以都屬於靈魂的實體本身。

乙二十、靈魂，是一單純的實體。前者已有說明。靈魂的能力卻有許多。假設這些能力不是它的本體，而是一些附性，在一個單純的主體內，便要有許多互不相同的附性，那是不適宜的。故此靈魂的能力不是它的附性，而是它的本體自身。

丙、否定的意見

丙一、狄耀尼，《天神品級論》，章九（《希臘教父文庫》，卷一，欄二八三，丁段），曾說：上級本體分別實體、能力，和動作。比較起來，靈魂以內，本體、能力，或德能，更是互不相同。

丙二、聖奧斯定，《聖三論》，卷十五（章二三，號四三）說：靈魂是天主的肖像，如同圖案。因為圖案裡畫著一幅圖畫。然而圖畫不是圖案的本體。靈魂的各種能力如同是圖畫將天主的肖像描繪在靈魂上，靈魂的本體好比是圖案。如此比較起來，足見靈魂的能力不是靈魂的實體（或本體）。

丙三、互有本體分別，又有數目分別的任何一些事物，都不得同是一個本體。在靈魂以內，擬似天主的肖像所根據的那三個能力（記憶力、智力、意志力），互有本體的分別，並且有數目的分別。本體分別，也就是實體分別。足證那三個能力是三個實體，不得同是靈魂的本體。因為靈魂的本體，只是一個實體。

丙四、能力，是實體和其動作之間的中間物：介乎兩者之間。動作和實體有分別。故此，能力並有別於兩者。否則，同於一端，就不得是中間物了。

丙五、作者，主動。工具，被動。主動、被動不能同是一物。能力對本體之比，在靈魂以內，乃是工具對作者之比。聖安山，《前知與自由之和諧論》一書內（章十一、《拉丁教父文庫》、一五八、五三四）說：意志是靈魂的能力，如同是工具。足證，不可說靈魂是自己的能力。

丙六、大哲，《記憶與回憶論》，章一（末段），說：「記憶力，是覺力的屬性或才具；或是覺像力的屬性或才具。」然而屬性和才具都是附性。足見記憶力是附性。依同理，靈魂所有一切能力都是它的附性，不是它的本體（覺力是外官知覺外物的能力。覺像力是內官知覺心中的印象）。

丁、答案——定論

某些人主張靈魂的種種能力不是別的，只是它的本體自身，如此，並主張靈魂的同一本體，就它是覺性動作的原因而說，叫作覺性；就它是靈智動作的原因而說，就叫作智性。覺性、智性，就是覺力、智力；其餘一切能力，仿此。按亞維新（《靈魂論》，卷五，章七）所說，那些人作此主張的首要動機，是為了靈魂的單純，好似是和靈魂種種能力所呈現的紛歧不能相容。然則這個主張是完全不可能的（理由有二）：

第一：凡是一個受造的實體，它的本體不能是它的動作能力。顯然不同的盈極、現實，充滿不同的虧虛（盈虛同類）。盈虛相稱，是常真的定律。動作是動力的盈極（現實充滿動力的虧虛：滿足其需要）；猶如物體的生存，是性體的一個盈極（充實其潛能的虧虛、滿足其生存的需求）。兩者都是因此得到潛能的實現和滿足。性體潛能的實現和滿足，是因有生存。動力潛能的實現和滿足，是因有動作。既然無任何受造物，它的動作是它的生存；故此無任何受造物，它的動力是它的本體。因為只有天主方能如此（性體，即是本性本體）。

第二：在靈魂以內，本體不能是動力。尚有特別的三個理由如下：一則，本體唯一動力卻必是許多，證自動作事體的繁雜和歧異。盈虛同類，既是定律，盈極不同，別虧虛不同。虧虛的類別，根據盈極的類別。動作既是動力的盈極，那麼，動作分多少類，則動力隨之，也分多少類。二則，動力種種不同，有些動力是某些肉體部分或器官的盈極；充實它們物質的潛能虧虛；一切覺性器官和營養器官的能力都是如此。有些能力卻不是如此、例如智力和意志力。上述的事實足證靈魂的能力和本體不能沒有分別：因為，同一事物非在不同據點下，同時是充實形體的盈極，又是和形體絕異而分離的，是自相矛盾的（等於說同時是在形體以內，又在形體以外：同時，是器官的官能，又是沒有器官的）。三則：同樣可以證自靈魂種種能力間的秩序和彼此間的關係。觀察事實，可以發現一個能力調動另一能力，例如理智可以調動愛憎等等情慾：足證靈魂的種種能力不會是靈魂的本體：在同一運動的觀點下，無物能自己運動自己。按大哲（《物理學》，卷八，章五）的證明，同一物體，在同一運動的觀點下，不能同時是自己的主動者和被動者（例如刀砍木，不砍自己）。

某些人承認上面的結論，但仍否認靈魂的能力是靈魂的附性，因為他們主張那些能力是本體的特性，或本性的特點。這樣的主張能有兩種意義，一可能，一不可能。為明瞭這點分別，需注意「附性」二字，在哲學界有兩種不同的指義。一指十大物類中的附性，和實體對立，共分九類。在此意義下，實體與附性的對立是二分法中的矛盾對立，不能有任何物介於中間。實體的特點是自立生存，不依附主體。附性的特點是依附主體，不自立生存。從此看去，靈魂的能力既不是靈魂的本體，顯然也不是別物的實體，故此是九類附性中的某類某種。實際上，它們屬於品質類下的第二種，叫作物本性的能力。說某物有能、無能；或有才、無才就是指能力而說的。才能、才具、才質都是品質的第二種。根據這種意義，說「靈魂的能力不是附性，而是特性」的主張不能成立（《十大類》，也叫作《十範疇》。參看《範疇集》）。

「附性」的第二種意義，指示亞里，《辯證法》，卷一（章四，頁一〇一右一七）所提出的四類賓辭的一種，相當於波非俚、《名理指南》（亦名《五名論》，章四），所提出的五類普遍名辭的賓稱作用的一種：如此乃是專指賓辭對於主辭所有的偶然關係；或公名對於較狹名辭的偶然關係，不指十大物類中實體以外的九類附性。

「附性」的這第二種意義和第一種意義不相同。假設是相同五賓類中的附性，既然對於類名和種名有（二分法內）矛盾的關係，結果將是附性九類中，無一復能說是類名或種名。這顯然是錯誤的，因為「顏色」是黑白的類名。「數目」是「二、三」的類名。「附性」在五賓類中，表示「附性名」確實是實體和附性之間的中間物，即是說：它的實體賓辭和附性賓辭兩者以外的第三者，更好叫作「偶然賓辭」。狹義的附性賓辭則（更好）叫作「特性賓辭」（特性賓辭是必然的附性賓辭。偶然賓辭是不必然的附性賓辭）。特性賓辭和實體賓辭互有相同之點，是兩者之所指生自種名定義的性體因素，以此類因素為原因；為此，用性體定義作前提，可以證明出結論來說明主體的特性（由因知果。由性體知特性）。另一方面，特性賓辭和附性（的偶然）賓辭，互有相同之點，卻是兩者之所指，既非物之性體，又非性體部分（的要素），而是性體以外的一個附加品。特性賓辭和附性賓辭互有的分別，是附性賓辭不生自種名定義的性體因素；而是附加在（同種的）個體上，如同是同種之所固有。有時有些附性依附個體，不能分離；有時卻有些附性依附個體，可能分離。不能分離的附性是特性，能分離的附性是偶然有、偶然無的附性，仍泛稱附性。

如此說來，根據這第二種意義，靈魂的種種能力都是靈魂本性或本體所有的特性，即是：隨靈魂本體、與生俱來的、自然而然（不得不然）的才具（和靈魂的本體有必然的引隨關係：有靈魂的本體，則必有其特性）：確實是靈魂本體和偶然附性的中間物（參考呂譯《分析學前編》，註二〇二；及附錄七：二四五四，五〇二三，六〇六六、八八五七、九五〇一）。

戊、解釋乙欄的疑難

戊一、關於靈魂的能力，不論怎樣說，人非病狂、永不會設想靈魂的種種技能和動作，就是靈魂的本體自身。顯然聖奧斯定在那裡所談的「知識和愛情」等等名辭，表示動作或技能，不表示能力。（技能是能力的技巧或德能，以能力為主體。能力是實體天賦的才能，以實體為主體。能力常是天賦的。技能卻往往是後天的培養或學習得來的）。足見聖奧斯定的本意是說：知識和愛情寓存在靈魂實體或本體上，彷彿是實體或本體自知自愛所固有的靈覺和誠意；沒有「知識和愛情就是靈魂本體自身」的含意。知識和愛情，對於心靈相比，所能有的關係有「施、受」兩種：就是或以心靈為「施愛、發智」的主體，或以之為「受愛、被知」的客體。聖奧斯定在這裡說的是第二種關係。本著那個關係，他所以說：知識和愛情以自己的本體存在於心靈的本體：因為心靈自己認識自己的本體，愛慕自己的本體。本此意義，下文接著說：「我看不見怎樣那三個事物不是同一本體的事物；因為是心靈自己愛慕自己，並且認識自己」（用靈性固有的反折能力、心靈，用自己的知識和愛情、自知、自愛：常明常覺。在自我明覺上，心靈是自己的主體和客體：施受同體；但這絕不是說人的知識和愛情，沒有主體和客體；或是兩者各自是自己的主體和客體：這在受造物中是不可能的）。

戊二、《神體與靈魂論》一書是一部偽書，不知誰是著者，包含許多錯誤，或不正當的言論；因為它的作者勉為其難地採錄諸聖遺訓，未曾懂明真義。如應抱持他的主張，需注意（為明瞭全體和部分之間的賓辭關係），宜知「全體名辭」表示全體，有三種不同的意義：一指普遍名辭（外延）範圍的周全。例如類名所指類界的全體。依此意義，全體是部分的正當賓辭：它的部分名乃是種名、是類名的正當主辭：例如說：「人是動物」。「動物」指全類。人指類中的一部分。類名所指的全體，根據自己整個本體的實義，及所能含蓄的全稱賓辭之總量，都現實存在於自己的每一部分之中（能作同類內每一種名的本體賓辭）。二指物體全整。例如說：「房子」是整體名，「牆壁」是部分名。物的整體，根據其整個本體的實義，及含蓄的總量，不現實存在於自己的任何部分以內。房子的整體，怎能全在一個牆壁以內呢？故在此意義下，全體無法是部分的賓辭。不得說：牆壁是房屋。三指能力的全體。它介於前兩種全體之中間，根據自己整個本體的實義，現實存在於自己的部分以內；但不是根據自己能力的全量；在賓稱作用上，有時能賓稱各部分給每個部分名作賓辭；有時卻不能給部分名作正當的賓辭。按此第三意義，有時說：靈魂是自己的能力，或能力是靈魂（例如說：人的靈智是人的靈魂；或人的靈魂是靈智。靈智是靈魂的智力，也是神體智力的總稱）。

戊三、實體性理，依其自身本體，非吾人所能直觀洞見，但由附有的特性表現出來，因此往往借用附性名辭轉指實體間的種別及性理：用表現靈體性理的附性名，稱指它所表現的實體性理；例如「二足立行」之類，又如「覺性」和「理性」，也可以用來表示實體的種別。或者可以說：種別名「理性」和「覺性」，不是取源於理智和感覺的能力，卻是來自靈魂和覺魂（靈魂有理性，覺魂有覺性）。

戊四、那個論式在前提裡，用附性表示十大物類中九類附性的公名。如此所得的結論、當然是：實體與附性之間沒有任何中間物。但是用附性的第二種意義，則結論適得其反。適如前面已有的說明。

戊五、靈魂的能力可以叫作本體的特性。理由不是因為它們是本體部分，而是因為它們是生自本體的效果。在此意義之下，它們和九類附性的公名所指的附性沒有分別。但和五種賓辭裡面的附性有分別。那裡的附性不表示種名性體所生的效果（要在分辨「賓類附性」和「範疇附性」）。

戊六、解釋同上。

戊七、按《靈魂論》，卷三（章六、頁四三〇左二六）所說，智力的動作分兩種，一知物是什麼的所是者。人用這個動作，洞曉物的性體、知其定義，不涉及物之特性和附性；因為這兩者都不加入物的性體中。人用這個智力的動作去認識靈魂的性體，形成其定義所得的知識，必須包含定義的一切要素，缺一不可。定義的要素表示本體的要素。如此推論下去，結論可以成立。智力的另一動作是判斷兩概念的分合，用這個動作，人的智力、可以知實體而不知其附性；但不可以知實體而不知其特性。可以知實體，而不知其附性，縱令附性和實體在事物方面不能分離，也無妨礙。例如說「烏鴉是白的」，這句話是可知的。它的意義是可懂的。主辭和賓辭在概念上，沒有互不相容的地方。因為賓辭的反面，不關繫於種名所指的性體因素。那裡主辭的位置上所標明的種名，是「烏鴉」。烏鴉是在事物方面，不能不指示烏黑的老鴉。但在定義裡，並在本體因素裡，找不到老鴉必黑的理由來。烏黑不是必然的特性，只是偶然的附性。但人的智力用這樣的第二種動作，不能知實體而不知其特性。例如不能知三角，而不知三內角之和等於兩直角；也不能知人，而不知人能笑。「三角不是三內角之和等於兩直角」，或「人不是會笑的動物」，是不可知的、無意義的；因為論句內的概念，主辭賓辭不能相容。賓辭的反面，關繫於主體本性，是本性因素必生的特性。如此說來，智力的第一動作能知靈魂的本體定義，同時不知靈魂的能力。智力的第二種動作卻不能知「某物是靈魂、而無靈魂的能力」，這句話有什麼意義（換言簡譯之：性體定義否定特性有意義；而且不應提出特性或任何本體因素以外的事物。定義的知識，無特性可以成立。論句判斷實體、否定其附性有意義；否定其特性無意義。否定特性，則論句的意義不能成立。論句的知識和定義的知識是兩種不同的知識）。因為「人的靈魂沒有智力、或其他應有的能力」這句話，不能有意義，即是不可懂、不可知；遂進一步結論說：「靈魂的能力，故此都是靈魂的本體」，是將「定義的知識」和「論句的知識」混為一談所致，故結論無效。

戊八、說那三個能力，是一個生命、一個本體；所根據的意義能有兩種，或是將本體比作目的：三個能力共求一個本體的目的，共以那本體為對象，或是借用能力名作類名並作靈魂（部分名）的賓辭，依照全體名賓稱部分名的方式。

戊九、整個靈魂是整個肉身的實體性理。這裡的「全整」，不是能力的全體，而是性體的全整。依照前者已有的說明（戊二），參看（靈智實體問題，第四）。根據那裡的說明，足見「眼睛的視力是眼睛實體的性理」，這個結論無理由推證出來。反之，結論應是：靈魂的本體自身，根據自己視力的主體或根源，故此，是眼睛的實體性理。

戊十、足以是動作的根源者，附性便是能力（或才能，或技能或德能）；實體用能力發出動作。但任何某能力為發出自己的動作，不再用另一能力：故不陷入無窮之辭，另一能力又用另一能力……。

戊十一、本體、是比能力更為寶貴的天賦：有「原因優於效果」的比例。在某種限制和觀點下去看、能力優於本體，優越的程度、定於接近至善的距離。靈魂因動作、結合至善把握住最後目的。能力是動作的近因，比本體離至善更近，以此而論，能力優於本體。

戊十二、不用肉身器官能發生動作的能力，生自靈魂的本體。這樣的事件可能的理由，是因為靈魂的本體超越肉身的度量。前者已有說明（問題第二、第九、戊十五）。從此推出的結論，不是能力比本體更無物質，而是從本體沒有物質隨之而生的效果，是能力沒有物質。

戊十三、許多附性依附一個主體，和主體的距離互有遠近的不同。例如**量數（體積）比品質更接近主體的實體**。為此，實體領受附性也是由近及遠。例如，先領受面積，然後用面積承受顏色；先有智力，然後用智力領悟知識。靈魂的能力容受衝突的事物，如同面積承受黑白等顏色；這不過是說：實體承受衝突的事物，根據上述的種種條件（實體用附性的能力或條件領受衝突的事物，並受到附性的變化：例如由黑變白、由愚變智）。

戊十四、靈魂依其本體是形體的性理：（是有形質的物體為構成自己的本性本體，必須具備的條理）；又是實體性理（構成實體，不是附性依附實體）。這是靈魂本體的性分。充此性分之全量，靈魂在人身以內，給形體授與形體的生存；給同一形體，授與生物的生活，作生物的生魂；又給同一形體，授與靈智性的生活，作人的靈魂。生活是生物的生存。靈智性的生活，是人的生存。靈智在「人有靈智」這類的辭句中，有三種意義：一指動作，一指能力或生存。靈智的動作原因，是靈智的能力或才能、或技能。靈智生存的原因，是靈魂的本體（這裡的「原因」指示內在的因素，根據許多研究者，和校勘者的意見，本段抄本有竄改、增刪之處，不是出於原著。原文真義已失。比較聖多瑪斯在別的許多處對此問題，所有的答案和定論可以歸納出以下這幾個要點：人只有一個靈魂，作自己實體必備的唯一性理，人有形體、礦物類、生物類、動物類、和靈智類的動作能力。能力是動作的根源。

性理和物質形體構成的實體，是能力的主體。主體的生存和動作的一切能力，都是來自實體性理：在人，則都是來自靈魂。人只有一個生存，是靈魂的生存，兼有上述形體各類的能力，都是來自惟一的靈魂，一個靈魂包含各級物類的能力），靈魂的本體是人生存的原因（靈魂的能力，是人動作的原因）。

戊十五、物質的能力不是動力，不會發出動作；只是潛能的虧虛，能領受實體生存。故此，物質的生存潛能，能屬於實體之類（是實體的因素）；但靈魂的能力，既然是動作能力（乃是附性），不能屬於實體之類。

戊十六、按上面（戊一）已有的說明，聖奧斯定根據心靈自知或自愛的事件，比較知識和愛情兩者對於心靈所有的關係。在自知自愛的知識和愛情中，心靈是自己的主體和客體：專是在客體被知和被愛的觀點下立論，不足以證明心靈或靈魂是知識和愛情的主體。假設足以證明它是，結果必應依同理肯定，凡是被知和被愛的客體，都是知識和愛情的主體。一個知識，一個愛情，同時有兩個主體。一個附性超越自己的主體（同時又依附另一客體），是不可能的。換一個思路，更深一層假設聖奧斯定的本意，是證明知識和愛情是靈魂的本體自身。這樣的證明仍是完全無效。因為事物的本體超越事物的主體，移到主體以外去（同時作客體的本體），仍是不可能的。它錯誤的程度不減於說：附性存在主體外面。物的本體不在物外。物的附性也不在物外（這是兩條定理）。

戊十七、靈魂在自己的本體上，不沾染物質。從這個理由出發，推證出來的結論是：故此靈魂有智性的能力；不是：故此，智性的能力是靈魂的本體。

戊十八、「靈智」這個名辭，不但表示靈智的能力，而且更表示靈智的實體。借能力名辭表示實體。靈魂的本體是一靈智：是說它的本體是一靈智實體。

戊十九、靈魂的能力有時說是靈魂的部分，意思不是說它們是靈魂本體的部分，卻是說：靈魂能力總體中的一部分。如同是說：司法權是國家政府權力總體中的一部分。

戊二十、靈魂的能力當中，有許多不以靈魂為主體，而以靈魂肉身的合成體（全人）為主體。肉身器官的樣式眾多，足以是這些能力分多的因素。有些能力，例如靈明、明悟，和意志三者，只以靈魂為主體。靈魂實體以內，有一種盈極與潛能的組合，足以保證這些能力分多的可能性。按《靈智實體問題》，第一已有的說明，靈魂的單純，只是不包含物質，但仍有生存與性體之組合（生存是現實盈極。性體，即是本體、是潛能虧虛。兩者之合，是現實與潛能、盈極與虧虛之合。潛能性的虧虛，是領受許多附性能力的原因）。

關於靈智實體，上文所有討論，望能滿足問體的需要。

參考書

Sancti Thomae Aquinatis Tractus de Spiritualibus Creaturis, Editio Critica, Leo. W. Keelcr, Romae, 1938; Queestiones Disputatae, Vol.II, Marietti, Taurini, 1931. Fitzpatrick-Wellmuth,（English Trantlation）Milwaukee, Wisc; 1949, 聖多瑪斯，《宇宙間靈智實體問題專論》，羅馬，紀樂爾校勘版。費慈巴特及魏爾慕，英譯，米爾渥畸，一九四九年出版。

《問題辯論集》（共五冊），第二冊，部靈，瑪利野蒂，一九三一年出版（第六版）。其他書籍多不勝收。恕不備錄。參看下文。

重要名辭，人名，書名，中西對照

請參閱拙譯：

一、聖多瑪斯，《駁異大全》，卷一，《論天主》，香港真理學會出版，四七三——五〇三頁，有相當詳細的對照簡錄。

二、聖多瑪斯，《哲學基礎》，史料選讀（一），對照索引。本問題（第八問）。

三、亞里斯多德，《分析學前編》，附錄六——七。

明儒，金正希，《應事》（篇），民二五，上海，國學整理社。

清儒，王船山，《內篇》；《知性論》；民四四，臺北，中央文物供應社，《王船山學案》（本問題，第八問）。

清儒，何塘，辯王浚川，《陰陽管見辯》，國學整理社（同前）。見於本問題，第五問。

宋儒，朱晦庵，《仁說》：「天命流行，生生不息……萬起萬滅，而其寂然之本體，未嘗不寂然也。近復體察，以心為主……，寂然感通，周流貫徹，而無一息之不仁也。……仁之為道，乃天地生物之心，即物而在……，其用不窮。誠能而存之，則眾善之源，百行之本，莫不在是。……（語類）：**性者，心之理也**（天命而生）。情者心之動，才是心之力……心譬水也。**性水之理也**，所以立乎水之靜。凡物必有本根。**性之理無形，而端底之發最可驗**。……**使其（性生）本無是理於內，則何以有是端於外？由其有是端於外，所以必知其有是理於內，而不可誣也……。」**

朱子「性理」之說，極似聖多瑪斯之講解。

尾語：反覆斯言，萬聖一揆：憑今追昔，對西照東，異口而同心：據最可驗之事端，察無形之性理：深識本體，通才而達用：天命穆穆，啟迪不息。

宇宙間的靈智實體問題/聖多瑪斯.阿奎那（St. Thomas Aquinas）原著；呂穆迪譯. --三版.-- 臺北市：臺灣商務，2010.11
面；　公分. --
ISBN 978-957-05-2556-4（平裝）

1. 形上學

160　　99020015

宇宙間的靈智實體問題

作者◆聖多瑪斯
譯述◆呂穆迪
主編◆王雲五
發行人◆王學哲
總編輯◆方鵬程

出版發行：臺灣商務印書館股份有限公司
臺北市重慶南路一段三十七號
電話：（02）2371-3712
讀者服務專線：0800056196
郵撥：0000165-1
網路書店：www.cptw.com.tw
E-mail：ecptw@cptw.com.tw
網址：www.cptw.com.tw

局版北市業字第 993 號
初版一刷：1969 年 6 月
二版一刷：2009 年 2 月（POD）
三版一刷：2010 年 11 月
定價：新台幣 450 元

ISBN 978-957-05-2556-4